AF561914

LIBRAIRIE

GARNIER FRÈRES

CATALOGUE GÉNÉRAL

TÉLÉPH. 24-24
SAXE : 56-63

1914
1915

PARIS
6, Rue des Saints-Pères

DIVISION DU CATALOGUE

CATALOGUE GÉNÉRAL

DE LA

LIBRAIRIE GARNIER FRÈRES

DICTIONNAIRES FRANÇAIS

Nouveau Dictionnaire National ou DICTIONNAIRE UNIVERSEL DE LA LANGUE FRANÇAISE. — Répertoire encyclopédique des *Lettres*, de l'*Histoire*, de la *Géographie*, des *Sciences*, des *Arts* et de l'*Industrie*, par BESCHERELLE AINÉ.

CONTENANT :

La *nomenclature* la plus riche et la plus étendue que l'on puisse trouver dans aucun dictionnaire;
L'*étymologie* de tous les mots de la langue d'après les recherches les plus récentes;
La *prononciation* de tous les mots qui offrent quelque difficulté sous ce rapport;
L'*examen* critique et raisonné des principaux dictionnaires;
La *solution* de toutes les difficultés d'orthographe, de grammaire et de style, appuyée sur l'autorité des auteurs les plus estimés;
La *biographie* des personnages les plus remarquables de tous les pays et de tous les temps;
Les *noms* de tous les peuples anciens et modernes, de tous les souverains, des institutions publiques, des ordres monastiques ou militaires, des sectes religieuses, politiques, philosophiques; les grands événements historiques, sièges, batailles, etc. ;
La *géographie* ancienne et moderne, physique et politique.
4 volumes in-4° illustrés, contenant 4.064 pages ou 16.256 colonnes, représentant la matière de 400 volumes in-8°.

Broché .... 100 fr.
Relié demi-chagrin, plats toile, tranches jaspées............ 120 fr.

(*Honoré d'une souscription du Ministère de l'Instruction publique.*)

Dictionnaire classique de la Langue Française par BESCHERELLE AINÉ.

COMPRENANT :

Les mots du Dictionnaire de l'Académie et un très grand nombre d'autres autorisés par l'emploi qu'en ont fait les bons écrivains ; leurs acceptions propres et figurées et l'indication de leur emploi dans les différents genres de styles ; les termes usités dans les sciences, les arts, les manufactures ou tirés des langues étrangères ; la prononciation de tous les mots qui présentent quelque difficulté ; un vocabulaire général de géographie, d'histoire et de biographie.
1 volume grand in-8° jésus de 1.500 pages, contenant 1.200 gravures, 40 cartes ou gravures d'ensemble et une planche en couleurs des pavillons du monde entier.

Broché .... 12 fr.
Relié demi-chagrin, plats toile.............. 16 fr.

Dictionnaire usuel de la Langue Française par BESCHERELLE AINÉ et A. BOURGUIGNON.

COMPRENANT :

Les mots admis par l'Académie, les mots nouveaux dont l'emploi est suffisamment autorisé, les archaïsmes utiles à connaître pour l'intelligence des auteurs classiques, les étymologies, la solution des difficultés grammaticales : l'histoire, la mythologie et la géographie.

Relié toile............ 6 fr. ‖ 1 volume in-18 jésus.

Nouveau Dictionnaire encyclopédique illustré d'après le *Nouveau Dictionnaire National* de BESCHERELLE, rédigé et entièrement mis à jour par P. COMMELIN et E. RITTIER, agrégés de l'Université, professeurs honoraires de Lycées de Paris.

1 volume in-18 de 1.370 pages, contenant environ 2.000 gravures, 21 tableaux synoptiques, 23 cartes géographiques.

Cartonné	3 fr. »
Relié toile	3 fr. 50
Relié mouton souple, tranches rouges	4 fr. 50

Petit Dictionnaire français nouvelle édition entièrement refondue, d'après le *Dictionnaire encyclopédique* de COMMELIN et RITTIER, suivie de la liste des verbes irréguliers français.

1 volume in-32 de 732 pages.

Relié toile	2 fr.
Mouton souple, papier bible	4 fr.

Petit Dictionnaire Français par MARTIN et VANIER.

Cartonné .... 1 fr. 20 ‖ 1 volume in-32 de plus de 600 pages.

Dictionnaire étymologique de la Langue Française par BOURGUIGNON et BERGEROL.

Relié toile .... 5 fr. ‖ 1 volume in-32 de 819 pages.

Dictionnaire des synonymes de la Langue Française par BOURGUIGNON et BERGEROL.

Relié toile .... 5 fr. ‖ 1 volume in-32 de 768 pages.

Dictionnaire usuel de tous les verbes français tant réguliers qu'irréguliers, entièrement conjugués, par BESCHERELLE FRÈRES.

2 volumes in-8° à deux colonnes.

Brochés	12 fr.
Reliés demi-chagrin, plats toile	16 fr.

Dictionnaire classique d'histoire, de biographie, de géographie et de mythologie, par L. GRÉGOIRE

Relié toile .... 5 fr. ‖ 1 volume in-18 de 1.260 pages.

Dictionnaire encyclopédique d'histoire, de biographie, de géographie et de mythologie, par Maurice WAHL, ancien élève de l'École normale supérieure, docteur ès-lettres, professeur agrégé d'histoire et de géographie au Lycée Condorcet, inspecteur général honoraire de l'Instruction publique aux colonies.

Nouvelle édition illustrée de 450 portraits et gravures.

1 volume grand in-8° jésus de 1.965 pages.

Broché	20 fr.
Relié demi-chagrin	25 fr.

Petit Dictionnaire d'histoire, de géographie et de mythologie, par J.-P. QUITARD.

Relié toile .... 2 fr. » ‖ 1 volume in-32.

Dictionnaire Général des Sciences théoriques et appliquées.

COMPRENANT :

Les mathématiques. — Physique et chimie. — Mécanique et technologie. — Histoire naturelle et médecine. — Agriculture.

Par Jules GAY et Louis MANGIN, avec la collaboration de savants, professeurs et ingénieurs, notamment : MM. B. Brunhes, F. Péchoutre, F. Gaustier, Paul Gay.

2 volumes in-8° jésus illustrés, d'environ 4.090 pages, imprimés à deux colonnes.

Le volume broché	20 fr.
Les 2 volumes reliés demi-chagrin	50 fr.
Même ouvrage en quatre parties :	
Le volume broché	10 fr.
Les 4 volumes reliés demi-chagrin	56 fr.

Dictionnaire complet des Communes de la France, de l'Algérie, des colonies et pays de protectorat, des stations thermales et balnéaires françaises, précédé de tableaux synoptiques, par Gindre de Mancy. Nouvelle édition revue et complètement mise à jour, faite sur un plan nouveau avec des signes fondus spécialement qui en facilitent la lecture et permettent de faire contenir en 1 volume la matière de 10 volumes.

Relié toile............. 5 fr. || 1 volume in-32 de 1.090 pages.

Dictionnaire des Termes de Marine (marine à voiles et à vapeur), par A. Poussart.

Relié toile.......... 3 fr. 50 || 1 volume in-32.

Dictionnaire Universel des monnaies courantes par M. et A. Meliot.

Renseignements relatifs à la monnaie de tous les pays, à la fabrication, à son rôle, à son influence, à ses variations. — Union latine. — Fausses monnaies. — Ateliers monétaires. — Index géographique. — Dictionnaire. — Tableau des systèmes monétaires du monde entier (nomenclature, diamètre, poids, titres, valeur.)

Relié toile............ 10 fr. || 1 volume in-8° contenant de nombreux tableaux en couleurs des pièces en circulation dans le monde entier.

Nouveau Dictionnaire des Rimes précédé d'un traité de versification, par Quitard.

Broché............. 2 fr. »
Relié toile.......... 2 fr. 50 || 1 volume in-32 de 508 pages.

Dictionnaire des Termes Commerciaux Français-Anglais par M. Laughlin.

Relié toile.......... 3 fr. 50 || 1 vol. in-18.

GRAMMAIRES
ÉTUDE DU VIEUX FRANÇAIS

Grammaire Nationale par BESCHERELLE AINÉ, ou grammaire de Voltaire, de Racine, de Bossuet, de Fénelon, de J.-J. Rousseau, de Buffon, de Bernardin de Saint-Pierre, de Chateaubriand, de Casimir-Delavigne et de tous les écrivains distingués de la France ; renfermant plus de cent mille exemples qui servent à fonder les règles et forment comme une espèce de panorama où se déroule notre langue, telle que la nation l'a faite, telle qu'on doit la parler: ouvrage éminemment classique destiné à dévoiler le mécanisme et le génie de la langue française.

Broché .... 10 fr. || 1 volume in-8° jésus.
Relié demi-chagrin..... 14 fr.

Grammaire élémentaire de la vieille Langue Française par CLÉDAT.
(*Ouvrage couronné par l'Académie française.*)

Broché .... 3 fr. 50 || 1 volume in-18.

Grammaire de la Langue d'Oïl. Français des XIIe et XIIIe siècles, par M. BOURGUIGNON.

Broché .... 2 fr. || 1 volume in-18.

Nouvelle Grammaire historique du Français par CLÉDAT. Quatrième édition revue et corrigée.

Broché .... 3 fr. 50 || 1 volume in-18.

Chansons de Geste Roland, Aimeri de Narbonne, Couronnement de Louis; traduction CLÉDAT.

Broché .... 3 fr. 50 || 1 volume in-18.
Relié demi-veau tranches peigne....... 5 fr. »

Chrestomathie du moyen âge avec une introduction, des notes et un glossaire, par CLÉDAT.
Morceaux choisis de : *Chansons de Geste, Chroniqueurs, Roman de Renart, Roman de la Rose, Trouvères et Troubadours, Mystères et Miracles.*

Cartonné .... 3 fr. 50 || 1 volume in-18.

Manuel d'Orthographe par CLÉDAT.

Cartonné .... 1 fr. 80 || 1 volume in-18.

Petit Glossaire du vieux Français par CLÉDAT, précédé d'une introduction grammaticale.

Cartonné .... 1 fr. || 1 volume in-18.

Chanson de Roland. TEXTE DU XIe SIÈCLE précédé d'une introduction, suivi d'un glossaire et de la traduction en français moderne des principaux passages, par CLÉDAT.

Cartonné.......... 1 fr. 80 || 1 volume in-18.

Récits extraits des prosateurs et des poètes du moyen âge (en français moderne) par CLÉDAT. — *Chanson de Roland.* — *Girard de Vienne.* — *Ogier le Danois.* — *Huon de Bordeaux.* — *Le Charroi de Nîmes.* — *Aliscans.* — *Perceval.* — *Perceforêt.* — *Fables.* — *Fableaux et contes.* — *Roman de Rou.* — *Vie de Saint-Thomas de Cantorbéry.* — *Villehardouin.* — *Joinville.* — *Froissart.* — *Commines.*

Cartonné.......... 1 fr. 50 || 1 volume in-18.

Analyse et Extraits des Chroniqueurs français : *Villehardouin, Joinville, Froissart, Commines.*
Traduction par VAST, Professeur agrégé au Lycée Condorcet.

Cartonné............ 2 fr. || 1 volume in-18.

DICTIONNAIRES EN 2 LANGUES

GRANDS DICTIONNAIRES IN 8°

Français-Allemand et Allemand-Français (avec la prononciation dans les deux langues), accompagné d'un tableau des verbes forts et irréguliers simples, par H.-A. Birmann.

Le volume séparément :
Broché .... 10 fr.
Relié demi-chagrin..... 14 fr.

2 volumes grand in-8° imprimés à 3 colonnes, formant l'un la partie Allemand-Français et l'autre la partie Français-Allemand.

Français-Anglais et Anglais-Français (avec la prononciation dans les deux langues), par Clifton et A. Grimaux.

Le volume séparément :
Broché.............. 10 fr.
Relié demi-chagrin..... 14 fr.

2 volumes grand in-8° jésus d'environ 2.200 pages, imprimés à 3 colonnes, formant l'un la partie Anglais-Français et l'autre la partie Français-Anglais.

Français-Espagnol et Espagnol-Français (avec la prononciation dans les deux langues), rédigé d'après les matériaux réunis par D. Vicente Salva et les meilleurs dictionnaires anciens et modernes, par F. Noriéga et Guim.

Broché.............. 16 fr.
Relié demi-chagrin.... 20 fr.
Le volume séparément :
Broché.............. 8 fr.
Relié............... 12 fr.

1 volume grand in-8° d'environ 1.600 pages imprimé à 3 colonnes.

Français-Italien et Italien-Français (avec la prononciation dans les deux langues), par Ferrari et Caccia, revu et corrigé par Arturo Angeli.

Broché .... 20 fr.
Relié demi-chagrin ... 24 fr.
Le volume séparémeut :
Broché .... 10 fr.
Relié................ 14 fr.

1 volume grand in-8° imprimé à 3 colonnes.

Français-Portugais et Portugais-Français (avec la prononciation dans les deux langues), par João-Fernandez Valdez.

Reliés demi-chagrin.... 19 fr.

2 volumes grand in-8° imprimés à 3 colonnes.

Anglais-Espagnol et Espagnol-Anglais (avec la prononciation dans les deux langues), par J.-M. Lopez et E.-R. Bensley.

Relié demi-chagrin..... 20 fr.

1 volume grand in-8°.

Anglais-Portugais et Portugais-Anglais (avec la prononciation dans les deux langues), par João-Fernandez Valdez.

Reliés toile........... 12 fr.

2 volumes in-16.

Français-Latin (Dictionnaire) rédigé spécialement à l'usage des classes et des étudiants en lettres, par Henri Gœlzer.

Relié toile pleine....... 10 fr.

1 volume in-8°.

Latin-Français (Dictionnaire) rédigé d'après les meilleurs travaux de lexicographie latine, par E. Benoist et H. Gœlzer.

Relié toile pleine....... 10 fr.

1 volume in-8°.

Français-Latin (Lexique), destiné aux classes de grammaire, par H. Gœlzer.

Relié toile pleine........ 6 fr. ‖ 1 volume in-8°.

Latin-Français (Lexique) à l'usage des classes de grammaire, par H. GŒLZER et L. MARTEL.
Relié toile pleine........ 6 fr. || 1 volume in-8°.

Français-Grec (Dictionnaire) par D. COURTAUD-DIVERNERESSE.
Reliés toile pleine...... 25 fr. || 2 volumes grand in-8° à 3 colonnes.

Français-Grec (Dictionnaire abrégé) par D. COURTAUD-DIVERNERESSE.
Relié toile pleine....... 12 fr. || 1 volume grand in-8°, à 3 colonnès.

Grec-Français (Dictionnaire) par A. CHASSANG.
Relié toile pleine....... 12 fr. || 1 volume grand in-8°.

Grec-Français (Lexique) par A. CHASSANG et DURAND.
Relié toile.......... 7 fr. 50 || 1 volume grand in-8°.

COLLECTION DES "TOUT PETITS"

LE

TOUT PETIT

DICTIONNAIRE DES MOTS USUELS FRANÇAIS

FORMAT : 4×6. — ÉPAISSEUR : 7 millimètres. — POIDS : 2 grammes.

Relié toile........ 1 franc.
Relié mouton avec étui........ 2 francs.

POUR VOYAGER

GUIDES "TOUT PETITS"

FORMAT : 4×6. — ÉPAISSEUR : 1 centimètre. — POIDS : 26 grammes.

0 fr. 75 le volume.

FRANÇAIS-ANGLAIS
FRANÇAIS-ALLEMAND
FRANÇAIS-ESPAGNOL
FRANÇAIS-ITALIEN
FRANÇAIS-PORTUGAIS

ANGLAIS-FRANÇAIS
ALLEMAND-FRANÇAIS
ESPAGNOL-FRANÇAIS
ITALIEN-FRANÇAIS
PORTUGAIS-FRANÇAIS

NOUVEAUX DICTIONNAIRES
EN DEUX LANGUES

Format in-18 jésus

Avec la prononciation dans les deux langues

Français-Allemand et Allemand-Français par M. K. Rotteck, édition entièrement refondue par M. G. Kister (sans prononciation).
Relié toile......... **7 fr. 50** || 1 volume de 1.154 pages.

Français-Anglais et Anglais-Français par Clifton et M. Laughlin.
Relié toile.......... **7 fr. 50** || 1 volume de 1.370 pages.

Français-Espagnol et Espagnol-Français par Salvá.
Relié toile......... **7 fr. 50** || 1 volume.

Français-Hollandais par Janssen.
Relié toile.......... **7 fr. 50** || 1 volume.
Hollandais-Français (en préparation).......... **7 fr. 50**

Français-Italien et Italien-Français par Lacombe et Rouède.
Relié toile.......... **7 fr. 50** || 1 volume de 1.425 pages.

Français-Portugais et Portugais-Français par Fonseca.
Relié toile.......... **7 fr. 50** || 1 volume de 1.430 pages.

Français-Russe et Russe-Français par Th. de Veys-Chabot.
Relié toile............ **15 fr.** || 1 volume de 1.395 pages.

Allemand-Russe et Russe-Allemand par Lurje.
Relié toile........... **15 fr.** || 1 volume.

Anglais-Espagnol et Espagnol-Anglais par Arturo Angeli et J.-Mc Laughlin.
Relié toile......... **7 fr. 50** || 1 volume de 1.352 pages.

Anglais-Hollandais et Hollandais-Anglais par Kesler (en préparation).

Anglais-Italien et Italien-Anglais par Birmingham, Enenkel et Mc Laughlin.
Relié toile.......... **7 fr. 50** || 1 volume de 1.100 pages.

Russe-Anglais et Anglais-Russe par Golowinski.
Relié toile..... ...... **15 fr.** || 1 volume de 1.480 pages.

Italien-Espagnol et Espagnol-Italien par Salvá et Arturo Angeli Enenkel.
Relié toile.......... **7 fr. 50** || 1 volume de 1.064 pages.

DICTIONNAIRES EN DEUX LANGUES

Format in-32

Avec la prononciation dans les deux langues

Reliés toile à biseau, tranches marbrées

Français-Allemand et Allemand-Français
par K. ROTTECK, édition revue par G. KISTER. (sans prononciation figurée).
1 volume ... 5 fr.

Français-Anglais et Anglais-Français
par CLIFTON, édition revue et augmentée par M. E. FENARD, agrégé de l'Université.
1 volume ... 5 fr.

Français-Espagnol et Espagnol-Français
par VICENTE SALVÁ.
1 volume ... 5 fr.

Français-Italien et Italien-Français
par FERRARI.
1 volume ... 5 fr.

Français-Portugais et Portugais-Français
par SOUZA PINTO.
1 volume ... 5 fr.

Français-Russe et Russe-Français
par SOKOLOFF (sans prononciation).
2 volumes, chaque volume ... 5 fr.

Grec-moderne-Français et Français-Grec-moderne
par Emile LEGRAND.
2 volumes, chaque volume ... 6 fr.

Allemand-Espagnol et Espagnol-Allemand
par Arturo ENENKEL.
1 volume ... 6 fr.

Allemand-Italien et Italien-Allemand
par Arturo ENENKEL.
1 volume ... 6 fr.

Allemand-Portugais et Portugais-Allemand
par ENENKEL et SOUZA PINTO.
1 volume ... 6 fr.

Anglais-Espagnol et Espagnol-Anglais
par F. CORONA BUSTAMENTE.
2 volumes ... 6 fr.

Anglais-Italien et Italien-Anglais
par BIRMINGHAM.
1 volume ... 5 fr.

Anglais-Portugais et Portugais-Anglais
par CASTRO DE LAFAYETTE.
1 volume ... 6 fr.

Espagnol-Italien et Italien-Espagnol
par D.-J. CACCIA.
1 volume ... 5 fr.

Espagnol-Portugais et Portugais-Espagnol
par DE WILDICK.
2 volumes ... 6 fr.

Espagnol-Russe et Russe-Espagnol
par J.-D. LEVSKI.
1 volume ... 12 fr.

Italien-Portugais et Portugais-Italien
par Art. DE ROZZOL.
1 volume ... 6 fr.

Latin-Français
par DE SUCKAU.
1 volume ... 5 fr.

Français-Latin
par E. BENOIST.
1 volume ... 5 fr.

Grec-Français
par A. CHASSANG.
1 volume ... 6 fr.

Dictionnaire de Slang
Expressions familières anglaises, par LEGRAS.
1 volume in-16 relié toile ... 3 fr.

Novo Vocabulario Universal da lingua Portugeza
par CASTRO DE LAFAYETTE.
1 volume in-32 relié toile ... 6 fr.

Nuovo Vocabolario Universale della lingua Italiana
par MELZI.
1 volume in-18 toile ... 6 fr.

VOCABULAIRES GARNIER

NOUVEAUX VOCABULAIRES EN DEUX LANGUES

Avec la prononciation figurée, contenant les mots usuels de la vie pratique à l'usage des voyageurs.
Volumes format in-32 elzévir, reliés toile souple.......... 2 fr.
Reliure élégante, mouton souple, les 2 parties réunies en un volume......... 4 fr. 50

Français-Allemand par Birmann. 1 vol.

Français-Anglais par Laughlin. 1 vol.

Français-Bulgare par K.-N. Goranoff et F.-P. Popoff. 1 vol.

Français-Danois-Norvégien par Desmoineaux. 1 vol.

Français-Espagnol par Rozzol. 1 vol.

Français-Italien par Angeli. 1 vol.

Français-Néerlandais par Van Cuyck. 1 vol.

Français-Polonais par Th. de Veys-Chabot. 1 vol.

Français-Portugais par Fonseca. 1 vol.

Français-Roumain par Rizo. 1 vol.

Français-Russe par Tkatcheff. 1 vol.

Français-Suédois par Hammar. 1 vol.

Allemand-Français par Birmann. 1 vol.

Allemand-Anglais par Blum. 1 vol.

Allemand-Espagnol par Enenkel. 1 vol.

Allemand-Italien par Enenkel. 1 vol.

Allemand-Portugais par Mesquita. 1 vol.

Allemand-Russe par Wassiliew. 1 vol.

Anglais-Français par Laughlin. 1 vol.

Anglais-Allemand par Blum. 1 vol.

Anglais-Espagnol par J. Perez. 1 vol.

Anglais-Italien par Cardin. 1 vol.

Anglais-Portugais par Mesquita. 1 vol.

Anglais-Russe par Wassiliew. 1 vol.

Danois-Norvégien-Français par Desmoineaux. 1 vol.

Espagnol-Français par Rozzol. 1 vol.

Espagnol-Allemand par Enenkel. 1 vol.

Espagnol-Anglais par J. Perez. 1 vol.

Espagnol-Italien par Angeli. 1 vol.

Espagnol-Portugais par Mesquita. 1 vol.

Italien-Français par Angeli. 1 vol.

Italien-Allemand par Angeli. 1 vol.

Italien-Anglais par Cardin. 1 vol.

Italien-Espagnol par Angeli. 1 vol.

Italien-Portugais par Mesquita. 1 vol.

Italien-Russe par Lourie. 1 vol.

Néerlandais-Français par Van Cuyck. 1 vol.

Polonais-Français par Th. de Veys-Chabot.

Portugais-Français par Fonseca. 1 vol.

Portugais-Allemand par Mesquita. 1 vol.

Portugais-Anglais par Mesquita. 1 vol.

Portugais-Espagnol par Mesquita. 1 vol.

Portugais-Italien par Mesquita. 1 vol.

Roumain-Français par Rizo. 1 vol.

Russe-Français par Tkatcheff. 1 vol.

Russe-Allemand par Tkatcheff. 1 vol.

Russe-Anglais par Wassiliew. 1 vol.

Russe-Italien par Lourie. 1 vol.

GUIDES POLYGLOTTES

Manuels de Conversation et de style épistolaire à l'usage des voyageurs et des écoles.

Volumes format in-32 dit cazin, reliés toile souple .... 2 fr.

Français-Allemand
Français-Anglais
Français-Espagnol
Français-Italien
Français-Portugais
Français-Roumain
Français-Russe
Allemand-Français
Allemand-Anglais
Anglais-Français
Anglais-Espagnol
Anglais-Italien
Anglais-Russe
Espagnol-Français
Espagnol-Anglais
Espagnol-Allemand
Espagnol-Italien
Espagnol-Portugais
Grec moderne-Français
Italien-Français
Italien-Allemand
Italien-Portugais
Néerlandais-Français
Portugais-Français
Portugais-Anglais
Russe-Français
Russe-Allemand
Russe-Italien

Guide en quatre langues
Français-Anglais-Allemand-Italien.
1 volume in-16 .... 3 fr.

Guide en six langues
Français-Anglais-Allemand-Italien-Espagnol-Portugais.
1 volume in-16 .... 5 fr.

Guide en trois langues Français-Anglais-Malgache. 1 volume in-16...... .... 3 fr.

Manuels de conversation avec la prononciation figurée

Volumes format in-16, reliés toile souple.................... 3 fr.

Français-Allemand
Français-Anglais
Français-Espagnol
Français-Italien
Français-Portugais
Français-Russe
Allemand-Français
Allemand-Anglais
Allemand-Italien
Allemand-Espagnol
Allemand-Portugais
Anglais-Français
Anglais-Espagnol
Anglais-Italien
Anglais-Portugais
Anglais-Allemand
Espagnol-Français
Espagnol-Anglais
Espagnol-Allemand
Espagnol-Italien
Espagnol-Portugais
Italien-Français
Italien-Anglais
Italien-Allemand
Italien-Espagnol
Italien-Portugais
Portugais-Français
Portugais-Anglais
Portugais-Allemand
Portugais-Espagnol
Portugais-Italien
Russe-Français
Russe-Italien

GRAMMAIRES EN DEUX LANGUES

A L'USAGE DES FRANÇAIS

Grammaire Allemande pratique et raisonnée à l'usage des classes de grammaire. Ouvrage rédigé conformément aux derniers programmes officiels, par BIRMANN. Nouvelle édition avec orthographe moderne allemande.
Relié toile............. 2 fr. || 1 volume in-18.

Grammaire de la Langue Anglaise contenant : 1° Traité de la prononciation avec un syllabaire, exercices de lecture à l'usage des commençants ; 2° Cours de thème complet sur les règles et difficultés de la langue ; 3° Idiotismes ; 4° Dialogues par CLIFTON et MERVOYES.
Relié toile............. 2 fr. || 1 volume in-18.

Petite Méthode d'Anglais pratique et facile à l'usage des commençants, par M. LAUGHLIN.
Relié toile.......... 1 fr. 25 || 1 volume in-18.

L'Arabe parlé (Spoken-Arabic) Français. Arabe. Anglais. Grammaire. Conversation. Dictionnaire par BRUCE MILLIARD.
Relié toile............. 8 fr. || 1 volume in-18.

Grammaire synthétique et pratique de la Langue Espagnole exposée d'après un nouveau plan et contenant la théorie de cette langue avec de nombreux exemples, une série de thèmes en forme de dialogues et des modèles de correspondance commerciale, par MIGUEL DE TORO Y GOMEZ.
Toile .... 2 fr. || 1 volume in-18.

Nouvelle Grammaire Espagnole-Française avec des thèmes et un grand nombre d'exemples dans chaque leçon, par A. GALBAN.
Relié toile............. 2 fr. || 1 volume in-18.

L'Espagnol pratique enseigné par la méthode FERRER, la plus simple et la plus rapide de toutes celles publiées jusqu'à ce jour.
Toile .... 4 fr. || 1 volume in-18.

Cours d'Espagnol à l'usage des établissements d'instruction et des personnes travaillant seules, par M. Th. ALAUX.

Cartonné .... 2 fr. || *Cours élémentaire*, spécialement destiné aux enfants et aux commençants. 1 volume in-18.

Cartonné .... 8 fr. || *Cours moyen* destiné aux personnes possédant déjà les premiers éléments de la langue. 1 volume in-18.

1er fascicule .... 1 fr.
2e — .... 1 fr.
3e — .... 1 fr.
4e — .... 1 fr.
5e — *(en préparation)*.
|| *Cours supérieur* à l'usage des candidats à un examen et des personnes désireuses de se perfectionner.

Grammaire Française-Espagnole de SOBRINO, complète et détaillée, contenant toutes les notions nécessaires pour apprendre à parler et à écrire correctement l'espagnol, édition refondue avec soin par A. GALBAN.
Relié toile............. 4 fr. || 1 volume in-8°.

Grammaire Grecque moderne par Hubert PERNOT, avec une introduction et des index.
Le volume............. 5 fr. || 1 volume in-8°.

Méthode pratique de la Langue Hova avec une carte idiomatique de Madagascar, par A. DURAND.

1re année ; relié toile....	4 fr.	3 volumes in-18.
2e — —	4 fr.	
3e — —	4 fr.	

Grammaire Italienne en 25 leçons, d'après VERGANI, corrigée et complétée par C. FERRARI.
Relié toile............. 2 fr. ‖ 1 volume in-18.

Grammaire Portugaise raisonnée et simplifiée, rédigée sur un plan nouveau, par P. DE SOUZA.
Relié toile............. 6 fr. ‖ 1 fort volume in-18

Abrégé de la Grammaire Portugaise par P. DE SOUZA, avec un cours gradué de thèmes.
Cartonné.............. 3 fr. ‖ 1 volume in-18.

Nouvelle Grammaire Russe par N. SOKOLOFF avec exercices.
Relié toile.......... 3 fr. 50 ‖ 1 volume in-18.

Méthode comparative graduée pour l'étude de la Langue Russe par V. JACLARD.
En trois parties :
Relié toile.......... 7 fr. 50 ‖ Chaque partie, broché. 2 fr. »
1 volume in-8°

A L'USAGE DES ESPAGNOLS

Gramática de la Lengua Francesa por CHANTREAU. Nueva edición revisada y corregida con esmero, por A. GALBAN.
1 vol. relié toile........ 4 fr. ‖ 1 volume in-8°.

Clave del Método de Simonne revisado por ISAZA.
Toile.............. 0 fr. 70 ‖ 1 volume in-18.

Método para aprender á leer, escribir y hablar el francés. Ordenado en lecciones progresivas, consistiendo en ejercicios orales y escritos ; enriquecido con la pronunciación figurada como se estila en la conversación y con un apéndice, abrazando las reglas de la sintaxis, la formación de los verbos regulares y la conjugación de los irregulares, por Teodoro SIMONNE. Nueva edición revisada y corregida con arreglo á la ortografía moderna, por Emiliano ISAZA.
Toile .... 2 fr. ‖ 1 volume in-18.

Clave del Método de Rozzol
Cartonné........... 0 fr. 60 ‖ 1 volume.

Método teórico y prático para aprender á leer, escribir y hablar el idioma alemán en veinticuatro lecciones por Arturo DE ROZZOL.
Toile .... 3 fr. ‖ 1 volume in-18.

Clave de la Gramática Española-Inglesa por D. TIMOTEO CEMBORAIN ESPAÑA.
Toile .... 1 fr. ‖ 1 volume.

Gramática Española - Inglesa ó método para aprender el inglés los españoles, por D. Timoteo Cemborain y España.

Toile .... 4 fr. || 1 volume.

A L'USAGE DES ITALIENS

Nuova Grammatica Francese - Italiana di Lodovico Goudar, con nuove regole alla moderna. pronunzia, ricavate dalle opere dei migliori grammatici. Nuova edizione corretta ed arricchita per cura di Caccia.

Relié toile............ 2 fr. || 1 volume in-18.

Metodo teorico e pratico per apprendere a leggere, scrivere e parlare la lingua tedesca in ventiquattro lezione, compilato da Arturo Enenkel.

Relié toile............ 2 fr. || 1 volume in-18.

A L'USAGE DES PORTUGAIS

Nova Gramatica Franceza por E. Sevène nova edição correcta e augmentada com analyse logica pelo professor E. Doux.

Cartonné .... 4 fr. || 2 volumes.

A L'USAGE DES RUSSES

Grammaire Française par J. de Lewski.

Relié toile.......... 3 fr. 50 || 1 volume in-18.

Gramatica Castellana par J. de Lewski.

Relié toile.......... 3 fr. 50 || 1 volume in-18.

SECRÉTAIRES EN DEUX LANGUES

ET EN LANGUES ÉTRANGÈRES

Nouveau Correspondant commercial en Français et en Anglais par J. Mc. Laughlin.

Circulaires. — Offres de services. — Lettres d'introduction. — Lettres de crédit. — Demandes de renseignements. — Ordres de bourse. — Demandes d'argent. — Plaintes. — Remises, traites, lettres de change. — Opérations de change. — Affaires en participation. — Consignations. — Transports. — Affaires maritimes. — Assurances, avaries. — Comptes courants, dettes, faillites. — Lettres d'affaires variées, annonces. — Formules d'actes sous seing privé.

Broché .... 3 fr. 50
Relié toile .... 4 fr. »

1 volume in-18.

Nouveau Manuel Épistolaire en Français et en Anglais J. Mc. Laughlin. Théorie pratique, modèles. *Lettres d'invitation. — Billets de faire-part. — Félicitations. — Condoléances. — Pétitions. — Demandes. — Prières, reproches. — Demandes d'emploi. — Conseils, remerciements. — Excuses. — Recommandations, introductions. — Affaires. — Lettres d'amitiés. — Lettres d'enfants.*

Broché .... 3 fr. 50
Relié toile .... 4 fr. »

1 volume in-18.

Nouveau Secrétaire commercial Français-Allemand par L. Mensch.

Circulaires. — Offres de service. — Entrée en relations. — Lettres de crédit, d'introduction, de recommandation. — Demande de renseignements. — Ordres de Bourse. — Remises. — Traites. — Lettres de change. — Affaires en participation. — Consignations. — Transports. — Assurances. — Avaries.

Broché .... 3 fr. 50
Toile .... 4 fr. »

1 volume in-18.

SECRÉTAIRES EN LANGUE ESPAGNOLE

Correspondencia comercial por H. Page. Circulares, ofrecimientos de servicios, entrada en relaciones, cartas de crédito, ordenes y pedidos, cobro de cuentas, letras de cambio y aceptaciones, operaciones de cambio, etc., etc. Arreglada al español de la última edición francesa, por E. Zerolo.

Cartonné .... 2 fr. 70 || 1 volume in-18.

Secretario Americano (Novísimo). (Modelos de cartas sobre toda clase de asuntos ; documentos, cartas de los escritores más afamados españoles y franceses, etc.). Coleccionado por E. Zerolo. Segunda edición.

Toile .... 1 fr. 50 || 1 volume in-18.

Secretario de las felicitaciones (Novísimo). (Cartas de cumplimientos, de pascuas, año nuevo, días del santo, cumpleaños, poesías alusivas, etc.), por A. Dubois. Arreglado del francés por Diego Lopez.

Toile .... 1 fr. 50 || 1 volume in-18.

Secretario universal español. Contiene modelos de cartas sobre toda clase de asuntos.

Cartonné .... 2 fr. || 1 volume in-18.

SECRÉTAIRES EN LANGUE PORTUGAISE

Correspondencia commercial par H. Page, traduit du français par J. Pinto Monteiro.

Toile .... 5 fr. || 1 volume in-18.

O Secretario Brazileiro Contendo 306 Modelos de cartas sobre todos os assumptos e um formulario de requerimento e memorias.

Toile .... 4 fr. || 1 volume in-18.

SECRÉTAIRES FRANÇAIS-ITALIEN ET ITALIEN

Il Segretario Francese-Italiano par A. Enenkel. Modèles de lettres de toutes sortes : *Lettres de souhaits. — Lettres de consolation. — Lettres d'affaires. — Lettres de commerce,* etc.
Broché .... 2 fr. || 1 volume in-18.

Il nuovissimo Segretario Italiano par B. Melzi.
Broché .... 1 fr. 50 || 1 volume in-18.

Il vero Segretario Italiano o guida a scrivere ogni sorta di lettere, par B. Melzi.
Broché .... 2 fr. || 1 volume in-18.

COLLECTION MÉRIMÉE

Ouvrages publiés sous la direction de M. MÉRIMÉE
Doyen de la Faculté des Lettres de Toulouse

Ouvrages entièrement conformes aux derniers programmes des Lycées et Collèges.

ALARCÓN. — **La Verdad sospechosa**, édition annotée par M. Barry, professeur d'espagnol au lycée de Tarbes. 1 volume .... 1 fr. 50

BARRY. — **España y Españoles**, Paisajes, monumentos, tipos de la corte y de provincias, usos y costumbres, leyendas y tradiciones, con notas, noticias y biografías por Edouard Barry, Professor en el liceo de Tarbes. 1 volume in-18º jésus .... 2 fr. 50

CALDERÓN DE LA BARCA. — **La vida es sueño**, édition publiée par M. Morère, 1 volume .... 1 fr. 50

CERVANTES. — **Don Quijote** (1re partie), édition annotée par M. Dubois, professeur d'espagnol au lycée de Toulouse. 1 volume .... 2 fr.

— **Novelas ejemplares**. Edition annotée par M. Dubois. 1 volume .... 1 fr. 50

DIEGO DE MENDOZA. — **Guerra de Granada**, édition annotée par M. Duffo. 1 volume .... 1 fr. 50

ERCILLA. — **La Araucana**, édition annotée par M. Ducamin. 1 volume .... 2 fr.

GAVEL. — **Livre de lectures espagnoles** conforme aux programmes du 31 mai 1902, pour les classes de 6e et 5e, par Henri Gavel, agrégé de l'Université .... 2 fr.

GUILLÉN DE CASTRO. — **Mocedades del Cid**, édition annotée par M. Lacroix, professeur au lycée de Foix. 1 volume .... 1 fr. 50

JUANITO. — **Lecturas morales**, édition annotée par M. Rosiès, professeur d'espagnol au lycée d'Agen, 1 volume illustré .... 2 fr.

LOPE DE VEGA. — **El nuevo mundo descubierto**, édition annotée par M. Barry. 1 volume .... 1 fr. 50

MORATÍN. — **El Sí de las niñas. La comedia nueva**, édition annotée par M. Fr. Oroz. 1 volume .... 1 fr. 50

PITOLLET. — **Morceaux choisis de prosateurs et poètes espagnols**, par M. C. Pitollet. *Cours élémentaire* (8e, 7e et 6e). 1 volume in-18, relié toile .... 1 fr. 50

QUINTANA (M. J.). — **Vidas de los Españoles celebres**, édition annotée par Mme Lucie Lary, certificataire d'espagnol. 1 volume in-18, relié toile .... 1 fr. 50

RAMÓN MESONERO ROMANOS. — Escenas Matritenses, édition annotée par M. Morère, agrégé d'espagnol, 1 volume in-18, relié toile........................ 1 fr. 50

ROMANCES ESCOGIDOS. — Extraits, édition annotée par M. Ducamin, professeur au lycée de Mont-de-Marsan. 1 volume in-18, relié toile........................ 1 fr. 50

SAMANIEGO É IRIARTE. — Fábulas escogidas, édition annotée par M. Rosiès. 1 volume in-18 illustré, relié toile........................ 1 fr. 50

SOLÍS (Antonio de). — Historia de la Conquista de Méjico, édition annotée par Mme J. Lucie Lary, certificataire d'espagnol. 1 volume in-18, relié toile........................ 2 fr.

TIRSO DE MOLINA. — El Burlador de Sevilla. Édition annotée par M. Barry, Professeur au Lycée de Tarbes. 1 volume in-18 jésus........................ 2 fr.

ZORRILLA. — Garcia del Castañar. Édition annotée par M. Laget, Professeur au Lycée Buffon. 1 volume in-8° jésus........................ 2 fr.

N. B. — *Les ouvrages qui figurent dans cette collection, sont destinés aux élèves français qui étudient la langue espagnole.*

BIBLIOTHÈQUE RELIGIEUSE

Année Chrétienne (L') (JACQUET). La vie d'un Saint pour chaque jour de l'année.

Le volume broché .. 2 fr. 50	2 volumes in-18 illustrés.
— toile. 3 fr. 50	

Biblia sacra Vulgatœ editionis Sixti V, Pontificis Maximi Jussu recognita et Clementis VIII auctoritati edita.

Broché .... 6 fr.	
Rel. 1/2 chag., plats toile, tr. dorées ou rouges ... 8 fr.	1 fort volume in-18 jésus.

Bible des enfants par l'abbé SACHET.

Cartonné.......... 1 fr. »	1 volume in-18 jésus, illustré de nombreuses gravures.

La Sainte Bible traduite en français par LEMAISTRE DE SACY, nouvelle édition revue par l'abbé JACQUET et illustrée de 40 gravures sur acier d'après les grands maîtres.

Broché .... 25 fr.	
Relié demi-chagrin, tranches dorées...... 31 fr.	1 volume grand in-8° jésus.

La Sainte Bible traduite en français par LEMAISTRE DE SACY, édition revue par l'abbé JACQUET.

Le volume broché... 3 fr. 50	2 volumes in-18 jésus.
Reliés demi-chagrin, tr. dorées, les 2 vol. 11 fr. »	Les 2 vol. reliés demi-veau, tr. peigne. 10 fr.
	Veau bigarré, tête dorée, fers spéciaux.. 13 fr.

Les Femmes de la Bible. Principaux fragments d'une histoire du peuple de Dieu, par Mgr DARBOY, archevêque de Paris. Edition avec collection de portraits de femmes célèbres, de l'ancien et du nouveau testament, gravés d'après les dessins de Staal.

Le volume broché...... 12 fr.	
Les 2 volumes reliés demi-chagrin, tranches dorées......... 36 fr.	2 volumes grand in-8° jésus.

Même ouvrage. Nouvelle édition ornée de vignettes sur acier par STAAL.

Broché .... 3 fr. 50	1 volume in-18 jésus illustré.
Relié demi-veau tranches peigne........ 5 fr. »	
Demi-chagrin, tête dorée ....,. 5 fr. 50	

BOSSUET. — Œuvres Complètes classées selon l'ordre logique et analogique, publiées par l'abbé MIGNE, éditeur de la Bibliothèque Nationale du Clergé.

Brochés .... 60 fr.	11 volumes grand in-8°.

— Discours sur l'Histoire Universelle à Monseigneur le Dauphin, pour expliquer la suite de la religion et les changements des empires. Nouvelle édition revue sur les meilleurs textes, illustrée de gravures sur acier d'après les grands maîtres.

Broché .... 12 fr.	
Relié demi-chagrin, tête dorée.............. 18 fr.	
Amateur............... 20 fr.	1 volume grand in-8° jésus.

— Oraisons funèbres et panégyriques. Nouvelle édition illustrée de gravures sur acier.

Broché.............. 12 fr.	
Relié demi-chagrin, tête dorée .... 18 fr.	1 volume grand in-8° jésus.
Amateur.............. 20 fr.	

— Méditations sur l'Évangile revues sur les manuscrits originaux et les éditions les plus correctes.
Edition ornée de gravures sur acier d'après Raphaël, Le Guide, Ribéra, Le Titien, Léonard de Vinci, Jouvenet, etc.

Broché .... 12 fr.	
Relié demi-chagrin, tête dorée............. 18 fr.	
Amateur............. 20 fr.	1 volume grand in-8°

BOSSUET. — Élévations à Dieu sur tous les Mystères de la Religion chrétienne suivies de discours sur la vie cachée en Dieu, prières diverses, etc. Edition revue sur les manuscrits originaux et les éditions les plus correctes, ornée de gravures sur acier.
1 volume grand in-8° jésus.

Broché .... 12 fr.
Relié demi-chagrin, tête dorée............... 18 fr.
Amateur............... 20 fr.

— **Œuvres oratoires** panégyriques, sermons.
Nouvelle édition suivant le texte de l'édition de Versailles, enrichie à l'aide des travaux les plus récents sur Bossuet et ses ouvrages.
4 volumes in-8°.

Brochés .... 20 fr.
Reliés demi-chagrin, tranches jaspées..... 28 fr.

— **Œuvres diverses** 13 volumes in-18 jésus (*Voir page* 59).

L'Imitation de Jésus-Christ. Traduction nouvelle avec des réflexions à la fin de chaque chapitre par l'abbé F. de Lamennais. Nouvelle édition avec encadrements en couleur, illustrée de 10 gravures sur acier et d'un frontispice rehaussé d'or.
1 volume grand in-8° jésus.

Broché .... 15 fr.
Relié demi-chagrin, tranches dorées..... 21 fr.

Même ouvrage, édition avec frontispice en couleurs gravé.
1 volume in-18 jésus.

Broché .... 3 fr. 50
Rel. 1/2 veau, tranches peigne........ 5 fr. »
Rel. 1/2 chagrin tr. dorées........... 5 fr. 50
Veau bigarré, tête dorée, fers spéciaux.. 6 fr. 50

Même ouvrage, édition ornée de vignettes sur acier.
1 vol. in-8° cavalier.

Broché .... 7 fr. 50
Rel. 1/2 veau, tranches peigne...... 10 fr. 50
1/2 chagr. tranches dorées.......... 11 fr. 50
Amateur........... 12 fr. 50

LACORDAIRE. — Sainte Marie-Madeleine nouvelle édition précédée d'une notice sur le Père Lacordaire et suivie des *Lettres à un jeune homme sur la vie chrétienne*.
1 volume in-18.

Broché............ 3 fr. »
1/2 veau tr. peigne.. 4 fr. 50
1/2 chagr. tr. dorées.. 5 fr. »
Bigarré, tête fantaisie 5 fr. 50

— **Vie de Saint Dominique.**
1 volume in-18.

Broché............ 3 fr. »
1/2 veau tr. peigne.. 4 fr. 50
1/2 chagr. tr. dorées.. 5 fr. »
Bigarré, tête fantaisie 5 fr. 50

— **Conférences de Notre-Dame-de-Paris.**
Le volume broché.... 3 fr. » || 5 volumes.

— **Notices et panégyriques.**
Broché............ 3 fr. » || 1 volume.

LAMENNAIS. — Essai sur l'indifférence en matière de religion.
Brochés .... 20 fr. || 4 volumes in-8°.

— **Correspondance.**
Brochés .... 10 fr. || 4 volumes in-8°.

Lectures spirituelles approuvées par plusieurs archevêques et évêques et disposées par P. Gœdert.

1. *Décembre.* Bourdaloue. Lectures spirituelles pour le temps de l'Avent, 1 vol.
2. *Janvier.* Saint Augustin. Lectures pour le temps de Noël et de l'Épiphanie, 1 vol.

3. *Février*. BOSSUET. Lectures spirituelles préparatoires au Carême, 1 vol.
4. *Mars*. MASSILLON. Lectures spirituelles pour le Carême, 1 vol.
5. *Avril*. P. VENTURA. Lectures spirituelles sur la Passion de Notre-Seigneur Jésus-Christ, 1 vol.
6. *Mai*. LOUIS DE GRENADE. Lectures spirituelles sur les fêtes de la très sainte Vierge, 1 vol.
7. *Juin*. SAINT THOMAS D'AQUIN. Lectures spirituelles pour la Pentecôte et la Fête-Dieu, 1 vol.
8. *Juillet*. FÉNELON. Lectures spirituelles sur la Vie Intérieure, 1 vol.
9. *Août*. SAINT JEAN CHRYSOSTOME. Lectures spirituelles sur les Vertus chrétiennes, 1 vol.
10. *Septembre*. SAINT BERNARD. Lectures spirituelles sur la Vie chrétienne, 1 vol.
11. *Octobre*. SAINT FRANÇOIS DE SALES. Lectures spirituelles sur la Piété, 1 vol.
12. *Novembre*. SAINT ALPHONSE DE LIGUORI. Lectures spirituelles sur les Fins dernières, 1 vol.

Chaque volume...... 2 fr. 50
Relié mouton souple, tranches rouges.... 4 fr. »

12 volumes in-18 broché.

Légende dorée Compilation de vies des saints, par Jacques DE VORAGINE, ouvrage traduit du latin et précédé d'une notice historique et bibliographique par M. G. B.

Le volume broché...... 3 fr.
Les 2 vol. rel. demi-veau tr. peigne......... 9 fr.
Veau bigarré, tête fant. 11 fr
1/2 chagrin, tête dorée. 10 fr.

2 volumes in-18 jésus.

Manuel de Droit ecclésiastique texte et commentaires par EMILE OLLIVIER.

Le vol. broché....... 3 fr. 50
Veau bigarré, tête dorée, fers spéciaux, les 2 vol. 13 fr. »

2 volumes in-18 jésus.

Manuel ecclésiastique ou répertoire, offrant alphabétiquement et en 640 pages blanches à deux colonnes, tout autant de titres avec divisions et sous-divisions sur le dogme, la morale, etc.

Relié................. 6 fr.

1 volume in-4°.

Les Saints Evangiles traduction de LEMAISTRE DE SACY, nouvelle édition revue d'après les meilleurs textes par l'abbé JACQUET, illustration de Tony Johannot, Cavelier, Gérard, Seguin et Breviaire ; frontispice en couleurs, encadrements en couleurs.

Broché............... 12 fr.
Relié demi-chagrin, tranches dorées...... 18 fr.

1 volume grand in-8° jésus.

Les Saintes femmes Fragments d'une histoire de l'Eglise, par Mgr DARBOY, archevêque de Paris, avec portraits des femmes remarquables, gravés sur acier d'après les meilleurs artistes.

Broché............... 12 fr.
Relié demi-chagrin, tranche dorées...... 18 fr.

1 volume grand in-8° jésus.

Vies des Saints classées pour chaque jour de l'année par ordre de dates, nouvelles écrites par une réunion d'ecclésiastiques et d'écrivains catholiques sous les auspices de NN. SS. les Archevêques et Evêques.

Brochés............. 25 fr.
Les 4 tomes reliés en 2 volumes demi-chagrin, tête dorée....... 37 fr.

4 volumes grand in-8°, illustrés d'environ 1.800 gravures.

Vies des Saints les plus populaires et les plus intéressants, recueillies et précédées d'une introduction par l'abbé JACQUET. Edition illustrée.

Relié toile.......... 7 fr. 50
— demi-chagrin, tranches dorées.... 8 fr. 50

1 volume in-8° raisin.

L'ABBÉ MIGNE

PATROLOGIE GRECQUE

166 volumes in-8°.

PATROLOGIE LATINE

222 volumes in-8°.

Table des matières de la Patrologie grecque. 1 volume in-8°.................. 20 fr.

Voir le Catalogue spécial de cette magnifique collection

ALBUMS DIVERS

COLLECTION à 0 FR. 50

1er Livre des Enfants. Alphabet orné de 6 gravures en couleurs.
2e Livre des Enfants. Historiettes. — **3e Livre des Enfants.** Historiettes.

COLLECTION DU CHANOINE SCHMID

Le volume.......... 0 fr. 50 ‖ Petits volumes in-18 cartonnés, titre en or.

HISTOIRE DE L'ANCIEN TESTAMENT. — HISTOIRE DU NOUVEAU TESTAMENT. — PETITS CONTES. — LE PETIT MOUTON ET LA MOUCHE. — LA VEILLE DE NOEL. — HISTORIETTES POUR LES ENFANTS. — LA BARQUE DU PÊCHEUR.

NOUVELLE COLLECTION ENFANTINE

Série de HUIT ALBUMS in-4° carré oblong de 16 pages en couleurs, par JORDIC.
L'album .... 1 fr.

1re Série :

Les 7 jours de Ketje
Marie aux sabots de bois se gage
Dernières places de Marie aux sabots de bois
Perrine la petite laitière

2e Série :

Bre-Ké-Kes Coas-Coas
Cours Select
Tintin-Gorin
La Pension des Oiseaux

Chaque série, comprenant 4 albums, existe également reliée toile avec plaque..................... 4 fr. »

COLLECTION à 2 FR. 50

Enfant dans la famille (L'). Album in-4°, illustré de 32 figures coloriées de Morin, Raffin, etc. Cartonné.
Grotte enchantée (La), par Santos-Gonzalez. Album in-4°, illustré en couleurs. Cartonné.
Mésaventures de Jean le Fripon (Les). Album in-4°, illustré de gravures en couleurs. Cartonné.

COLLECTION à 4 FRANCS

Alphabet, par Benjamin Rabier, album in-4°, illustré de 24 planches en couleurs. Cartonné.
A quoi jouons-nous? Par Weber. Album de 32 jeux pour enfants avec illustrations en couleurs de Robert Sallés.
Ecoutez-moi, par Benjamin Rabier, album in-4°, illustré en couleurs. Cartonné.
Fond du sac (Le), par Benjamin Rabier, album in-4°, illustré en couleurs. Cartonné.
Lilette Léveillé à Craboville. Album in-4° cavalier, orné de nombreuses planches en couleurs. Dessins de Jordic.
Plus belle des histoires (La). Vie de l'enfant Jésus racontée à un enfant, par Mlle Nettement, illustrations de Yan Dargent. Cartonné.
Robinson malgré lui, par Alph. Crozière, dessins de Valvérane, album in-4° raisin. Cartonné.
Tambour de Saragosse (Le), par Alph. Crozière, album in-4°, illustré en couleurs. Cartonné.

COLLECTION IN-4° ILLUSTRÉE EN COULEURS

Chaque album cartonné dos toile, couverture chromo .... **4 fr. 25**
— — relié toile, plaque spéciale, tranches dorées .... **6 fr. 25**

Animaux sauvages et domestiques (Les), illustré de vignettes et de gravures en chromolithographie. — 1 volume.

Auto K. 6. ô. 20 (L'), par O'GALOP, illustré de dessins en couleurs. — 1 volume.

Aventures de Robinson Crusoé. Illustrations de GRANDVILLE et chromolithographies. — 1 volume.

Aventures d'une poupée (Les), par O'GALOP, illustrations en couleurs. — 1 volume.

Capitaine des Crancquiniers (Le), par O'GALOP et J. ROSNIL, illustré de dessins en couleurs. — 1 volume.

Choix de fables de La Fontaine. Album avec de nombreuses illustrations par GRANDVILLE et des gravures en chromolithographie. — 1 volume.

Contes de Mme d'Aulnoy. *Gracieuse et Percinet. — La belle aux cheveux d'or. — L'oiseau bleu. — Finette Cendron. — Le nain jaune. — La biche au bois. — La chatte blanche.* Illustrés de vignettes et de gravures en couleurs. — 1 volume.

Contes de Perrault (Les), vignettes et gravures en chromolithographie. — 1 volume.

Dernières merveilles de la science (Les), par Daniel BELLET, gravures en chromolithographie. — 1 volume.

Dirigeable « Cage à Mouches n° 1 » (Le), illustré de planches en couleurs, par O'GALOP. — 1 volume.

Fées des fleurs, des bois et des eaux. Nouveaux contes, par T. D'AUXOIS, illustrations de Ed. ZIER. — 1 volume.

Grégoire et son âne, adapté de l'espagnol, par C. SANTOS-GONZALEZ, dessins de NUÑEZ-MILLON. — 1 volume.

Héros du siècle (Les). Récits anecdotiques, par DICK DE LONLAY. 20 grandes compositions en couleurs par L. BOMBLED et dessins de l'auteur. — 1 volume.

Histoire de Don Quichotte, par Miguel DE CERVANTÈS-SAAVEDRA. Traduction de FLORIAN, illustrée de vignettes et gravures en couleurs. — 1 volume.

Histoire de Jeanne d'Arc, par Louis MOLAND, illustrée de gravures en chromolithographie par LIX. — 1 volume.

Je saurai lire. Alphabet méthodique et amusant, illustré de gravures en couleurs par LIX. — 1 volume.

Je sais lire. Lectures et scènes enfantines, illustrations de LIX, imprimées en couleurs. — 1 volume.

Je serai soldat. Alphabet militaire, illustré de 25 compositions en couleurs et de nombreux dessins en chromotypographie. — 1 volume.

Légende du Juif errant (La), Compositions et dessins, par Gustave DORÉ. Poème avec prologue et épilogue par Pierre DUPONT, avec la Ballade de Béranger mise en musique par Ernest DORÉ. — 1 volume.

Nouveau voyage en France. Conversations familières, instructives et amusantes, illustré de gravures imprimées en couleurs. — 1 volume.

Péripéties de l'aviation (Les), par XAUDARO, illustrations en couleurs. — 1 volume.

Voyages de Gulliver. à Lilliput et à Brobdingnag, par SWIFT, illustré de vignettes et gravures en couleurs. — 1 volume.

ALBUMS PAR BENJAMIN RABIER

Albums in-4° oblong de 50 planches en couleurs, reliés toile, plaque spéciale, tranches dorées.
L'album .... 7 fr. 50

Animaux en liberté (Les).
Animaux s'amusent (Les).
Ménagerie.
Petites misères de la vie des animaux.
Scènes de la vie privée des animaux.
Scènes comiques dans la forêt.

ALBUMS PAR TOPFFER

Albums format in-8° jésus oblong, le volume broché .... 5 fr. »
— relié toile, plaque spéciale, tranches dorées .... 7 fr. 50

Histoire de M. Jabot.
— M. Vieuxbois.
— M. Crépin.
— M. Pencil.
Le docteur Festus.
Histoire d'Albert.
Histoire de M. Cryptogame.

Chansons et rondes enfantines. Album illustré format in-8° colombier avec notices et accompagnement de piano, par J.-B. WECKERLIN. Ouvrage enrichi de chromotypographies par Henri PILLE, nombreux dessins de J. BLASS, TRIMOLLE, STEINHEIL.
1 volume relié étoffe riche, tranches dorées .... 8 fr.

Chansons et rondes enfantines des provinces de France. Album in-8° colombier avec notices et accompagnement de piano. Ouvrage enrichi de huit dessins en chromotypographie par F. LIX et de nombreuses vignettes.
1 volume relié étoffe riche, tranches dorées .... 8 fr.

Nouvelles chansons et rondes enfantines. Album in-8° colombier, illustré en chromotypographie. Musique de WECKERLIN, dessins de LANDEZ, POIRSON, etc.
1 volume relié étoffe riche, tranches dorées .... 8 fr.

BUFFON

DE

BENJAMIN RABIER

1 fort volume in-4°, illustré de 35 *hors-texte et* 250 *gravures en couleurs*

Toile plaque .... 15 fr. | 1/2 chagrin, tête dorée ...... 18 fr.

VOLUMES IN-8 ILLUSTRÉS POUR LA JEUNESSE

Le volume format in-8° raisin, *broché* .... 5 fr. »
— *relié toile, fers spéciaux, tranches dorées* 7 fr. 50
— — *1/2 chagrin, tranches dorées*...... 8 fr. 50

ANDERSEN

Contes danois CONTENANT : *La vierge des glaciers. — Ib et la petite Christine. — Elle se conduit mal. — Un crève-cœur. — Un couple amoureux. — Une histoire dans les dunes. — Caquets d'enfants. — Une feuille du ciel. — Ce que le vieux fait est bien fait. — Le Sylphe. — La reine des neiges. — Le fils du portier — Sous le saule. — Les aventures du chardon. — La fille du roi de la vase. — Le schilling d'argent. — Le jardinier et ses maîtres.*

Traduits par E. GRÉGOIRE et L. MOLAND, illustrés d'après les dessins de Yan DARGENT

— Nouveaux contes danois CONTENANT : *Le camarade de voyage. — Le sapin. — Le porcher. — La petite sirène. — La soupe à la brochette. — Cinq dans une cosse. — L'histoire d'une mère. — Le vilain petit canard. — Petite Poucette — Grand Claus et petit Claus. — Le goulot de la bouteille. — Les habits neufs de l'Empereur. — Les cygnes sauvages. — Bougie et chandelle. — La plus heureuse. — Scènes de basse-cour. — La pâquerette. — Le Stercoraire. — Trésor doré. — Le rossignol. — L'enfant au tombeau. — L'histoire de Valdemar Dae. — La petite fille qui marchait sur le pain. — Le crapaud. — Chacun et chaque chose à sa place. — Jean Balourd. — Quelque chose. — Les voisins.*

Traduits par E. GRÉGOIRE et L. MOLAND, illustrés par Yan DARGENT

— Les Souliers rouges et autres contes.

CONTENANT :

Le coffre volant. — Le rêve du chêne. — Le grand serpent de mer. — Le briquet. — Le vieux ferme l'œil. — Le sanglier de bronze. — La pierre philosophale. — L'histoire de l'année. — Le jardin du paradis. — Livre d'images. — Le papillon. — L'infirme. — Il faut une différence. — Les coureurs. — La petite fille aux allumettes. — La pierre tombale. — Margoton. — La théière. — La cloche. — Le roi des aunes. — La famille heureuse. — La vieille maison. — Le sarrasin. — Ce que racontait la vieille Jeanne. — L'intrépide soldat de plomb. — L'ange. — La comète. — Le gnome et l'épicier. — Le bisaïeul. — C'est le rayon de soleil qui parle. — Le bonheur dans une branche. — L'homme de neige. — Le livre muet. — Le jardin du paradis. — L'ombre. — La vieille lanterne. — La vieille cloche d'église. — Les galoches du bonheur. — La plume et l'encrier. — Le lin. — La tirelire. — Les deux coqs. — Les sauteurs. — Ogier le Danois. — Les feux follets sont dans la ville.

Traduits par E. GRÉGOIRE et L. MOLAND, illustrés par Yan DARGENT

BAYARD

Histoire La très joyeuse, plaisante et récréative histoire du bon chevalier sans peur et sans reproches, le gentil seigneur de Bayard, composée par le Loyal Serviteur.

Edition avec une introduction et des notes, par Louis MOLAND, ornée de gravures hors texte et de vignettes, dessins de TOFANI.

BELLOC

Le fond du sac de la Grand'mère Contes et historiettes, illustrations dans le texte et hors texte de STAAL. 1 volume.

CONTENANT :

Une nuit en diligence. — Marguerite. — L'anniversaire. — Florence. — Les épreuves de Henriette. — Le bal. — Le pion. — Berthe, la fille du pêcheur. — Le journal de famille. — Persévérance.

— La tirelire aux histoires. Lectures choisies, illustrations dans le texte et hors texte, de STAAL. 1 volume.

CONTENANT :

A quoi sert la lecture. — L'art de bien lire. — Une bonne petite fille. — Ce que c'est qu'un livre. — L'enfant soigneux. — La fourmi et l'abeille. — Le rêve de Robert. — Le petit tambour. — Le travail. — Les vendanges. — Voyage dans la lune, etc., etc.

BELLOT

Voyage aux mers polaires à la recherche de sir John Franklin, avec une introduction par M. Paul BOITEAU et accompagné d'une carte des régions arctiques, édition illustrée par M. Ad. BEAUNE. 1 volume.

BERNARDIN DE SAINT-PIERRE

Paul et Virginie suivi de la *Chaumière indienne*, édition précédée d'une notice par SAINTE-BEUVE, illustrée par Alexandre DE BAR. 1 volume.

BERQUIN

L'ami des enfants Edition précédée d'une notice biographique par J. N. BOUILLY, illustrée de nombreuses vignettes dessinées par STAAL et GÉRARD-SÉGUIN. 1 volume.

— **Sandfort et Merton** Suivis de : *Le petit Grandisson. — Retour de croisière. — Les sœurs de lait. — Les joueurs. — Le page. — L'honnête fermier.*

Edition illustrée de vignettes sur bois, dessinées par STAAL. 1 volume.

BERTHOUD

L'homme depuis 5.000 ans CONTENANT : *Un habitant de la place Royale. — Le plus ancien livre du monde. — L'âge de pierre en Europe. — Les premiers habitants de Paris. — L'âge de pierre polie et l'âge de bronze. — Les cuisines du diable. — Quelques explications. — Le collier vivant. — Le moyen âge. — La justice du prince Baudoin. — La partie d'échecs du diable. — Le seizième siècle. — Les compagnons de la Hanse. — Le dix-septième siècle. — Le peintre de la reine. — Les aventures de Perle-d'Or. — L'herbier de Marie-Madeleine. — L'an deux mil huit cent soixante-seize.*

Illustrations de YAN DARGENT. 1 volume.

— **Soirées du Dr Sam** CONTENANT : *Le retour. — Un mariage de savant. — Linné et Léna. — Dodo et Dédèle. — Marianne Chimot. — Le général Saint-Yvon. — Le caporal Jeune première. — Madame Anderson. — Le docteur Himly. — Un membre de l'Académie des inscriptions et belles-lettres. — Bemboche. — Une histoire de libraire. — Huber. — Les inconvénients de la célébrité. — Gertrude.*

Illustrations de YAN DARGENT. 1 volume.

BUFFON

Buffon des familles Histoire et description des animaux, extraites des œuvres de Buffon et de Lacépède par Aug. DUBOIS.

Ouvrage illustré de plus de 450 gravures dont 16 sujets hors texte. 1 volume. *Épuisé broché.*

CERVANTÈS

Don Quichotte de la jeunesse Traduit par Florian. Nouvelle édition illustrée de vignettes sur bois d'après les dessins de G. STAAL. 1 volume.

COZZENS

La contrée merveilleuse Voyages dans l'Arizóna et le Nouveau-Mexique, traduction de W. BATTIER.

CUVELLIER

La vie du vaillant Bertrand Du Guesclin D'après la chanson de geste du trouvère Cuvellier et la chronique en prose contemporaine, texte rajeuni par Mlle DUFAUX DE LA JONCHÈRE, avec une introduction et des notes par Louis MOLAND. Edition ornée de gravures hors texte et de nombreuses vignettes, dessins de TOFANI. 1 volume.

FÉNELON

Les aventures de Télémaque et les aventures d'Aristonoüs, précédées de plusieurs études historiques et littéraires, par VILLEMAIN, S. DE SACY et J. JANIN, et suivies d'un vocabulaire géographique et historique. Edition illustrée d'après les dessins de Tony JOHANNOT, etc. 1 volume.

FLORIAN

Fables Illustrées par GRANDVILLE, suivies de *Tobie et Ruth*, poèmes tirés de l'Ecriture sainte et précédées d'une notice sur la vie et les ouvrages de Florian, par P.-J. STAHL. 1 volume.

FOË (DE)

Robinson Crusoé Illustré par GRANDVILLE. 1 volume.

GALLAND

Les mille et une nuits des familles Contes arabes choisis et révisés avec la plus scrupuleuse attention. Illustrés par FRANÇAIS, BARON, WATTIER, LAVILLE, etc. 1 volume.

GENLIS

Les veillées du château ou cours de morale à l'usage des enfants. Edition illustrée par STAAL. 1 volume.

JACQUET

Vies des saints les plus populaires et les plus intéressants Recueillies et précédées d'une introduction, édition illustrée de gravures dans le texte et hors texte. 1 volume. *(Épuisé broché).*

LEPRINCE DE BEAUMONT

Le magasin des enfants ou dialogues d'une sage gouvernante avec ses élèves. Edition revue et corrigée d'après les plus anciennes et meilleures éditions, augmentée d'un conte du même auteur et précédée d'une notice par Mme Louise S. W. BELLOC.
Illustrations de G. STAAL. 1 volume.

LE VAILLANT

Voyage dans l'intérieur de l'Afrique et au cap de Bonne-Espérance. Edition illustrée de 17 planches hors texte et de nombreuses vignettes par D. SEMEGHINI. 1 volume.

NODIER (CH.)

Le génie Bonhomme CONTENANT : *Séraphine. — François les bas bleus. — La neuvaine de la Chandeleur. — Les aveugles de Chamouny. — Baptiste Montauban. — La légende de sœur Béatrice. — Trilby. — Trésor des fèves et fleur des pois.*
Avec une introduction de Louis MOLAND, illustrations de STAAL. 1 volume *(Épuisé broché).*

PELLICO

Mes prisons suivi des devoirs des hommes, traduction nouvelle par le comte H. DE MESSEY, revue par le vicomte de VILLENEUVE DE BARGEMONT.
Illustrations de GÉRARD-SEGUIN, DAUBIGNY, STEINHEIL, etc. 1 volume.

SCHMID

Contes Traduction de l'abbé MACKER, la seule approuvée par l'auteur.
Edition illustrée par G. STAAL d'un grand nombre de vignettes dans le texte et dix grands bois hors texte. 2 volumes.

CONTENANT :

TOME Ier : *La colombe. — Le serin. — Le ver luisant. — Les œufs de Pâques. — Le petit mouton. — La mouche. — La croix de bois. — L'enfant perdu. — La chapelle de la forêt. — Rose de Tannenbourg. — La veille de Noël. — Ludovico. — Histoire de Henri d'Eichenfels. — La corbeille de fleurs. — Geneviève de Brabant.*

TOME II : *La ferme des tilleuls. — Le bon Fridolin et le méchant Thierry. — Eustache ou les martyrs. — Les fruits d'une bonne éducation. — La bague trouvée. — Les Kreutzers rouges. — L'Incendie. — Itha, duchesse de Toggenbourg. — Les deux frères. — Maria ou la fête des roses. — Une journée de bonheur. — Thérèse Muller. — La baraque du pêcheur. — Louise et Marie Fernando. — La guirlande de houblon.*

SWIFT

Voyages de Gulliver dans les contrées lointaines. Traduction nouvelle précédée d'une notice par Walter SCOTT, illustrations de GRANDVILLE. 1 volume.

WISEMAN

Fabiola ou l'église des catacombes. Traduction nouvelle par Mlle NETTEMENT, vignettes d'après les dessins de Yan DARGENT. 1 volume.

WYSS

Le Robinson suisse Traduit par Mlle Elise VOIART, précédé d'une introduction par Charles NODIER. Vignettes d'après les dessins de Ch. LEMERCIER. 1 volume.

VOLUMES IN-18 ILLUSTRÉS POUR LES ENFANTS

Le volume broché........................... 2 fr. 50
Relié toile, fers spéciaux, tranches dorées....... 3 fr. 50

ANDERSEN

Le camarade de voyage CONTENANT : *Sous le saule. — Les aventures du chardon. — La fille du Roi de la vase. — Le schilling d'argent. — Le vilain petit canard. — La petite sirène. — La soupe à la brochette. — Le sapin. — Le porcher. — Cinq dans une cosse. — L'histoire d'une mère.*
Traduction GRÉGOIRE et L. MOLAND, illustrations de Yan DARGENT. 1 volume.

— **Le coffre volant** CONTENANT : *Les souliers rouges. — Le papillon. — L'Infirme. — Il faut une différence. — Les coureurs. — La petite fille aux allumettes. — Margoton. — Le dernier rêve du chêne. — Le roi des aunes. — La vieille maison. — Le Sarrasin. — Le grand serpent de mer. — Le briquet. — L'intrépide soldat de plomb. — L'ange. — Le vieux ferme l'œil. — Le sanglier de bronze. — La comète. — C'est le rayon de soleil qui parle.*
Traduction GRÉGOIRE et L. MOLAND, illustrations de Yan DARGENT. 1 volume.

— **L'homme de neige** CONTENANT : *La pierre philosophale. — Le bonheur dans une branche. — Le livre muet. — L'histoire de l'année. — Le jardin du paradis. — L'ombre. — La vieille cloche d'église. — Les galoches du bonheur. — La plume et l'encrier. — Le lin. — Le livre d'images. — La vieille lanterne. — La tirelire. — Les deux coqs. — Jean Balourd. — Les voisins. — Les sauteurs. — Ogier le Danois. — Les feux follets sont dans la ville.*
Traduction GRÉGOIRE et L. MOLAND, illustrations de Yan DARGENT. 1 volume.

— **Histoire de Valdemar Daae** CONTENANT : *Petite poucette. — Grand Claus et petit Claus. — Les cygnes sauvages. — Scènes de basse-cour — La pâquerette. — Le rossignol. — L'enfant du tombeau. — Le goulot de la bouteille. — Les habits neufs de l'Empereur. — Bougie et chandelle. — La plus heureuse. — Le Stercoraire. — Trésor doré. — La petite fille qui marchait sur le pain. — Le crapaud. — Chacun et chaque chose à sa place. — Quelque chose.*
Traduction GRÉGOIRE et L. MOLAND, illustrations de Yan DARGENT. 1 volume.

— **La vierge des glaciers** CONTENANT : *Ib et la petite Christine. — Elle se conduit mal. — Un crève-cœur. — Un couple d'amoureux. — Une histoire dans les dunes. — Caquets d'enfants. — Une feuille du ciel. — Ce que le vieux fait est bien fait. — Le Sylphe. — La reine des neiges. — Le fils du portier. — Le jardinier et ses maîtres.*
Traduction GRÉGOIRE et L. MOLAND, illustrations de Yan DARGENT. 1 volume.

ARMOR

Les Vacances de Noël. Illustrations par JORDIC, 1 volume.

BARTOLOMÉ

Histoire du paysan Bertoldo Sa vie, ses faits et gestes, ses étonnantes malices; suivie de l'histoire de son fils Bertoldino et de son petit-fils Cacaseno. Illustrations de Albert GUILLAUME et Mme LAMI. 1 volume.

BAYARD

Histoire du bon chevalier sans peur et sans reproches composée par le loyal serviteur. Introduction et notes par Louis MOLAND. 2 volumes in-18.

BEECHER STOWE

La Case de l'Oncle Tom ou la vie des nègres en Amérique. Illustrations de Jules DAVID. 1 volume.

BELLOC

Contes familiers par Maria EDGEWORTH, dédiés aux parents et aux enfants, traduits par Mme L.-Sw. BELLOC. Illustrés 1 volume.

— **Contes pour le premier âge** Imprimés en gros caractères, vignettes de STAAL. 1 volume.

— **Grave et gai, rose et gris** par miss Ann. FRASER TYTLER. Traduction de l'anglais par BELLOC et MONTGOLFIER, dessins de STAAL. 1 volume.

— **Histoires et contes de la Grand'mère** Illustrations de STAAL. 1 volume.

— **Lectures enfantines** Contes et récits du deuxième âge. 1 volume.

— **La tirelire aux histoires** Lectures choisies, illustrations de STAAL. 2 volumes.

BERNARDIN DE SAINT-PIERRE

Paul et Virginie suivi de la *Chaumière indienne.* Illustrations d'après les dessins de BERTALL et DEMARLE. 1 volume.

BERQUIN

L'ami des enfants et des adolescents, vignettes par STAAL. 1 volume.

— **Sandfort et Merton** suivi de *Le page*, édition illustrée de vignettes par G. STAAL. 1 volume.

— **Le petit Grandisson** Suivi de : *Le retour de Croisière. — Les sœurs de lait. — Les joueurs. — L'honnête fermier.* Edition illustrée de vignettes par STAAL. 1 volume.

— **Théâtre choisi** CONTENANT : *Les petites couturières. — Un bon cœur fait pardonner bien des étourderies. — Colin-Maillard. — Le petit joueur de violon. — La petite glaneuse. — L'oiseau du bon Dieu. — Les douceurs du travail. — Les pères reconciliés par leurs enfants. — La levrette et la bague. — Les étrennes — Le vieux champagne. — L'éducation à la mode. — La vanité punie. — L'école des marâtres. — L'épée. — L'incendie.*

Vignettes par STAAL. 1 volume.

BOCHET

Premier livre des enfants 1 volume. Alphabet et lectures choisies pour le premier âge (gros caractères).

BOUILLY (Œuvres de J.-N.)

Conseils à ma fille Edition Magnien. 1 volume.

BUFFON

Petit Buffon illustré Histoire et description des animaux, extraite des œuvres de Buffon et de Lacépède. Nombreuses vignettes d'après les dessins de FREEMAN, MASSIEU, etc. 1 volume.

CAMPE

Histoire de la découverte et de la conquête de l'Amérique Traduction par Charles SAINT-MAURICE. Edition ornée de vignettes dessinées par STAAL. 1 volume.

CERVANTÈS

L'ingénieux hidalgo Don Quichotte de la Manche Edition pour la jeunesse, nouvelle édition illustrée de gravures sur bois, d'après les dessins de STAAL. 1 volume.

CONTES

Contes et historiettes recueillies par un papa Impression en gros caractères, illustrations de STAAL, Yan DARGENT. 1 volume.

COZZENS

Voyage dans l'Arizona Traduction de W. BATTIER. Vignettes anglaises, illustrations de Yan DARGENT. 1 volume.

— **Voyage dans le Nouveau-Mexique** suite du voyage dans l'Arizona. Traduction de W. BATTIER, vignettes anglaises, illustrations de Yan DARGENT. 1 volume.

CUVELLIER

La vie du vaillant Bertrand Du Guesclin d'après la chanson de geste du trouvère Cuvellier et la chronique en prose contemporaine, texte rajeuni par Mlle DUFAUX DE LA JONCHÈRE. Introduction et notes de Louis MOLAND, dessins de TOFANI. 2 volumes.

DEMESSE

Zizi Histoire d'un moineau de Paris, 75 illustrations de BERTRAND. 1 volume.

DESBORDES-VALMORE (Mme)

Contes et scènes de la vie de famille dédiés aux enfants, illustrés de nombreuses vignettes. 2 volumes.

CONTENANT :

TOME Ier : *L'enfant des Champs-Elysées. — La royauté d'un jour. — Les étrennes de Gustave. — Les vacances ou les petits politiques, etc.*

TOME II : *Le petit bègue. — Le grand cheval et le petit cavalier. — Le serment des petits Polonais. — Les petits Flamands. — Gino ou le danger des fleurs. — Deux philosophes sans le savoir. — Quatre lettres d'une mère à son fils.*

Ouvrages couronnés par l'Académie des sciences.

DESBORDES-VALMORE (Mme)

Poésies de l'enfance aux enfants, aux mères. 1 volume.

FÉNELON

Les aventures de Télémaque suivies des aventures d'Aristonoüs, accompagnées de notes philologiques et littéraires et précédées de l'éloge de Fénelon par LA HARPE, vignettes sur bois. 1 volume.

FLORIAN

Fables suivies de son théâtre, précédées d'un jugement par LA HARPE et d'observations littéraires par SAINTE-BEUVE, vignettes par GRANDVILLE. 1 volume.

— **Le Don Quichotte** (Voir Cervantès).

FOË (DE)

Aventures de Robinson Crusoé traduction nouvelle, illustrations de GRANDVILLE. 1 volume.

GALLAND

Mille et une nuits de la jeunesse Contes arabes, traduits par GALLAND, choisis et revisés avec la plus scrupuleuse attention.

CONTENANT :

Le marchand et le génie. — Histoire de Singbad, le marin. — Aladin ou la lampe merveilleuse. — Ali-Baba et les quarante voleurs. 1 volume illustré.

Les mille et une nuits des familles Contes arabes, traduits par GALLAND, choisis et revisés avec la plus scrupuleuse attention. 2 volumes illustrés.

GENLIS (Mme DE)

Adèle et Théodore ou lettres sur l'éducation. Edition soigneusement revue et corrigée, illustrée. 2 volumes.

— **Les veillées du château** ou cours de morale à l'usage des enfants, édition illustrée de dessins par STAAL. 2 volumes.

GRIMM

Contes traduits de l'allemand par E. GRÉGOIRE et L. MOLAND, illustrations de Yan DARGENT. 1 volume.

HÉRICAULT (D') et L. MOLAND

La France guerrière Récits historiques d'après les chroniques et les mémoires de chaque siècle, édition illustrée de vignettes sur bois, 4 volumes se vendant séparément.

1re PARTIE : *Vercingétorix. — Du Guesclin* ;

2e PARTIE : *Jeanne d'Arc. — François Ier* ;

3e — : *Henri IV. — République* ;

4e — : *Rivoli. — Solférino.*

JACQUET

L'année chrétienne La vie d'un saint pour chaque jour, ouvrage approuvé par NN. SS. les archevêques et évêques, 2 volumes.

LA FONTAINE

Fables avec de nouvelles remarques explicatives philosophiques et littéraires et un choix de notes extraites de tous les commentaires par Félix LEMAISTRE. Edition illustrée d'après les dessins de GRANDVILLE et de STAAL. 1 volume.

LAMBERT (Mme)

Lectures de l'enfance Petits contes, historiettes, anecdotes, dialogues tirés des meilleurs auteurs, imprimés en gros caractères.
Illustrations de G. STAAL. 1 volume.

LEPRINCE DE BEAUMONT (Mme)

Le magasin des enfants Edition revue et corrigée par Mme L.-Sw. BELLOC, illustrations de STAAL. 2 volumes.
— Contes des fées, 1 volume, in-18, illustré.

LOISEAU DU BIZOT

Cent petits contes pour les enfants bien sages, imprimés en gros caractères, illustrés de 125 gravures. 1 volume.

MAISTRE (XAVIER DE)

Œuvres complètes CONTENANT : *Voyage autour de ma chambre. — Expédition nocturne. — Le lépreux de la cité d'Aoste. — Les prisonniers du Caucase. — La jeune Sibérienne.*
Edition précédée d'une notice par SAINTE-BEUVE, illustrations de G. STAAL. 1 volume

MANZONI

Les Fiancés Histoire milanaise du XVIIe siècle, traduction nouvelle par le marquis de MONTGRAND, illustrations de STAAL. 1 volume.

NODIER (CHARLES)

La neuvaine de la Chandeleur CONTENANT : *Le génie Bonhomme. — Les aveugles de Chamouny. — Baptiste Montauban. — Trilby. — Jean François les bas-bleus.*
Illustrations de STAAL. 1 volume.

OLLIVIER (Mme EMILE)

Petites histoires Illustrations d'après les dessins de TOFANI. 1 volume.

PELLICO

Mes prisons suivis des *Devoirs des hommes*, traduction nouvelle par le comte H. DE MESSEY. 1 volume.

PERRAULT

Contes des Fées suivis des contes de Mme D'AULNOY et de Mme LEPRINCE DE BEAUMONT, édition illustrée de nombreuses vignettes par G. STAAL. 1 volume.

RONCEY (P.-A. DE)

Histoire de Charlemagne ou les *Douze Pairs de France*. 1 volume in-18. Illustrations de NUNEZ.

RUNEBERG (JEAN-LOUIS)

Le roi Fialar précédé de : *Le porte-enseigne Stole. — La nuit de Noël. — Hama*, etc.
Traduits par Hippolyte VALMORE, 1 volume.

SACHOT

Inventeurs et inventions avec de nombreuses vignettes dans le texte. 1 volume.

SCHMID

Contes choisis Traduction de l'abbé MACKER, édition illustrée par G. STAAL ; 4 volumes se vendant séparément.

TOME Ier : *La colombe. — Le serin. — Le ver luisant. — Les œufs de Pâques. — Le petit mouton. — La mouche. — La croix de bois. — L'enfant perdu. — La chapelle de la forêt. — Ludovico. — Geneviève de Brabant.*

TOME II : *Rose de Tannenbourg. — La veille de Noël. — Histoire de Henri d'Eichenfels. — La corbeille de fleurs.*

TOME III : *La ferme des tilleuls. — Le bon Fridolin et le méchant Thierry. — Eustache.*

TOME IV : *Itha, duchesse de Toggenbourg. — Les fruits d'une bonne éducation. — Les deux frères. — Maria ou la fête des roses. — Une journée de bonheur. — Thérèse Muller. — La barque du pêcheur. — Louise et Marie.*

SÉVIGNÉ (Mme DE)

Lettres choisies accompagnées de notes explicatives sur les faits et les personnages du temps, précédées d'observations littéraires par SAINTE-BEUVE. 1 volume.

SWIFT

Voyages de Gulliver dans les contrées lointaines, édition précédée d'une notice biographique et littéraire par Walter SCOTT, illustrations de GRANDVILLE. 1 volume.

TÖPFFER

Premiers voyages en zigzag ou excursions d'un pensionnat en vacances dans les cantons suisses et sur le revers italien des Alpes. 2 volumes illustrés par CALAME d'après les dessins de l'auteur.

TOME Ier : *Vallée d'Aoste. — Saint-Gervais. — Valais. — Saint-Gothard. — Schwitz. — Milan. — Côme. — Splugen.*

TOME II : *Chamonix. — L'Oberland. — Le Righi. — Le tour du lac de Genève. — Venise.*

— **Nouveaux voyages en zigzag** à la Grande-Chartreuse, autour du Mont-Blanc, précédés d'une notice par SAINTE-BEUVE. 2 volumes illustrés d'après les dessins originaux de TÖPFFER.

TOME Ier : *Voyage à la Grande-Chartreuse et autour du Mont-Blanc.*

TOME II : *Voyages dans les vallées d'Hérens, de Zermatt, au Grimsel, à Gênes et à la Corniche.*

— **Nouvelles genevoises** illustrées d'après les dessins de l'auteur. 1 volume.

VAULABELLE (DE)

Ligny-Waterloo d'après les documents authentiques recueillis en France et à l'étranger, gravures par WORMS et carte de la campagne. 1 volume.

WISEMAN

Fabiola ou l'Eglise des Catacombes. Traduction nouvelle par Mlle NETTEMENT, précédée d'une introduction de Alfred NETTEMENT, vignettes d'après les dessins de Yan DARGENT. 1 volume.

WYSS

Le Robinson suisse traduit de l'allemand par Mme Elise VOIART, précédé d'une introduction par Charles NODIER, orné de vignettes d'après les dessins de Ch. LEMERCIER. 2 volumes.

CHEFS-D'ŒUVRE

DE LA

LITTÉRATURE FRANÇAISE

Volumes format in-8° cavalier ornés de gravures sur acier

Chaque volume broché.............	**7** fr. **50**	Relié 1/2 veau, tr. peigne...........	**10** fr. **50**
1/2 chagrin, t. dorée	**11** fr. **50**	Amateur	**12** fr. **50**

(Les ouvrages en plusieurs volumes ne se vendent pas séparément reliés.)

BOILEAU. — Œuvres complètes accompagnées de notes historiques et littéraires et précédées d'une étude sur sa vie et ses ouvrages par A. Ch. GIDEL, 4 volumes, ornés de gravures sur acier d'après le dessin de STAAL.

CONTENANT :

TOME 1er : *Vie de Boileau. — Préfaces de Boileau-Despréaux pour les éditions complètes de ses ouvrages. — Discours au Roi. — Satires I à VI.*

TOME 2 : *Satires VII à XII. — Epîtres. — Art poétique. — Le Lutrin.*

TOME 3 : *Discours sur l'ode. — Odes, épigrammes et autres poésies. — Fragment d'un prologue d'opéra. — Poésies latines. — Pièces attribuées à Boileau. — Une satire inédite de Boileau. — Œuvres en prose.*

TOME 4 : *Œuvres en prose (suite). — Correspondance.*

CHÉNIER (André). — Œuvres poétiques précédées de la vie d'André CHÉNIER mises en ordre et annotées par Louis MOLAND avec les études de Sainte-Beuve sur André Chénier, les mélanges littéraires, la correspondance et une notice bibliographique. Edition ornée de gravures sur acier d'après les dessins de STAAL, 2 volumes.

TOME Ier : *Vie d'André Chénier. — Œuvres publiées du vivant de l'auteur. — Œuvres posthumes, bucoliques. — Elégies. — Elégies italiennes et orientales.*

TOME II : *Epîtres. — Théâtre. — Poèmes. — Poésies diverses. — Satires. — Hymnes. — Odes. — Iambes. — Mélanges littéraires. — Correspondance. — Appendice.*

IMITATION DE JÉSUS-CHRIST (L') Traduction nouvelle avec des réflexions à la fin de chaque chapitre par l'abbé DE LAMENNAIS, édition ornée de vignettes sur acier, 1 volume.

LA BRUYÈRE (J. de). — Œuvres complètes. Nouvelle édition avec une notice sur la vie et les écrits de La Bruyère, une bibliographie, des notes, une table analytique des matières, un lexique par A. CHASSANG et le portrait de La Bruyère gravé sur acier, 2 volumes.

TOME Ier : *Les caractères ou les mœurs de ce siècle.*

TOME II : *Les caractères (suite). — Les caractères de Théophraste traduits du grec. — Discours prononcé dans l'Académie Française le 15 juin 1693. — Dialogue sur le quiétisme. — Lettres. — Lexique.*

LA FONTAINE. — Œuvres complètes. Nouvelle édition très soigneusement revue sur les textes originaux, avec un travail de critique et d'érudition, aperçus d'histoire littéraire, vie de l'auteur, notes et commentaires, bibliographie, etc., par L. MOLAND, ornée de gravures sur acier d'après les dessins de STALL, 7 volumes.

TOME Ier : *La fable depuis les origines jusqu'à La Fontaine. — La fable dans l'antiquité. — La fable au moyen âge. — La fable dans l'âge moderne. — La Fontaine et ses fables. — Jugements. — Fables, livres I à VI.*

TOME II : *Fables livres VII à XII. — Table des fables suivant la division des livres. — Table alphabétique des fables.*

TOME III : *Contes 1re et 2e parties.*

TOME IV : *Contes 3e, 4e et 5e parties.*

TOME V : *L'eunuque*, comédie. — *Les rieurs du Beau-Richard*, ballet. — *Clymène*, comédie. — *Ballet sur la paix.* — *Daphne*, opéra. — *Fragment de Galatée*, opéra. — *Ragotin ou le roman comique*, comédie. — *Le Florentin*, comédie. — *La coupe enchantée*, comédie. — *Le veau perdu*, comédie. — *Astrée*, tragédie lyrique. — *Je vous prends sans vert*, comédie. — *Achille*, tragédie.

TOME VI : *Les amours de Psyché et de Cupidon. — Adonis. — Fragment du songe de Vaux. — Poème de la captivité de Saint-Malo. — Poème du quinquina. — Elégies. — Odes. — Poésies diverses. — Traductions en vers.*

TOME VII : *La Fontaine, sa vie et ses ouvrages. — Ballades et rondeaux. — Sonnets. — Madrigaux. — Dizains. — Sixains. — Chansons. — Epitaphes. — Vers pour des portraits. — Epigrammes. — Epîtres. — Pièces diverses en prose. — Lettres de La Fontaine à sa femme. — Lettres à divers. — Pièces attribuées à La Fontaine.*

LA ROCHEFOUCAULD. — Œuvres complètes avec notes de A. CHASSANG. 2 volumes.

TOME Ier : *Les Mémoires. — Portraits. — Apologie de Marcillac.*

TOME II : *Les maximes. — Réflexions diverses. — Correspondance.*

MAROT (Clément). — Œuvres annotées, revues sur les éditions originales et précédées de la vie de Clément Marot par Charles D'HÉRICAULT, ornée du portrait de l'auteur d'après une peinture du temps. 1 volume.

MASSILLON. — Œuvres choisies. Nouvelle édition accompagnée de notes et précédée d'une étude sur Massillon, par M. GODEFROY, ornée du portrait de Massillon. 2 volumes.

TOME Ier : *Sermons.*

TOME II : *Sermons* (suite). — *Conférences. — Discours synodaux. — Pensées ou morceaux choisis.*

MOLIÈRE. — Œuvres complètes collationnées sur les textes originaux et commentées par Louis MOLAND. Deuxième édition soigneusement revue et augmentée.

Une composition de STAAL, gravée sur acier, accompagne chaque pièce. 12 volumes.

TOME Ier : *Biographie et bibliographie.*

TOME II : *Les deux farces et le ballet attribués à Molière. — Préface de l'édition de* 1682. — *L'étourdie ou les contre-temps. — Le dépit amoureux*, comédie en cinq actes.

TOME III : *Le dépit amoureux*, comédie en deux actes. — *Les précieuses ridicules. — Sganarelle ou le cocu imaginaire. — Don Garcie de Navarre ou le prince jaloux.*

TOME IV : *Le Gelosie fortunate del principe Rodrigo. — L'école des maris. — Les fâcheux. — L'école des femmes. — La critique de l'école des femmes.*

TOME V : *L'impromptu de Versailles. — Le mariage forcé. — Fêtes de Versailles en* 1664 ; *les plaisirs de l'île enchantée. — La princesse d'Elide.*

TOME VI : *Le Tartuffe ou l'imposteur. — Don Juan ou le festin de Pierre.*

TOME VII : *Le festin de Pierre. — L'amour médecin. — Le misanthrope.*

TOME VIII : *Le médecin malgré lui. — Mélicerte. — Pastorale comique. — Le Sicilien ou l'amour peintre. — Amphitryon.*

TOME IX : *George Dandin ou le mari confondu. — Le grand divertissement royal de Versailles*, 1668. — *L'avare. — La gloire du Val-de-Grâce.*

TOME X : *Monsieur de Pourceaugnac. — Les amants magnifiques. — Le bourgeois gentilhomme. — Elomire Hypocondre ou les médecins vengés.*
TOME XI : *Psyché. — Les fourberies de Scapin. — La comtesse d'Escarbagnas. — Les femmes savantes.*
TOME XII : *Le malade imaginaire. — Poésies diverses. — Lexique de la langue de Molière.*

MONTAIGNE (Michel de). — Essais Nouvelle édition avec des notes de tous les commentateurs, choisies et complétées par M.-J.-V. LE CLERC, précédée d'une nouvelle étude sur Montaigne par PRÉVOST-PARADOL. 4 volumes avec portrait.

TOME Ier : *Essais*, livre Ier.
TOME II : *Essais*, livre II.
TOME III : *Essais*, livre II (*suite*), livre III.
TOME IV : *Essais*, livre III (*suite*). — *Correspondance de Michel de Montaigne. — Voyage de Michel de Montaigne. — La théologie naturelle de Raymond Sebon. — Pièces additionnelles et documents bibliographiques. — Etienne de la Boëtie. — La servitude volontaire ou le contre-un.*

MONTESQUIEU. — Œuvres complètes avec les variantes des premières éditions, un choix des meilleurs commentaires et des notes nouvelles, par Edouard LABOULAYE. 7 volumes.

TOME Ier : *Lettres persanes.*
TOME II : *Le temple de Gnide. — Céphise et l'amour. — Le temple de Gnide*, mis en vers par Léonard. *—Grandeur et décadence des Romains. — Dialogue de Sylla et d'Eucrate. — Lysimaque. — Dissertation de la politique des Romains dans la religion. — Tibère et Louis XI. — Arsace et Ismenie.*
TOME III : *De l'esprit des lois*, livres I à X.
TOME IV : *De l'esprit des lois*, livres XI à XXI.
TOME V : *De l'esprit des lois*, livres XXII à XXX.
TOME VI : *De l'esprit des lois*, livre XXXI. — *Défense et suite de la défense.*
TOME VII : *Discours. — Essai sur le goût. — Pensées diverses. — Lettres. — Voyage à Paphos.*

PASCAL. — Lettres écrites à un provincial. Nouvelle édition avec une introduction générale, une notice à l'ouvrage, les variantes des éditions originales, des notes d'histoire et de philologie, un commentaire sur le fond du livre et la bibliographie, par L. DEROME. Edition ornée de portraits des personnages importants de Port-Royal gravés sur acier. 2 volumes.

RACINE. — Œuvres complètes avec une vie de l'auteur et un examen de chacun de ses ouvrages, par Louis MOLAND. 8 volumes.

TOME Ier : *Vie de Racine jusqu'à sa première tragédie* (1639-1664). — *La Thébaïde ou les frères ennemis. — Alexandre le Grand.*
TOME II : *Andromaque. — Les plaideurs. — Vie de Racine*, 2e partie (1664-1677).
TOME III : *Britannicus. — Bérénice. — Bajazet.*
TOME IV : *Mithridate. — Iphigénie. — Phèdre. — Plan du premier acte d'Iphigénie en Tauride.*
TOME V : *Vie de Racine*, 3e et dernière partie (1677-1699). — *Esther. — Athalie. — Poésies diverses. — Œuvres diverses en prose.*
TOME VI : *Œuvres diverses en prose* (suite). — *Œuvres diverses en prose attribuées à Racine. — Traduction.*
TOME VII : *Remarques et annotations. — Discours académiques. — Correspondance.*
TOME VIII : *Correspondance* (suite). — *Mémoires sur la vie de Jean Racine par Louis Racine. — Dictionnaire critique de la langue de Racine.*

RONSARD. — Œuvres choisies avec notice, notes et commentaires par SAINTE-BEUVE. Nouvelle édition revue et augmentée par M. L. MOLAND, ornée du portrait de Ronsard.

CONTENANT :
Amours de Cassandre. — Amours de Marie. — Amours d'Astrée. — Poésies pour Hélène. — Amours diverses — Odes. — Le bocage royal. — Eglogues. — Elégies. — Hymnes. — Poèmes. — Gaietés. — Discours des mystères du temps. — Poésies diverses. — Abrégé de l'art poétique français. 1 volume.

ROUSSEAU (J.-B.). — Œuvres avec une introduction sur sa vie et ses ouvrages et un nouveau commentaire, par Antoine DE LATOUR.

CONTENANT :
Odes. — Cantates. — Epigrammes. — Poésies diverses. 1 volume.

COLLECTION HORS SÉRIE

BUFFON. — Œuvres complètes. Nouvelle édition comprenant la nomenclature linnéenne et la classification de Cuvier, revue sur l'édition in-4° de l'imprimerie royale et annotée par M. FLOURENS.

Ouvrage contenant 150 gravures sur acier coloriées d'après les dessins inédits de Ed. TRAVIÉS et HENRY GOBIN.

12 volumes grand in-8°.

Le volume broché.. **12 fr. 50**

Les 12 volumes, rel. 1/2 chagrin ou 1/2 veau, tr. peigne.. **222 fr. »**

TOME Ier : *Théorie de la terre. — Histoire générale des animaux.*
TOME II : *L'homme. — Les quadrupèdes.*
TOME III : *Les quadrupèdes.*
TOME IV : *Les singes. — Addition aux quadrupèdes.*
TOME V à VIII : *Les oiseaux.*
TOME IX : *Introduction aux minéraux. — Epoques de la nature.*
TOME X et XI : *Les minéraux.*
TOME XII : *Expériences sur les végétaux, Arithmétique morale et tables analytiques et raisonnée des matières contenues dans les 12 volumes.*

CUVIER et LACÉPÈDE. — Œuvres réunies comprenant le complément de Buffon ou l'histoire des mammifères et des oiseaux, l'histoire des cétacés, batraciens, serpents et poissons. Supplément aux œuvres complètes de Buffon, annotées par M. FLOURENS, 50 planches, 125 sujets coloriés avec le plus grand soin.

4 volumes grand in-8° jésus.

Le volume......... **12 fr. 50**

1/2 veau ou 1/2 chagrin. Les 4 volumes **74 fr. »**

TOME Ier : *Mammifères. — Oiseaux. — Cétacés.*
TOME II : *Quadrupèdes. — Ovipares. — Serpents. — Poissons.*
TOMES III et IV : *Poissons.*

DIDEROT. — Œuvres complètes revues sur les éditions originales, comprenant ce qui a été publié à diverses époques et les manuscrits inédits conservés à la bibliothèque de l'Ermitage. Notices, notes, table analytique. Etude sur Diderot et le mouvement philosophique au XVIIIe siècle, par J. ASSÉZAT pour les 16 premiers volumes ; par J. ASSÉZAT et Maurice TOURNEUX pour les tomes 17 à fin.

20 volumes in-8° cavalier.

Le volume broché..... **7 fr.**

20 volumes 1/2 veau, tranche peigne...... **200 fr.**

1/2 chagrin, tranches dorées............ **220 fr.**

DIVISIONS DE L'OUVRAGE :

TOME Ier : *Avertissement*, mémoires pour servir à l'histoire de la vie et des ouvrages de Diderot, par Mme DE VAUDEUIL, sa fille. — *PHILOSOPHIE : Principes de la philosophie morale ou essai sur le mérite et la vertu. — Pensées philosophiques. — La promenade du sceptique ou les allées. — De la suffisance de la religion naturelle. — Lettre sur les aveugles. — Lettres sur les sourds et muets. — Lettre à mon frère.*

TOME II : *PHILOSOPHIE : Pensées sur l'interprétation de la nature. — Principes philosophiques sur la matière et le mouvement. — Introduction aux grands principes. — Entretien entre d'Alembert et Diderot. — Sur les femmes. — Réfutation, suivie de l'ouvrage d'Helvétius intitulé « l'Homme ». — Principe de politique des souverains.*

TOME III : *PHILOSOPHIE : Essai sur les règnes de Claude et Néron. — Plan d'une Université pour le gouvernement de Russie.*

TOME IV : *PHILOSOPHIE, BELLES-LETTRES : Romans, contes, critique littéraire. — Miscellanea philosophique. — Les bijoux indiscrets. — L'oiseau blanc. — Qu'en pensez-vous ? — La marquise de Claye et Saint-Alban. — Cinq-Mars et Derville. — Mon père et moi. — Le Gulistan ou le rosier du poète Sadi.*

TOME V : *BELLES-LETTRES : La religieuse. — Observations sur les saisons. — Les deux amis de Bourbonne. — Entretien d'un père avec ses enfants. — Ceci n'est pas un conte. — Sur l'inconséquence du jugement publié de nos actions particulières. — Le neveu de Rameau.*

TOME VI : *BELLES-LETTRES : Jacques le fataliste et son maître. — Miscellanea littéraires. — Fragments échappés du portefeuille d'un philosophe.*

TOME VII : *BELLES-LETTRES : Théâtre, critique dramatique. — Le fils naturel. — Le père de famille. — De la poésie dramatique. — Le joueur.*

TOME VIII : *BELLES-LETTRES : Le Shérif. — Les pères malheureux. — La pièce et le prologue. — Est-il bon ? Est-il méchant ? — Paradoxe sur le comédien. — Miscellanea dramatiques.*

TOME IX : *BELLES-LETTRES : Poésies diverses. — SCIENCES : Mathématiques. — Physiologie.*

TOME X : *BEAUX-ARTS : Arts du dessin (Salon). — Recherches philosophiques sur l'origine et la nature du beau. — L'histoire et le secret de la peinture en cire. — Salons de* 1759, 1761, 1763, 1765. — *Essai sur la peinture.*

TOME XI : *BEAUX-ARTS : Salons de* 1767, 1769, 1771.

TOME XII : *BEAUX-ARTS, MUSIQUE : Salons de* 1775, 1781. — *Pensées détachées sur la peinture, la sculpture, l'architecture et la poésie pour servir de suite aux « Salons ».*

TOME XIII : *BEAUX-ARTS : Miscellanea. — ENCYCLOPÉDIE : A.-B.*

TOME XIV : *ENCYCLOPÉDIE : C.-E.*

TOME XV : *ENCYCLOPÉDIE : F.-L.*

TOME XVI : *ENCYCLOPÉDIE : L.-Q.*

TOME XVII : *ENCYCLOPÉDIE : R.-Z.-VOYAGES, ŒUVRES DIVERSES : Lui et moi. — Sur la princesse Dashkoff.*

TOME XVIII : *ŒUVRES DIVERSES, CORRESPONDANCE : Lettre sur le commerce de la librairie. — Lettres à Falconet. — Lettres à Mlle Volland.*

TOME XIX : *CORRESPONDANCE : Lettres à Mlle Volland* (fin). — *Lettres à l'abbé Le Monnier. — Lettres à Mlle Jodin. — Correspondance générale I.*

TOME XX : *Correspondance générale II. — Appendices. — Table générale et analytique.*

GRIMM, DIDEROT. — Correspondance littéraire, philosophique et critique,

Le volume	**7 fr.**
16 volumes reliés demi-veau, gardes et tranches peigne genre antique	**160 fr.**
1/2 chagrin, tranches dorées	**176 fr.**

Nouvelle édition collationnée sur les textes originaux, comprenant, outre ce qui a été publié à diverses époques et les fragments supprimés en 1813 par la censure, les parties inédites conservées à la Bibliothèque ducale de Gotha et à l'Arsenal de Paris. Notice, notes, table générale, par M. Mauric TOURNEUX.

16 volumes in-8° cavalier ; (le caractère et le papier sont semblables à ceux des *Œuvres complètes* de Diderot.)

VOLTAIRE. — Œuvres complètes

Le volume broché	**7 fr.**
52 volumes reliés, 1/2 veau tranches peigne	**520 fr.**
1/2 chagrin, tranches dorées	**572 fr.**

Nouvelle édition avec notices, préfaces, variantes, table analytique, notes de tous les commentateurs et des notes nouvelles, publiée sous la direction de Louis MOLAND, conforme pour le texte à l'édition de Beuchot.

52 volumes in-8° cavalier, y compris les 2 volumes de tables, contenant les deux suites de gravures de MOREAU jeune et de PHILIPPOTEAUX.

DIVISIONS DE L'OUVRAGE :

TOME Ier : *ÉTUDES ET DOCUMENTS BIOGRAPHIQUES : Mémoires pour servir à la vie de M. de Voltaire. — Commentaire historique sur les œuvres de l'auteur de la Henriade. — Éloges de Voltaire. — Documents biographiques. — Pièces pour servir à l'histoire posthume de Voltaire.*

TOME II à VII : *THÉÂTRE : Œdipe. — Fragments d'Artémise. — Mariamne. — L'indiscret. — Fête de Bélébat. — Brutus. — Les originaux. — Ériphyle. — Zaïre. — Samson. — Tanis et Zélide. — Adélaïde du Guesclin. — Duc d'Alençon ou les Frères ennemis. — Amélie ou le duc de Foix. — L'échange. — La mort de César. — Alzire. — L'enfant prodigue. — L'envieux. — Pandore. — Zulime. — Le fanatisme. — Mérope. — Princesse de Navarre. — Temple de la gloire. — La prude. — Sémiramis. — Femme qui a raison. — Nanine. — Oreste. — Rome sauvée. — L'orphelin de la Chine. — Socrate. — L'Écossaise. — Tancrède. — Saül. — Le droit du Seigneur. — Le triumvirat. — Les Scythes. — Charlot. — Le dépositaire. — Les guèbres. — Le baron d'Otrante. — Les deux tonneaux. — Sophonisbe. — Les pélopides. — Les lois de Minos. — Don Pèdre. — Jules César, etc.*

TOME VIII : *La Henriade. — Poème de Fontenoy. — Odes. — Stances. — Temple du goût.*

TOME IX : *La pucelle. — Premiers contes en vers. — La Bastille. — Le pour et le contre. — Jean qui pleure et qui rit. — Le cadenas.*

TOME X : *Contes en vers. — Satires. — Epîtres. — Poésies mêlées. — Vers latins. — Vers anglais. — Traductions.*

TOME XI à XIII : *Essai sur les mœurs. — Annales de l'Empire.*
TOME XIV et XV : *Le siècle de Louis XIV. — Le siècle de Louis XV. — Histoire du Parlement.*
TOME XVI : *Fin de l'histoire du Parlement. — Histoire de Charles XII. — Histoire de Russie.*
TOME XVII à XX : *Dictionnaire philosophique.*
TOME XXI : *ROMANS : Le monde comme il va. — Le crocheteur borgne. — Cosi. — Sancta. — Zadig ou la destinée. — Memnon ou la sagesse humaine. — Bababec et les Fakirs. — Micromégas. — Les deux consolés. — Histoire des voyages de Scarmentado. — Songe de Platon. — Candide ou l'optimisme. — Histoire d'un bon bramin. — Le blanc et le noir. — Jeannot et Colin. — Aventure Indienne. — Les aveugles juges des couleurs. — L'ingénu. — L'homme aux quarante écus. — La princesse de Babylone. — Les lettres d'Amabed. — Aventures de la mémoire. — Le taureau blanc. — Eloge historique de la raison. — Histoire de Jenni ou l'athée et le sage. — Les oreilles du comte de Chesterfield, et le chapelain Goudman.*
TOME XXII à XXX : *Mélanges.*
TOME XXXI et XXXII : *Commentaires sur Corneille et Appendice.*
TOME XXXIII à L : *CORRESPONDANCE, — 11.000 lettres : Véritable histoire du XVIIIe siècle. — Affaires Jore, abbé Desfontaines, Calas et Sirven, Chevalier de la Barre.*
TOME LI et LII : *Table analytique.*

Suite de 90 Gravures Modernes, dessins de Staal, Philippoteaux, etc. pour les œuvres complètes de VOLTAIRE .... **30 fr.**

Il a été tiré 150 épreuves sur papier de Chine, **60 fr.**

Suite de 109 Gravures Anciennes, d'après les dessins de Moreau jeune, pour les mêmes œuvres de VOLTAIRE .... **30 fr.**

Nouvelle édition tirée sur les planches originales.

COLLECTION DES COMPACTES

(Une œuvre complète dans un seul volume.)

Volumes grand in-8° jésus, à 2 colonnes, illustrés, brochés.

Reliure 1/2 chagrin, en plus par volume .... 6 fr.
— — amateur, tête dorée .... 8 fr.

BEAUMARCHAIS. — Œuvres complètes (Edition GARNIER). Nouvelle édition précédée d'une notice par Louis MOLAND améliorée et enrichie à l'aide des travaux les plus récents sur Beaumarchais et ses ouvrages, ornée de gravures sur acier d'après les dessins de STAAL.

CONTENANT : *Eugénie. — Les deux amis ou le négociant de Lyon. — Le barbier de Séville ou la précaution inutile. — La folle journée ou le mariage de Figaro. — L'autre Tartuffe ou la mère coupable. — Tarare. — Mémoires. — Lettres.*

1 volume .... 12 fr. 50

— Œuvres complètes (Edition LAPLACE). Nouvelle édition augmentée de quatre pièces de théâtre et de documents divers inédits avec une introduction par Edouard FOURNIER, ornée de vingt portraits en pied coloriés, dessinés par Emile BAYARD.

CONTENANT : *Eugénie. — Les deux amis ou le négociant de Lyon. — Le barbier de Séville ou la précaution inutile. — La folle journée ou le mariage de Figaro. — L'autre Tartuffe ou la mère coupable. — Tarare. — Mémoires. — Lettres. — Œuvres inédites, Théâtre et affaires de théâtre, Lettres, Mélanges en prose et en vers.*

1 volume .... 18 fr.

BOILEAU. — Œuvres complètes (Edition GARNIER). Nouvelle édition conforme au texte donné par BERRIAT-SAINT-PRIX, avec les notes de tous les commentateurs, publiée par Paul CHÉRON, précédée d'une notice sur la vie et les ouvrages de Boileau par SAINTE-BEUVE, illustrée de vignettes sur acier d'après les dessins de G. STAAL.

CONTENANT : *Satires. — Epîtres. — Odes. — Epigrammes. — Poésies diverses. — Pièces diverses. — Traité du sublime. — Lettres. — Le Bolœana.*

1 volume .... 12 fr. 50

— Œuvres complètes (Edition LAPLACE). Nouvelle édition conforme au texte donné par BERRYAT-SAINT-PRIX, avec notes par Paul CHÉRON, précédée d'une notice par SAINTE-BEUVE, illustrée de vingt dessins en couleurs par Emile BAYARD.

CONTENANT : *Préfaces de Boileau. — Œuvres de Boileau. — Epîtres. — L'art politique. — Le lutrin. — Odes, épigrammes et autres poésies. — Œuvres en prose. — Réflexions critiques. — Traité du sublime. — Correspondance. — Appendice.*

1 volume .... 18 fr.

CORNEILLE (P. et Th.). — Œuvres (Edition GARNIER), précédées de la vie de Pierre Corneille par FONTENELLE et des discours sur la poésie dramatique, nouvelle édition illustrée de douze gravures sur acier.

CONTENANT : *Discours sur le poème dramatique. — Médée. — Le Cid. — Horace. — Cinna. — Polyeucte. — Pompée. — Le menteur. — La suite du menteur. — Rodogune. — Héraclius. — Don Sanche d'Aragon. — Nicomède. — Sertorius. — Othon. — Poésies diverses. — Œuvres choisies de Th. Corneille. — Ariane. — Le festin de Pierre. — Le comte d'Essex.*

1 volume .... 12 fr. 50

— (Pierre). — Théâtre complet (Edition LAPLACE), précédée de la vie de l'auteur par FONTENELLE et suivie d'un dictionnaire donnant l'explication des mots qui ont vieilli. Nouvelle édition imprimée d'après celle de 1682, ornée du portrait en pied colorié du principal personnage de chaque pièce.

CONTENANT : *Mélite. — Clitandre. — La veuve. — La galerie du palais. — La suivante. — La place royale. — Médée. — L'illusion. — Le Cid. — Horace. — Cinna. — Polyeucte. — La mort de Pompée. — Le menteur. — La suite du menteur. — Théodore. — Rodogune. — Héraclius. — Andromède. — Don Sanche d'Aragon. — Nicomède. — Pertharite. — Œdipe. — La conquête de la Toison d'or. — Sertorius. — Sophonisbe. — Othon. — Algésilas. — Attila. — Tite et Bérénice. — Pulchérie. — Suréna. — Psyché.*

1 volume .... 18 fr.

CORNEILLE (Thomas). — Théâtre complet(Edition LAPLACE). Nouvelle édition précédée d'une notice par Edouard THIERRY, illustrée de dessins en couleur et de fac-similés de gravures du XVIIe siècle.

CONTENANT :

Les engagements du hasard. — Le feint astrologue. — Don Bertrand de Cigarral. — L'amour à la mode. — Le charme de la voix. — Les illustres ennemis. — Le geôlier de soi-même. — Timocrate. — Bérénice. — La mort de l'empereur Commode.— Stilicon. — Le galant doublé. — Camma, reine de Galatie. — Maximian. — Persée et Démétrius. — Antiochus. — Laodice. — Le baron d'Albikrac. — La mort d'Annibal. — La comtesse d'Orgueil. — Ariane. — Don César d'Avalos. — Circé. — L'inconnu. — Le festin de Pierre. — Le triomphe des Dames. — Le comte d'Essex. — La devineresse. — Bradamante.

1 volume .... 18 fr.

DELAVIGNE (Casimir). — Œuvres complètes(Edition GARNIER). Théâtre, poésies, œuvres posthumes. Nouvelle édition ornée de vignettes gravées sur acier d'après les dessins de Paul DELAROCHE, Alfred JOHANNOT et Tony JOHANNOT.

CONTENANT :

THÉATRE : *Les vêpres siciliennes. — Les comédiens. — Le paria. — L'école des vieillards. — La princesse Aurélie. — Marino Faliero. — Louis XI. — Les enfants d'Edouard. — Don Juan d'Autriche. — Une famille au temps de Luther. — La popularité. — La fille du Cid. — Le conseiller rapporteur. — Charles VI.* — POÉSIES : *Messéniennes. — Chants populaires. — Poésies diverses. — Etudes sur l'antiquité. — Poésies de la jeunesse de l'auteur. — Derniers chants, poésies et ballades sur l'Italie. — Œuvres posthumes. — Melusine.*

1 volume........... 12 fr. 50

LA FONTAINE. — Œuvres complètes(Edition GARNIER). Nouvelle édition, très soigneusement revue sur les textes originaux et précédée d'une étude sur la vie et les ouvrages de La Fontaine, par Louis MOLAND. Vignettes en taille-douce, gravées par les meilleurs artistes d'après les dessins de STAAL.

CONTENANT :

La Fontaine, sa vie et ses ouvrages. — Fables. — Contes et nouvelles en vers. — L'eunuque. — Les rieurs du Beau Richard. — Clymène. — Daphné. — Fragment de Galatée. — Astrée. — Achille. — Ragotin. — Le Florentin. — La coupe enchantée. — Je vous prends sans vert. — Les amours de Psyché et de Cupidon. — Adonis. — La captivité de Saint-Malo. — Le quinquina. — Fragment du songe de Vaux. — Œuvres diverses. — Elégies. — Odes. — Epîtres. — Poésies diverses. — Ballades et Rondeaux. — Sonnets.— Madrigaux. — Dizains. — Sixains. — Chansons. — Epigrammes. — Lettres.

1 volume........... 12 fr. 50

LE SAGE. — Œuvres précédées d'une introduction par SAINTE-BEUVE, illustrées de vignettes sur acier d'après les dessins de G. STAAL.

CONTENANT :

1 volume............ 12 fr. 50 — *Histoire de Gil Blas de Santillane. — Histoire de Guzman d'Alfarache. — Crispin rival de son maître. — Turcaret. — La tontine.*

— Histoire de Gil Blas de Santillane (Edition LAPLACE), précédée d'une introduction de Jules JANIN, illustrations de GAVARNI.

1 volume............. 12 fr.

MARIVAUX. — Théâtre complet (Edition LAPLACE). Nouvelle édition, contenant une pièce non encore recueillie, précédée d'une introduction sur la vie et les œuvres de l'auteur par Edouard FOURNIER, ornée de vingt portraits en couleurs par BERTALL.

CONTENANT :

Le père prudent et équitable ou Crispin l'heureux fourbe. — Annibal. — Le dénouement imprévu. — L'île de la raison ou les petits hommes. — La seconde surprise de l'amour. — La réunion des amours. — Les serments indiscrets. — Le petit maître corrigé. — Le legs. — La dispute. — Le préjugé vaincu. — Félicie. — Les acteurs de bonne foi. — Arlequin poli par l'amour. — La surprise de l'amour. — La double inconstance. — Le prince travesti. — La fausse servante ou le fourbe puni. — L'île des esclaves. — L'héritier de village. — Le triomphe de Plutus. — Le feu de l'amour et du hasard. — Le triomphe de l'amour. — L'école des mères. — L'heureux stratagème. — La méprise. — Les fausses confidences. — La mère confidente. — La joie imprévue. — Les sincères. — L'épreuve. — La colonie.

1 volume............. 18 fr.

MOLIÈRE. — **Œuvres complètes** (Edition GARNIER). Nouvelle édition accompagnée de notes tirées de tous les commentateurs avec des remarques nouvelles, par Félix LEMAISTRE, précédée de la vie de Molière par Voltaire, ornée de vignettes gravées sur acier d'après les dessins de STAAL.

CONTENANT :

La jalousie du barbouillé. — Le médecin volant. — L'étourdi ou les contre-temps. — Le dépit amoureux. — Les précieuses ridicules. — Sganarelle. — Don Garcie de Navarre. — L'école des maris. — Les fâcheux. — L'école des femmes. — La critique de l'école des femmes. — L'impromptu de Versailles. — Le mariage forcé. — La princesse d'Elide. — Don Juan ou le festin de pierre. — L'amour médecin. — Le misanthrope. — Le médecin malgré lui. — Mélicerte. — Pastorale comique. — Le Sicilien ou l'amour peintre. — L'imposteur, ou le Tartuffe. — Amphitryon. — George Dandin ou le mari confondu. — L'avare. — Monsieur de Pourceaugnac. — Les amants magnifiques. — Le bourgeois gentilhomme. — Psyché. — Les fourberies de Scapin. — La comtesse d'Escarbagnas. — Les femmes savantes. — Le malade imaginaire. — Poésies diverses.

1 volume.......... 12 fr. 50

— **Œuvres complètes** (Edition LAPLACE). Nouvelle édition imprimée sur celles de 1679 et 1682, avec des notes explicatives sur les mots qui ont vieilli, précédée d'une introduction par Jules JANIN, ornée de portraits en pied coloriés.

CONTENANT :

L'étourdi ou les contre-temps. — Le dépit amoureux. — Les précieuses ridicules. — Sganarelle. — Don Garcie de Navarre. — L'école des maris. — Les fâcheux. — L'école des femmes. — La critique de l'école des femmes. — L'impromptu de Versailles. — Le mariage forcé. — La princesse d'Elide. — Don Juan. — L'amour médecin. — Le misanthrope. — Le médecin malgré lui. — Mélicerte. — Pastorale comique. — Le Sicilien. — Le Tartuffe. — Amphitryon. — L'Avare. — Georges Dandin ou le mari confondu. — Monsieur de Pourceaugnac. — Les amants magnifiques. — Le bourgeois gentilhomme. — Psyché. — Les fourberies de Scapin. — La comtesse d'Escarbagnas. — Les femmes savantes. — Le malade imaginaire. — Poésies diverses.

1 volume............ 18 fr.

MORALISTES FRANÇAIS (Les). — **Pensées de Pascal. — Maximes et réflexions de la Rochefoucauld. — Caractères de la Bruyère. — Œuvres de Vauvenargues.** Textes soigneusement révisés, complétés et annotés à l'aide des travaux les plus récents de l'érudition et de la critique, précédés d'une notice sur chacun de ces écrivains par SAINTE-BEUVE, ornés de 4 portraits gravés sur acier.

CONTENANT :

PASCAL : *Pensées. — Lettres et opuscules divers.* — LA ROCHEFOUCAULD : *Réflexions, sentences et maximes morales. — Maximes posthumes. — Maximes supprimées par l'auteur. — Réflexions diverses.* — LA BRUYÈRE : *Les caractères ou les mœurs de ce siècle. — Discours prononcé dans l'Académie Française.* — VAUVENARGUES : *Introduction à la connaissance de l'esprit humain. — Réflexions sur divers sujets. — Conseils à un jeune homme. — Réponses aux conséquences de la nécessité. — Imitation de Pascal. — Réflexions critiques sur quelques poètes. — Méditations sur la foi. — Fragments. — Essai sur quelques caractères. — Dialogues. — Réflexions et maximes.*

1 volume.......... 12 fr. 50

MUSSET (Alfred de). — **Œuvres complètes.** (Edition GARNIER). Nouvelle édition revue, corrigée et complétée de documents inédits, précédée d'une notice biographique sur l'auteur et suivie de notes par Edmond BIRÉ, illustrée de 26 héliogravures d'après les dessins de MAILLART.

CONTENANT :

Poésies. — Un spectacle dans un fauteuil. — Comédies et proverbes. — Nouvelles. — Contes. — Confession d'un enfant du siècle. — Mélanges de littérature et de critique.

1 volume............ 15 fr.

PICARD. — **Théâtre** (Edition LAPLACE). Nouvelle édition, précédée d'une biographie de l'auteur par Edouard FOURNIER, ornée du portrait en pied colorié des principaux acteurs qui ont joué l'original.

CONTENANT :

Encore des ménechmes. — Les visitandines. — Le conteur ou les deux postes. — Le cousin de tout le monde. — Les conjectures. — Les amis de collège ou l'homme oisif et l'artisan. — Médiocre et rampant ou le moyen de parvenir. — Le voyage interrompu. — Les comédiens ambulants. — Les voisins. — Le collatéral ou la diligence à Joigny. — Les trois maris. — La petite ville. — Duhautcours ou le contrat d'union. — Les provinciaux à Paris. — Le vieux comédien. — Monsieur Musard ou comme le temps passe. — L'acte de naissance. — Le susceptible. — La noce sans mariage. — Les marionnettes ou un jeu de la fortune. — Les ricochets. — Les capitulations de conscience. — Les oisifs. — L'alcade de Molorino. — Le lendemain de fortune ou les embarras du bonheur. — Le landair ou l'hospitalité. — La vieille tante ou les collatéraux. — Le café du printemps. — Les deux Philibert. — Le capitaine Belronde. — Vauglas ou les anciens amis. — La maison en loterie — Les deux lions.

1 volume............ 18 fr.

PLUTARQUE. — Les vies des hommes illustres traduites en français par Ricard, précédées de la vie de Plutarque, édition illustrée de 14 gravures sur acier.

Contenant :

Thésée. — Romulus. — Lycurgue. — Numa. — Solon. — Valerius Publicola. — Thémistocle. — Camille. — Périclès. — Fabius Maximus. — Alcibiade. — Coriolan. — Timoléon. — Paul Emile. — Pélopidas. — Marcellus. — Aristide. — Caton. — Philopœmen. — Flaminus. — Pyrrhus. — Marius. — Lysandre. — Sylla. — Cimon. — Lucullus. — Nicias. — Crassus. — Sertorus. — Eumène. — Agésilas. — Pompée. — Alexandre. — César. — Phocion. — Caton d'Utique. — Démosthène. — Cicéron. — Agis et Cléomène. — Tibérius et Caïus Gracchus. — Démétrius. — Antoine. — Dion. — Brutus. — Aratus. — Artaxerxès. — Galba. — Othon.

1 volume.......... 12 fr. 50

RACINE. — Œuvres complètes (Edition GARNIER), précédées des mémoires sur sa vie par Louis Racine. Nouvelle édition ornée d'un portrait de Racine et de 12 vignettes sur acier d'après les dessins de Staal.

Contenant :

La Thébaïde. — Alexandre le Grand. — Andromaque. — Les plaideurs. — Britannicus. — Bérénice. — Bajazet. — Mithridate. — Iphigénie en Aulide. — Phèdre. — Esther. — Athalie. — Plan du premier acte d'Iphigénie en Tauride. — Poésies diverses. — Œuvres diverses en prose. — Fragments historiques. — Discours. — Lettres de Racine écrites dans sa jeunesse. — Correspondance. — Pièces diverses.

1 volume........... 12 fr. 50

— **Œuvres** (Edition LAPLACE), précédées des mémoires sur sa vie par Louis Racine. Nouvelle édition ornée du portrait en pied colorié des principaux personnages de chaque pièce, dessins de Geoffroy et Hallouard.

Contenant :

La Thébaïde. — Alexandre le Grand. — Andromaque. — Les plaideurs. — Britannicus. — Bérénice. — Bajazet. — Mithridate. — Iphigénie en Aulide. — Phèdre. — Esther. — Athalie. — Plan du premier acte d'Iphigénie en Tauride. — Poésies diverses. — Œuvres diverses en prose. — Fragments historiques. — Discours. — Correspondance. — Pièces diverses.

Le volume........... 18 fr.

REGNARD. — Œuvres complètes (Edition LAPLACE). Nouvelle édition, augmentée de deux pièces inédites, précédée d'une introduction d'après les documents entièrement nouveaux, par Edouard Fournier, ornée de portraits en pied coloriés, dessinés par Emile Bayard et Maurice Sand.

Contenant :

La sérénade. — Le bal. — Le joueur. — Le distrait. — Attendez-moi sous l'orme. — Démocrite. — Le retour imprévu. — Les folies amoureuses. — Les menechmes ou les jumeaux. — Le légataire universel. — La critique du légataire. — Les souhaits. — Les vendanges ou le bailli d'Anières. — Sapor. — Le carnaval de Venise. — Poésies diverses. — Le divorce. — La descente d'Arlequin aux enfers. — L'homme à bonnes fortunes. — Les filles errantes ou les intrigues des hôtelleries. — La coquette ou l'académie des dames. — Les Chinois. — La baguette de Vulcain. — L'augmentation de la baguette de Vulcain. — La naissance d'Amadis. — La foire Saint-Germain. — L'île Alcine ou l'anneau magique de Brunel. — Le marchand ridicule. — Voyages.

1 volume............ 18 fr.

THÉATRE FRANÇAIS au XVIe et au XVIIe siècle (Le). (Edition LAPLACE), ou choix de comédies les plus curieuses antérieures à Molière avec une introduction, des notes et une notice sur chaque auteur, par Edouard Fournier, ouvrage couronné par l'Académie Française et illustré de portraits en pied coloriés dessinés par Maurice Sand et Allouard.

Contenant :

Jodelle, *L'Eugène.* — Rémy Belleau, *La reconnue.* — Pierre de Larivey, *Les esprits.* — Odet de Turnèbe, *Les conteurs.* — François d'Amboise, *Les napolitaines.* — François Perrin, *Les escoliers.* — Adrien de Montluc, *La comédie de proverbes.* — Tabarin, *Farces tabariniques.* — Du Peschier, *La comédie des comédies.* — Pichon, *Les folies de Cardenio.* — Gougenot, *La comédie des comédiens.* — Pierre de Ryer, *Les vendanges de Suresne.* — Antoine Mareschal, *Le railleur.* — Jean de Mairet, *Les galanteries du duc d'Ossonne.* — L.-C. Discret, *Alizon.* — Desmarets Saint-Sorlin, *Les visionnaires.* — Anonyme, *La comédie des chansons.* — Rotrou, *La sœur.* — Claude de Lestoille, *L'intrigue des filous.* — Bois-Robert, *La belle plaideuse.*

1 volume............ 18 fr.

THÉATRE FRANÇAIS avant la Renaissance (Le) (1450-1550). Mystères, moralités et farces. Edition précédée d'une introduction et accompagnée de notes pour l'intelligence du texte par Edouard FOURNIER, ornée du portrait en pied colorié du principal personnage de chaque pièce.

CONTENANT :

Le mystère du martyre saint Estiene. — Mystère de la conversion Saint Pol. — Le pasté et la tarte. — Mystère de la vie de saint Fiacre. — Marchebeau. — Mestier et marchandise. — Mieulx que devant. — Pou d'acquest. — Les gens nouveaux. — La vie et l'histoire du maulvais riche. — La farce de maistre Pierre Pathelin. — Messieurs de Mallepaye et de Baillevant. — L'obstination des femmes. — La pippée. — Le pont aux asnes. — L'aveugle et le boîteux. — Le munyer. — Le chevalier qui donna sa femme au diable. — Le cuvier. — Mundus, Caro, Demonia. — Les deux savetiers. — La condamnacion de Baucquet. — Le pèlerin passant. — Le savetier Calbain. — Fol conduit. — Le résclu. — Sottie du prince des Sotz. — Les deux amoureux. — Maistre Mimin. — Le bateleur. — Tout, rien et chascun. — Science et asnerye. — Le chauldronnier. — La vieille. — Moralité de l'empereur et de son nepveu. — Le goutteux. — Le bon payeur et le sergent boîteux et borgne. — Le viel et le jeune amoulreux. — La mère et la fille. — Les béguins. — Le monde. — Les trois pèlerins. — Le maistre d'ecolle. — Les théologastres. — Les sobres Sotz. — La cornette. — La prise de Calais. — Les trois galans. — Le porteur d'eau.

(N'existe plus que relié demi-chagrin tr. dorées ou amateur, les exemplaires ont quelques mouillures.) **24** fr.

VOLTAIRE. — Théâtre complet précédé d'une introduction, par Edouard FOURNIER, édition ornée de 20 portraits en pied, coloriés. (*Pour le détail des pièces, voir page 36.*)

1 volume in-8° .... **18** fr.

OUVRAGES DE LUXE

GALERIES DE PORTRAITS ET OUVRAGES DIVERS

Volumes format grand in-8° illustrés de gravures sur acier

Le volume broché..................... **12** fr.
Amateur............................. **20** fr.
Relié 1/2 chagrin, tête dorée .... **18** fr.

BUFFON. — Galerie d'histoire naturelle tirée des œuvres complètes. Edition ornée de 32 gravures sur acier coloriées et précédée d'une étude sur Buffon par SAINTE-BEUVE. 1 volume

BUFFON et LACÉPÈDE. — Nouvelle galerie d'histoire naturelle tirée des œuvres complètes. Edition précédée d'une vie de Buffon par FLOURENS et illustrée de gravures sur acier coloriées. 1 volume.

CHÉNIER. — Œuvres poétiques précédées d'une étude sur André Chénier par SAINTE-BEUVE, mises en ordre et annotées par L. MOLAND. Nouvelle édition, ornée de gravures sur acier d'après les dessins de STAAL. 1 volume par exception broché.. **10** fr.

DANTE. — La divine comédie traduite en français et annotée par Artaud DE MONTOR, précédée d'une préface par Louis MOLAND. Illustrations de Yan DARGENT. 1 volume.

DARBOY. — Les saintes Femmes. Fragments d'une histoire de l'église avec portraits des femmes remarquables, gravés sur acier. 1 volume.

— **Les femmes de la Bible.** Principaux fragments d'une histoire du peuple de Dieu. Edition illustrée de portraits, gravés sur acier d'après les dessins de STAAL. 2 volumes.

LA FONTAINE. — Contes. Edition précédée d'une introduction par L. MOLAND et illustrée de 150 vignettes dans le texte par T. JOHANNOT, etc., et de dessins hors texte par STAAL. 1 volume.

LARCHER. — La Femme jugée par les grands écrivains des deux sexes. Edition illustrée de portraits sur acier dessinés par STAAL. 1 volume.

SAINTE-BEUVE. — Galerie de portraits littéraires, Ecrivains politiques et philosophes, tirée des Portraits littéraires et Causeries du lundi. Edition illustrée de portraits gravés à l'eau-forte. 1 volume.

— **Galerie de portraits historiques** tirée des Causeries du lundi. Portraits gravés sur acier. 1 volume.

— **Galerie des grands écrivains français** tirée des Causeries du lundi et des Portraits littéraires. Edition illustrée de portraits gravés au burin d'après les dessins de STAAL, PHILIPPOTEAUX, etc. 1 volume.

— **Nouvelle Galerie des grands écrivains français** semblable au précédent pour l'exécution et les illustrations. 1 volume.

— **Galerie de femmes célèbres** tirée des Causeries du lundi, des Portraits littéraires et des Portraits de femmes. Edition illustrée de portraits gravés au burin d'après les dessins de STAAL. 1 volume.

— **Nouvelle galerie de femmes célèbres** semblable au précédent pour l'exécution et les illustrations. 1 volume.

SÉVIGNÉ. — Lettres choisies précédées d'une notice par GROUVELLE, accompagnées de notes explicatives. Edition ornée des portraits dessinés par STAAL. 1 volume.

VOLTAIRE. — Lettres choisies précédées d'une notice et accompagnées de notes explicatives par L. MOLAND. Edition illustrée de portraits gravés d'après les dessins de PHILIPPOTEAUX et STAAL. 1 volume.

FORMATS ET PRIX DIVERS

BALZAC. — Les contes drolatiques. Colligez es abbayes de Touraine et mis en lumière pour l'esbattement des pantagruélistes et non aultres. Edition illustrée de 425 dessins par GUSTAVE DORÉ.

1 volume petit in-8° sur papier vélin.

Broché	7 fr. »
Rel. toile, tr. ébarbées	8 fr. 50
1/2 veau, tr. peigne	10 fr. »
1/2 chagr., tête dorée	11 fr. »
Bigarré, tête dorée	11 fr. »
Amateur	12 fr. »

BOCCACE. — Contes. Traduction de SABATIER DE CASTRES. Edition illustrée par Tony JOHANNOT, Karl GIRARDET, etc., de 32 grandes gravures et dessins dans le texte.

1 volume grand in-8°.

Broché	15 fr.
Relié 1/2 chag. tête dorée	21 fr.
Amateur	23 fr.

DANTE ALIGHIERI. — La divine Comédie traduite et commentée par A. MELIOT et ornée de portraits d'après GIOTTO et MASACCIO.

Broché ... 7 fr. 50 ‖ 1 volume in-8°.

DECHARME. — Mythologie de la Grèce antique. Ouvrage couronné par l'Académie Française et par l'association pour l'encouragement des études grecques. Troisième édition revue et corrigée, illustrée de 180 gravures et de chromolithographies d'après l'antique.

1 volume grand in-8° raisin.

Broché	12 fr.
Relié 1/2 chagrin	16 fr.
Amateur	17 fr.

— Euripide et l'Esprit de son théâtre.

Broché ... 7 fr. 50 ‖ 1 volume in-8°.

GAVARNI. — Œuvres choisies. Notice par MM. de BALZAC, Th. GAUTHIER, etc.

La vie d'un jeune homme. — Les débardeurs.

Broché ... 10 fr. ‖ 1 volume grand in-8° renfermant 80 gravures.

GÉRARDS (Émile). — Paris souterrain. Préface de Paul WEISS. Ouvrage illustré de 19 planches en couleurs, de 87 plans, coupes et dessins en noir, de 2 vues stéréoscopiques des catacombes et de plus de 500 figures dans le texte.

Formation et composition du sol de Paris. — Les eaux souterraines. — Barrières et catacombes. — Les égouts. — Voies ferrées souterraines. — Métropolitain municipal. — Chemin de fer électrique Nord-Sud. — Souterrains divers. — Faune et flore souterraines de Paris.

1 volume grand in-8°.

Broché	12 fr.
Relié toile, plaque spéciale tranches dorées	16 fr.

GRANDVILLE. — Les fleurs animées. Texte par Alphonse KARR, Taxile DELORD et le comte FALIA. Nouvelle édition avec planches coloriées.

Brochés .... 25 fr.
Reliés 1/2 chagrin...... 37 fr.
Amateur.............. 41 fr.

2 volumes grand in-8° jésus.

— Les métamorphoses du jour. Texte par Albéric SECOND, Louis LURINE, Clément CARAGUEL, Taxile DELORD, H. DE BEAULIEU, Louis HUART, Charles MONSELET. Nouvelle édition complétée pour le texte par Jules JANIN et illustrée de 70 gravures coloriées, nombreux culs-de-lampe, têtes de page et frontispice colorié.

Broché .... 18 fr.
Relié 1/2 chagrin...... 24 fr.
Amateur.............. 26 fr.

1 volume grand in-8° jésus.

— Les petites misères de la vie humaine. Texte par Old NICK. Edition illustrée d'un portrait de GRANDVILLE et de nombreuses gravures.

Broché .... 10 fr.
Rel. 1/2 chag., tr. dorées 16 fr.
Amateur .... 18 fr.

1 volume grand in-8° jésus.

— Cent proverbes. Texte par trois têtes dans un bonnet. Nouvelle édition revue et augmentée pour le texte par M. QUITARD. Illustrations en couleurs.

Broché .... 10 fr.
Rel. 1/2 chag., tr. dorées 16 fr.
Amateur .... 18 fr.

1 volume grand in-8° jésus.

LA FONTAINE. — Fables illustrées par GRANDVILLE de 240 gravures, un sujet pour chaque fable. Edition augmentée de nombreux culs-de-lampe, faux-titres, têtes de pages.

Broché .... 12 fr.
Rel. 1/2 chag., tr. dorées 18 fr.
Amateur.............. 20 fr.

1 volume grand in-8° jésus.

MANZONI. — Les Fiancés. Histoire milanaise du XVIe siècle. Traduction nouvelle par le marquis DE MONTGRAND, illustrations de STAAL.

Broché .... 10 fr.
Rel. 1/2 chag., tr. dorées 16 fr.

1 volume grand in-8° jésus.

MAQUET. — Paris sous Louis XIV Monuments et vues.

Illustré, broché........ 15 fr.
Relié toile, plaque .... 20 fr.

1 volume in-4°.

MILLE et une nuits. Contes arabes, revus et corrigés sur l'édition princeps de 1704, augmentés d'une dissertation par le baron Sylvestre DE SACY. Ouvrage illustré par FRANÇAIS, H. BARON, Ed. WATTIER, LAVILLE, etc.

Broché .... 15 fr.
Rel. 1/2 chag., tr. dorées 21 fr.

1 volume grand in-8° jésus.

RABELAIS. — Œuvres illustrées par Gustave Doré. 60 grandes compositions, 250 en-têtes de chapitre, environ 240 culs-de-lampe et nombreuses vignettes dans le texte.

Brochés .... 70 fr.
Reliés toile, plaque spéciale, tr. ébarbées... 80 fr.
1/2 chag., fers spéciaux, tranches dorées ou amateur........... 90 fr.

2 volumes in-4°.

Même édition tirée à 50 exemplaires sur papier de Chine dont il nous reste quelques exemplaires.

Les 2 volumes........ 200 fr.

— Même ouvrage, première édition.

Rel. toile, plaque spéciale, tr. ébarbées... 200 fr.
Rel. 1/2 chag., plaque spéc., tr. dorées ou amateur.......... 250 fr.

2 volumes in-folio colombier, imprimés sur papier vélin.

Même édition sur papier de Hollande,

Reliés toile.......... 300 fr. 2 volumes, plaque spéciale, tranches ébarbées.

ROUSSEAU (J.-J.). — Julie ou la nouvelle Héloïse. Edition illustrée de vignettes par Tony JOHANNOT, E. WATTIER, LEPOITEVIN, etc.

Boché .... 15 fr.
Rel. 1/2 chag., tr. dorées 21 fr.
Amateur.............. 23 fr.

1 volume grand in-8° jésus.

— **Les Confessions** suivies des rêveries d'un promeneur solitaire. Edition illustrée de vignettes par Tony JOHANNOT, BATAILLE, LAVILLE, LEPOITEVIN, etc.

Broché .... 15 fr.
Rel. 1/2 chag., tr. dorées 21 fr.
Amateur.............. 23 fr.

1 volume grand in-8° jésus.

TÖPFFER. — Premiers voyages en zigzag ou excursions d'un pensionnat en vacances dans les cantons suisses et sur le revers italien des Alpes. Magnifiquement illustrés, d'après les dessins de l'auteur, de 35 grandes compositions par CALAME et d'un grand nombre de dessins dans le texte.

Le volume............ 10 fr.
Relié 1/2 chagrin, tranches dorées......... 16 fr.

1 volume grand in-8° jésus.

— **Nouveaux voyages en zigzag** à la Grande-Chartreuse, au Mont-Blanc, dans les vallées d'Herenz, de Zermatt, au Grimsel et dans les états Sardes, splendidement illustrés de 42 gravures tirées à part et de 320 sujets dans le texte, d'après les dessins originaux de Töpffer, par CALAME, GIRARDET, DAUBIGNY, etc.

Le volume............ 10 fr.
Rel. 1/2 chag., tr. dorées 16 fr.

1 volume grand in-8° jésus.

— **Les nouvelles genevoises** illustrées d'après les dessins de l'auteur dans le texte et de 40 gravures hors texte, gravées par BEST, LELOIR, HOTELIN, etc.

Broché .... 10 fr.
Rel. 1/2 chag., tr. dorées 16 fr.

1 volume grand in-8° jésus.

WRIGHT. — Histoire de la caricature et du grotesque dans la littérature et dans l'art, traduite par Ch. SACHOT et illustrée de 238 gravures dans le texte.

Broché .... 8 fr. 50

1 volume in-8°.

BIBLIOTHÈQUE DE MÉMOIRES HISTORIQUES

FORMAT IN-8° CAVALIER

le volume broché.................... 6 fr. | 1/2 chagrin tr. dorée.................. 10 fr.
relié 1/2 veau tr. peigne............ 9 fr. | Amateur.......................... 11 fr.

(*Les ouvrages en plusieurs volumes ne se vendent pas séparément reliés.*)

ABRANTÈS (Duchesse d'). — Mémoires. Souvenirs historiques sur Napoléon, la Révolution, le Directoire, le Consulat, l'Empire et la Restauration. 10 volumes.

— **Histoire des salons de Paris.** Tableaux et portraits du grand monde sous Louis XVI, le Directoire, le Consulat et l'Empire, la Restauration et le règne de Louis-Philippe Ier. 4 volumes.

AVRILLON (Mlle). — Mémoires sur la vie privée de Joséphine, sa famille et sa cour. Edition annotée et illustrée de 32 vues et portraits. 2 volumes.

CONSTANT (premier valet de chambre de l'Empereur). — Mémoires sur la vie privée de Napoléon, sa famille et sa cour. 4 volumes.

LACROIX. — Histoire de Napoléon, illustrée d'après les dessins de Raffet, Horace Vernet, etc. 1 volume. Relié toile à biseaux, plaque spéciale, tranches dorées. *Prix spécial*............. 9 fr.

Bigarré, fers spéciaux, tête dorée.................................... 10 fr.

— **Les maréchaux de Napoléon.** Édition illustrée de vignettes et portraits. 1 volume.

LETTRES de Napoléon à Joséphine pendant la première campagne d'Italie, le Consulat et l'Empire et lettres de Joséphine à Napoléon et à sa famille. 1 volume.

OLLIVIER (Émile), de l'Académie Française. — L'Empire libéral. Etudes, récits, souvenirs. 16 volumes *brochés seulement.*

Tome Ier : *Du principe des nationalités.*
Tome II : *Louis Napoléon et le Coup d'Etat.*
Tome III : *Napoléon III.*
Tome IV : *Napoléon III et Cavour.*
Tome V : *L'inauguration de l'Empire libéral. — Le roi Guillaume.*
Tome VI : *La Pologne. — Les élections de 1863. — Loi des Coalitions.*
Tome VII : *Le démembrement du Danemark. — Le syllabus. — La mort de Morny. — L'entrevue de Biarritz.*
Tome VIII : *L'année fatale (Sadowa 1866).*
Tome IX : *Le désarroi. — Le Luxembourg. — Le 19 janvier.*
Tome X : *Mentana. — L'agonie de l'Empire autoritaire. — La loi militaire. — Loi sur la presse et les réunions publiques.*
Tome XI : *La veillée des armes. — L'affaire Baudin. — Le plan de Moltke. — Réorganisation de l'armée française. — Elections de 1869. — L'origine du complot de Hohenzollern.*
Tome XII : *Le ministère du 2 janvier. — L'affaire Victor Noir. — Suite du complot de Hohenzollern.*
Tome XIII : *Le guet-apens Hohenzollern. — Le concile œcuménique. — Le Plébiscite.*
Tome XIV : *La Guerre.*
Tome XV : *Étions-nous prêts. — Préparation. — Mobilisation. — Sarrebruck. — Alliances.*
Tome XVI : *Le Suicide. — Wœrth. — Forbach. — Le renversement du Ministère.*

PONTMARTIN (Armand de). — Lettres et Souvenirs (1811-1890). 1 volume.

RAPP (Général). — Mémoires écrits par lui-même, édition illustrée. 1 volume.

BIBLIOTHÈQUE DE MÉMOIRES HISTORIQUES

FORMAT IN-18 JÉSUS

Le volume broché	3 fr. 50	Relié 1/2 veau, tr. peigne	5 fr. »
Relié 1/2 chagrin, tr. dorées	5 fr. 50	Reliure artistique veau bigarré, tête dorée.	6 fr. 50

(*Les ouvrages en plusieurs volumes ne se vendent pas séparément reliés.*)

ABRANTÈS (Duchesse d'). — **Mémoires.** Souvenirs historiques sur Napoléon, la Révolution le Directoire, le Consulat, l'Empire et la Révolution. 10 volumes.

— **Histoire des Salons de Paris.** Tableaux et portraits du grand monde sous Louis XVI, le Directoire, le Consulat et l'Empire, la Restauration et le règne de Louis-Philippe Ier. 4 volumes.

ANTOMMARCHI (D.). — **Les derniers moments de Napoléon (1819-1821).** Nouvelle édition avec une introduction et des notes de Désiré LACROIX. Edition illustrée. 2 volumes.

ARNAULT. — **Souvenirs d'un sexagénaire.** Nouvelle édition avec une préface et des notes par A. DIETRICH. 4 volumes.

AVRILLON (Mlle), première femme de chambre de l'Impératrice. — **Mémoires sur la vie privée de Joséphine,** sa famille et sa cour. Edition annotée et illustrée de 32 vues et portraits. 2 volumes.

BARRY E. O'MÉARA. — **Napoléon en exil.** Complément du mémorial de Sainte-Hélène. Relation contenant les opinions et les réflexions de Napoléon sur les événements les plus importants de sa vie durant trois ans de sa captivité. Introduction et notes de Désiré LACROIX. 2 volumes.

BLAZE. — **La vie militaire sous le premier Empire.** *Les vélites. — Le bivouac. — Les marches. — Les cantinières. — Les logements. — Le camp. — La garnison. — Les revues. — La caserne. — La retraite, etc.* 1 volume illustré.

BOURRIENNE. — **Mémoires** sur Napoléon, le Directoire, le Consulat, l'Empire et la Restauration. Edition nouvelle refondue et annotée par Désiré LACROIX. 5 volumes.

CANONGE (Général). — **Trois héros.** *Mme Bellavoine. — Maréchal des logis Collignon. — Colonel Demange.*
Bataille de Beaumont et passage de vive force du pont de Monzon (1870), avec 2 cartes, 1 plan, 3 portraits et 5 vues. 1 volume.

CONSTANT (premier valet de chambre de l'Empereur). — **Mémoires** sur la vie privée de Napoléon, sa famille et sa cour. 4 volumes.

DESMAREST. — **Quinze ans de haute police** sous le Consulat et l'Empire, suivi du siège de Valenciennes. Edition annotée par L. GRASILIER et A. SAVINE. 1 volume.

DOPPET (Général). — **Mémoires politiques** et militaires avec des notes et des éclaircissements historiques. Edition nouvelle revue et annotée par D. LACROIX. Vignettes et portraits. 1 volume.

ESQUIROS. — **Histoire des Montagnards.** Nouvelle édition illustrée. 1 volume.

LACROIX (D.). — Histoire de Napoléon, illustrée d'après les dessins de Raffet, Horace Vernet, etc. 1 volume.

— Les maréchaux de Napoléon faisant suite au *Mémorial de Sainte-Hélène.* Edition illustrée de vignettes et portraits. 1 volume.

— Roi de Rome et duc de Reichstadt (1811-1832), illustré de portraits, gravures et autographes. 1 volume.

— Bonaparte en Égypte (1790-1799), avec cartes. 1 volume.

— Guerre des Vendéens (1792-1800). 1 volume.

— Mémoires de Napoléon. Ecrits à Sainte-Hélène sous sa dictée par les généraux qui ont partagé sa captivité. Édition nouvelle avec introduction, notes et appendices. 5 volumes.

Tome Ier : *Siège de Toulon 13 vendémiaire. — Campagnes d'Italie* 1796-1797. — *Journée du* 18 *fructidor. — Paix de Campo-Formio.*
Tome II : *Campagnes d'Italie. — Egypte. — Politique du Directoire. — Situation politique de l'Europe en* 1789. — *Seconde coalition contre la France. —* 18 *brumaire. — Vendée.*
Tome III : *Gênes. — Masséna. — Marengo. — Ulm. — Moreau. — Diplomatie. — Guerre. — Neutres. — Saint-Dominique. — Les quatre concordats.*
Tome IV : *Retour de l'île d'Elbe. — Etat militaire de la France. — Campagne de* 1815. — *Ligny. — Waterloo. — Abdication.*
Tome V : *Précis sur les guerres de Jules César, du Maréchal de Turenne. de Frédéric II.*

LAS CASES (Comte de). — Mémorial de Sainte-Hélène, suivi du testament de Napoléon. 4 volumes.

LE FAURE. — Histoire de la guerre franco-allemande (1870-1871), illustrée de 110 portraits et 32 cartes et plans. Nouvelle édition annotée par D. Lacroix. 4 volumes.

LETTRES de Napoléon à Joséphine pendant la première campagne d'Italie, le Consulat et l'Empire, et lettres de Joséphine à Napoléon et à sa famille. 1 volume.

OLLIVIER (Émile). — L'Empire libéral. Etudes, récits, souvenirs. 16 volumes, *brochés seulement.*

Tome Ier : *Du principe des nationalités.*
Tome II : *Louis Napoléon et le coup d'État.*
Tome III : *Napoléon III.*
Tome IV : *Napoléon III et Cavour.*
Tome V : *L'inauguration de l'Empire libéral. — Le roi Guillaume.*
Tome VI : *La Pologne. — Les élections de* 1863. — *Loi des coalitions.*
Tome VII : *Le démembrement du Danemark. — Le syllabus. — La mort de Morny. — L'entrevue de Biarritz.*
Tome VIII : *L'année fatale* (*Sadowa* 1866).
Tome IX : *Le désarroi. — Le Luxembourg. — Le* 19 *janvier.*
Tome X : *Mentana. — L'agonie de l'Empire autoritaire. — La loi militaire. — Loi sur la presse et les réunions publiques.*
Tome XI : *La veillée des armes. — L'affaire Baudin. — Le plan de Moltke. — Réorganisation de l'armée française. — Elections de* 1869. — *L'origine du complot de Hohenzollern.*
Tome XII : *Le ministère du* 2 *janvier. — L'affaire Victor Noir. — Suite du complot Hohenzollern.*
Tome XIII : *Le guet-apens Hohenzollern. — Le concile œcuménique. — Le Plébiscite.*
Tome XIV : *La Guerre.*
Tome XV : *Etions-nous prêts? — Préparation. — Mobilisation. — Sarrebruck. — Alliances.*
Tome XVI : *Le Suicide. — Wœrth. — Forbach. — Le renversement du Ministère.*

PAILHÈS. — Du nouveau sur Joubert, Chateaubriand, Fontanes et sa fille, Sainte-Beuve. Etudes critiques avec documents inédits. Edition illustrée de portraits et fac-simile. 1 volume.

RAPP (Général). — Mémoires écrits par lui-même. Edition revue et annotée par D. Lacroix. 1 volume.

ROVIGO (Duc de). — **Mémoires** pour servir à l'histoire de l'Empereur Napoléon. Edition nouvelle refondue et annotée par D. LACROIX. 5 volumes.

SERUZIER (Baron). — **Mémoires militaires** mis en ordre et rédigés par M. LE MIERE DE CORVEY, avec une introduction par Joseph TURQUAN. 1 volume.

HORS SÉRIE

Le volume broché	3 fr. »	Relié 1/2 chagrin, tête dorée........	5 fr. »
Relié 1/2 veau, tranches peigne.....	4 fr. 50	Bigarré, tête fantaisie	5 fr. 50

(ne se vendent pas séparément reliés)

CRÉQUY (Marquise de). — **Souvenirs de 1710 à 1803**, illustrés de 10 portraits sur acier, 10 tomes en 5 volumes.

TALLEMANT DES REAUX. — **Historiettes.** Mémoires pour servir à l'histoire du XVIIe siècle; publiés sur le manuscrit autographe de l'auteur. Troisième édition précédée d'une notice et accompagnée de notes et d'éclaircissements par M. MONMERQUÉ. 10 tomes en 5 vol. in-18.

TOUCHARD-LAFOSSE. — **Chroniques de l'œil de Bœuf,** des petits appartements de la cour et des salons de Paris sous Louis XIV, la Régence, Louis XV et Louis XVI, nouvelle édition augmentée du règne de Louis XIII. 5 vol. in-18.

GARNIER (A.-P.). — **La Geste de Jehanne d'Arc.** Poème. 1 volume in-16 sur papier de luxe.. 2 fr.

OUVRAGES LITTÉRAIRES ANCIENS ET MODERNES

VOLUMES FORMAT IN-8° CAVALIER

Le volume broché .... **6 fr.**
Relié 1/2 veau, tranches peigne .... **9 fr.**
Relié 1/2 chagrin, tranches dorées........ **10 fr.**
Amateur.............................. **11 fr.**

CASANOVA DE SEINGALT. — Mémoires écrits par lui-même, suivis des fragments des Mémoires du prince de Ligne. 8 volumes.

CHATEAUBRIAND. — Œuvres complètes. Nouvelle édition précédée d'une étude littéraire sur Chateaubriand par SAINTE-BEUVE, illustrée d'un portrait de Chateaubriand et de gravures sur acier dessinées par STAAL, RACINET, etc. 18 volumes.

TOME Ier : *Etude sur Chateaubriand*, par SAINTE-BEUVE. — *Essai sur les Révolutions anciennes et modernes.*

TOME II : *Génie du Christianisme.*

TOME III : *Atala. — René. — Le dernier Abencérage. — Les Natchez. — Poésies. — Moïse.*

TOME IV : *Les Martyrs.*

TOME V : *Itinéraire de Paris à Jérusalem.*

TOME VI : *Voyages en Amérique, en Italie, au Mont-Blanc. — Mélanges littéraires.*

TOME VII : *Mélanges politiques. — Polémique.*

TOME VIII : *Polémique* (fin). — *Opinions et discours politiques. — Fragments divers.*

TOME IX : *Etudes historiques.*

TOME X : *Histoire de France. — Les quatre Stuarts. — Vie de Rancé.*

TOME XI : *Le paradis perdu* (avec le texte anglais). — *Essai sur la littérature anglaise.*

TOME XII : *Congrès de Vérone. — Guerre d'Espagne. — Table générale et analytique.*

TOMES XIII à XVIII : *Mémoires d'outre-tombe*, avec une introduction, des notes et des Appendices par Edmond BIRÉ. 6 volumes.

Les volumes suivants de la même édition existent sans tomaison avec titre spécial brochés et reliés 1/2 chagrin tranches dorées.

Le Génie du Christianisme. 1 volume.
Les Martyrs. 1 volume.
L'Itinéraire de Paris à Jérusalem. 1 volume.
Atala. — René. — Le dernier Abencérage. — Les Natchez. — Poésies. 1 volume.
Voyages en Amérique, en Italie. 1 volume.
Le paradis perdu (avec le texte anglais). 1 vol.
Histoire de France. — Vie de Rancé. 1 volume.
Etudes historiques. 1 volume.
Mémoires d'outre-tombe, annotés par Edmond BIRÉ. 6 volumes ornés de 48 gravures sur acier.
Les dernières années de Chateaubriand (1830-1848) par Edmond BIRÉ. 1 volume.

LAMARTINE. — Raphaël. Pages de la vingtième année. 1 volume in-8°............ **5 fr.**

— Histoire de la Révolution de 1848. 2 volumes in-8°.

LOUVET DE COUVRAY. — Les amours du chevalier de Faublas. 2 volumes.

MAGNY (Olivier de). 1529-1561. Etude biographique et littéraire par Jules FAVRE. 1 volume.

MUSSET (Alfred de). — Œuvres complètes. Edition illustrée de 26 héliogravures d'après les dessins de MAILLART. 8 volumes.

(Voir détail de chaque volume, page 53.)

SCHILLER. — Œuvres dramatiques. Traduction de M. DE BARANTE. 3 volumes.

SHAKSPEARE. — Œuvres complètes. Traduction de M. GUIZOT. 8 volumes.

SIENKIEWICZ. — Quo Vadis? Roman du temps de Néron, illustrations de TOFFANI. 1 volume.
Relié toile genre amateur .... **8 fr.**

OUVRAGES LITTÉRAIRES ANCIENS ET MODERNES

VOLUMES FORMAT IN-18 JÉSUS

Le volume broché .... 3 fr. 50
Relié 1/2 veau, tranches peigne .... 5 fr. »
Relié 1/2 chagrin .... 5 fr. 50

Les ouvrages précédés d'un astérisque existent, reliés amateur, le volume... 6 fr. 50

Les ouvrages en plusieurs volumes (à l'exception de Brizeux et de Musset) ne se vendent pas séparément reliés.

BRIZEUX (Auguste). — Œuvres. Nouvelle édition revue, corrigée et augmentée, précédée d'une notice biographique sur l'auteur et suivie de notes par Auguste DORCHAIN. Ouvrage illustré de 12 héliogravures exécutées d'après les dessins de MAILLART.

TOME Ier : *Marie. — Télen Arvor. — Furneiz Breiz.*
TOME II : *Les Bretons.*
TOME III : *La Fleur d'or. — Histoires poétiques.*
TOME IV : *Histoires poétiques. — Poétique nouvelle.*

CASANOVA DE SEINGALT. — Mémoires écrits par lui-même, suivis des fragments des mémoires du prince de Ligne. Nouvelle édition ornée de gravures sur bois d'après les dessins de MAILLART.
Les 8 volumes en étui, 1/2 chagrin, bleu, tête dorée, fers spéciaux........................ 48 fr.

CELLINI BENVENUTO. — Œuvres complètes traduites par Léopold LECLANCHÉ. 2 volumes.

TOME Ier : *Mémoires.*
TOME II : *Suite des mémoires. — Traités de l'orfèvrerie et de la sculpture. — Discours sur le dessin et l'architecture.*

CHANSONS de geste. *Roland. — Aimeri de Narbonne. — Le couronnement de Louis.* Traduction de L. CLÉDAT. 1 volume.

***CHATEAUBRIAND. — Mémoires d'outre-tombe.** Nouvelle édition avec une introduction, des notes et des appendices par Edmond BIRÉ, illustrée de gravures sur acier. 6 volumes.
(Cet ouvrage existe relié Bigarré, tête fantaisie. Les 6 volumes 36 fr.*)*

COMMELIN (P.). — Nouvelle mythologie grecque et romaine. Edition illustrée de nombreuses gravures. 1 volume.

COMTE. — Cours de philosophie positive (1re et 2e leçons). Discours sur l'esprit positif. Edition nouvelle avec une introduction et un commentaire par Ch. LE VERRIER. 1 volume.

DARBOY (Mgr). — Les femmes de la Bible. Principaux fragments d'une histoire du peuple de Dieu. Nouvelle édition ornée de vignettes sur acier par STAAL. 1 volume.

DE BROSSES. — Lettres familières écrites d'Italie en 1739 et 1740. Cinquième édition authentique d'après les manuscrits, annotée et précédée d'une étude biographique par R. COLOMB. 2 volumes.

GERUZEZ. — Essais de littérature française. 2 volumes.

GRANDVILLE. — Les fleurs animées, 52 planches coloriées, texte par Alph. KARR, T. DELORD et le comte FOÉLIX. 2 volumes.

LA FONTAINE. — Fables. Edition illustrée de 250 dessins par J.-J. GRANDVILLE, avec des notes et précédée de la vie de l'auteur par AUGER. 1 volume.

LA JONQUIÈRE (De) et le Canada 1749-1752. 1 volume.

LAMENNAIS. — Imitation de Jésus-Christ. Traduction nouvelle avec des réflexions à la fin de chaque chapitre. Edition ornée de vignettes et d'un frontispice en couleurs gravé. 1 volume.

MAROT (Clément). — Œuvres choisies. Edition accompagnée d'une étude sur la vie, les œuvres et la langue de ce poète, avec des variantes, des notes philologiques, littéraires et historiques et un glossaire par E. VOIZARD. 1 volume.

Epitres. — Pièces diverses. — Ballades. — Rondeaux. — Epigrammes. — Opuscules. — Psaumes.

***MUSSET (Alfred de). — Œuvres complètes.** Nouvelle édition revue, corrigée et augmentée de documents inédits, précédée d'une notice biographique sur l'auteur et suivie de notes par E. BIRÉ, illustrée de 26 héliogravures d'après les dessins de MAILLART. 9 volumes.

TOME Ier : *Premières poésies. — Contes d'Espagne et d'Italie. — Spectacle dans un fauteuil. — Poésies diverses. — Namouna.*
TOME II : *Poésies nouvelles. — Rolla. — Les nuits. — Poésies nouvelles. — Contes en vers.*
TOME III : *Comédies et proverbes I. — André del Sarto. — Lorenzaccio. — Caprices de Marianne. — Fantasio. — On ne badine pas avec l'amour. — La nuit vénitienne. — Barberine.*
TOME IV : *Comédies et proverbes II. — Le chandelier. — Il ne faut jurer de rien. — Un caprice. — Il faut qu'une porte soit ouverte ou fermée. — Louison. — On ne saurait penser à tout. — Carmosine. — Bettines.*
TOME V : *Nouvelles: Emmeline. — Les deux maîtresses. — Frédéric et Bernerette. — Le fils du Titien. — Margot. — Les Croisilles.*
TOME VI : *Contes. — Pierre et Camille. — Le secret de Javotte. — La mouche. — Histoire d'un merle blanc. — Mimi Pinson. — Lettres de Dupuis et Cotonet.*
TOME VII : *Confession d'un enfant du siècle.*
TOMES VIII et IX : *Mélanges de littérature et critique.*

NECKER DE SAUSSURE. — Éducation progressive ou étude du cours de la vie, précédée d'une notice sur la vie et les écrits de l'auteur. Ouvrage couronné par l'Académie Française. 2 vol.

ORBAN (Victor). — Littérature Brésilienne. Anthologie des principaux écrivains du Brésil. 1 volume in-18.

OLLIVIER (Émile). — Marie-Magdeleine (récits de jeunesse). 1 volume.
— **La Révolution.** 1 volume.
— **Michel-Ange.** 1 volume.
— **Principes et conduite.** 1 volume.
— **L'Eglise et l'Etat au Concile du Vatican.** 2 volumes in-18.

PRÉVOST (L'abbé). — Histoire de Manon Lescaut et du chevalier des Grieux. Nouvelle édition précédée d'une notice historique par Jules JANIN, illustrations de Tony JOHANNOT. 1 volume.

RONSARD. — Œuvres choisies accompagnées d'une étude sur la vie, les œuvres et la langue de ce poète avec des variantes et des notes philologiques littéraires et historiques et un glossaire, par E. VOIZARD. 1 volume.

*** SAINTE-BEUVE (Œuvres de).** 20 volumes.
— **Causeries du lundi.** 15 volumes.
— **Portraits littéraires et Derniers portraits,** suivis des *Portraits de femmes*. Nouvelle édition. 4 volumes.

TOME Ier : *Boileau. — Pierre Corneille. — La Fontaine. — Racine. — André Chénier. — Diderot. — Ampère. — Bayle. — La Bruyère. — Millevoye, etc.*
TOME II : *Molière. — Delille. — Bernardin de Saint-Pierre. — Fontanes. — Joubert. — de Maistre, etc.*
TOME III : *François Ier poète. — Mlle Aïssé. — Benjamin Constant. — Rémusat. — Mme de Krüdner. — Mme de Staal de Launay, etc.*
TOME IV : *Portraits de femmes. — Mmes de Sévigné, de Souza, de Duras, de Staël, Roland, Guizot, de La Fayette, de Krüdner, Rémusat.*

* **SAINTE-BEUVE (Œuvres de). — Table générale et analytique** des *Causeries du lundi*, des *Portraits littéraires* et des *Portraits de femmes*. 1 volume.

SAINTE-BEUVE (Extraits de). Extraits des Causeries du lundi, choisis et mis en ordre par A. PICHON. Avant-propos par Léon ROBERT. 1 volume.

— **Extraits des Causeries du lundi**, *Portraits littéraires* et *Portraits de femmes*. Avec une introduction, par J. LANSON, maître de Conférences suppléant à l'École normale supérieure. 1 vol.

SAINTE BIBLE (La). Traduite en français par LEMAISTRE DE SACY. Nouvelle édition revue par l'abbé JACQUET. 2 volumes.

SIENKIEWICZ. — Quo Vadis? Roman du temps de Néron, illustrations de Toffani. 1 volume.

CHEFS-D'ŒUVRE DU ROMAN FRANÇAIS

Volumes in-8° cavalier, illustrés de charmantes gravures sur acier, dessins de STAAL.

Le volume broché.................................. **3.50**

Histoire de Gil Blas de Santillane par LE SAGE. 2 volumes.

Histoire de Guzman d'Alfarache par LE SAGE. 1 volume.

Le Diable boiteux, suivi de *Estévanille Gonzalès*, par LE SAGE. 1 vol.

Œuvres de Mme Elie de Beaumont, de Mme Genlis de Fiévée, de Mme de Duras. 1 volume.

Œuvres de Mmes de Fontanes et de Tencin. 1 volume.

Œuvres de Mme de Souza. 1 volume.

HORS SÉRIE

CHATEAUBRIAND. — Lectures choisies, par NOLLET, professeur au Lycée Hoche.
1 volume in-18, broché.................................. 4 fr. »
— — relié toile.................................. 4 fr. 50

— **Récits, Scènes et Paysages.** Extraits des *Mémoires d'Outre-Tombe*, de l'*Itinéraire de Paris à Jérusalem* et du *Voyage en Italie*. Edition illustrée par Louis HUMBERT, professeur au Lycée Condorcet.
1 volume in-18, cartonné.................................. 3 fr.

OUVRAGES PATRIOTIQUES ET HISTORIQUES

Volumes format grand in-8° jésus illustrés de gravures en noir et en couleur.

Le volume broché .... 12 fr.
Relié 1/2 chagrin, plats toile, tr. dorées... 18 fr.
Relié toile, pl. spéciale, tr. dorées .... 16 fr.

CHOPPIN. — **La cavalerie française.** Ouvrage illustré de 16 aquarelles et de nombreux dessins dans le texte. 1 volume.

GALLI (H.). — **La guerre à Madagascar.** Histoire anecdotique des expéditions de 1885 et 1895. Ouvrage contenant environ 240 dessins en couleurs de Bombled, cartes et plans. 2 volumes.

Par exception, le volume broché .... 8 fr.
Relié toile .... 12 fr.

— **La guerre en Extrême-Orient** (Russes et Japonais). Ouvrage illustré d'environ 240 dessins en couleurs de Bombled, Malespine, etc. et de nombreuses cartes et plans. 2 volumes.

Tome Ier : *De Chemulpo à Liao-Yang.*
Tome II : *Port-Arthur. — Moukden. — Tsoushima. — Portsmouth.*

GRENEST. — **L'armée de l'Est.** Relation anecdotique de la campagne de 1870-1871.
La Bourgonce. — Dijon. — Nuits. — Villersexel. — Héricourt. — La Cluse.
120 dessins en couleurs de Bombled. 1 volume.

— **L'armée de la Loire.** Relation anecdotique de la campagne de 1870-1871.
Orléans. — Châteaudun. — Coulmiers. — Loigny. — Vendôme. — Le Mans.
120 dessins en couleurs de Bombled. 1 volume.

LAS CASES (Le comte de). — **Mémorial de Sainte-Hélène.** Ouvrage illustré de 240 dessins en couleurs par L. Bombled. 2 volumes.

LONLAY (Dick de). — **Français et Allemands.** Histoire anecdotique de la guerre de 1870-1871. 4 volumes.
Chaque volume contient de nombreux dessins, plans de bataille et 120 gravures en couleurs.

Tome Ier : *Niederbronn. — Wissembourg. — Frœschwiller. — Châlons. — Busançy. — Bazeilles. — Sedan.*
Tome II : *Sarrebruck. — Spickeren. — La retraite sur Metz. — Pont-à-Mousson. — Borny.*
Tome III : *Gravelotte. — Rezonville. — Vionville. — Mars-la-Tour. — Saint-Marcel. — Flavigny. — Les lignes d'Amanvilliers. — Saint-Privat. — Sainte-Marie-aux-Chênes. — Les fermes de Moscou et de Leipsick. — Le Point-du-Jour.*
Tome IV : *L'investissement de Metz. — La journée des dupes. — Servigny. — Noisseville. — Flanville. — Nouilly. — Coincy. — Le blocus de Metz. — Peltre. — La capitulation.*

— **Notre armée.** Histoire populaire de l'infanterie française depuis les Gaulois jusqu'à nos jours. Ouvrage illustré de nombreux dessins en couleurs représentant les scènes des principales batailles. 1 volume.

MARCO DE SAINT-HILAIRE. — **Souvenirs du Consulat et de l'Empire.** Nouvelle édition illustrée de 240 gravures et vignettes d'après Raffet, Charlet, H. Vernet, Bellangé, Philippoteaux. 1 volume.

VOLUMES FORMAT IN-8° CARRÉ ILLUSTRÉS DE GRAVURES EN NOIR

Chaque volume broché .... **3 fr. 50** | Relié toile, plaque spéciale, tr. dorées... **5 fr. 50**

GALLI (H.). — **Les anniversaires de 1870** d'après *Français et Allemands*, avec notes et documents. 1 volume.

GRENEST. — **L'armée de la Loire.** Relation anecdotique de la campagne de 1870-1871. 2 volumes.

TOME Ier : *Tours. — Orléans. — Coulmiers. — Beaune-la-Rolande. — Villepion. — Loigny.*
TOME II : *Beaugency. — Vendôme. — Le Mans. — Sillé-le-Guillaume. — Alençon.*

— **L'armée de l'Est.** Relation anecdotique de la campagne de 1870-1871. 2 volumes.

TOME Ier : *La Bourgonce. — Dijon. — Nuits.*
TOME II : *Villersexel. — Héricourt. — La Cluse.*

— **Les armées du Nord et de Normandie.** Relation anecdotique de la campagne de 1870-1871. 1 volume.

LONLAY (Dick de). — **Français et Allemands.** Histoire anecdotique de la guerre de 1870-1871. 6 volumes.

Chaque volume forme un tout complet et se vend séparément.

TOME Ier : *Niederbronn. — Wissembourg. — Frœschwiller. — Châlons. — Reims. — Buzancy. — Bazeilles. — Sedan.*

TOME II : *Sarrebruck. — Spickeren. — La retraite sur Metz. — Pont-à-Mousson. — Borny.*

TOME III : *Gravelotte. — Rezonville. — Vionville. — Mars-la-Tour. — Saint-Marcel. — Flavigny.* Dessins de l'auteur. — Cartes et plans de batailles.

TOME IV : *Les lignes d'Amanvilliers. — Saint-Privat. — Sainte-Marie-aux-Chênes. — Les fermes de Moscou et de Leipsick. — Saint-Hubert. — Le Point-du-Jour.*

TOME V : *L'investissement de Metz. — La journée des dupes. — Servigny. — Noisseville. — Flanville. — Nouilly. — Coincy.*

TOME VI : *Le blocus de Metz. — Peltre. — Mercy-le-Haut. — Ladonchamps. — La capitulation.* Dessins de l'auteur. — Cartes et plans de batailles.

VOLUMES IN-18, ILLUSTRÉS

Chaque volume broché.................................. **1 fr.**

GALLI (H.). — **La prise de Tananarive.** Histoire anecdotique de la colonne légère (juin-octobre 1908). 1 volume in-18, couverture illustrée.

DICK DE LONLAY. — **Les Combats du général de Négrier au Tonkin.** 1 volume.

— **Le siège de Tuyen-Quan.** 20 gravures. 1 volume.

— **La Marine française en Chine. l'amiral Courbet et le « Bayard ».** Souvenirs anecdotiques. 40 gravures. 1 volume.

— **La Cavalerie française à la bataille de Rezonville.** 1 volume in-18, dessins de l'auteur.

— **La Défense de Saint-Privat.** dessins de l'auteur. 1 volume.

— **Les Zouaves à l'armée du Rhin.** dessins de l'auteur. 1 volume.

— **Souvenirs de Frédéric III** (Examens critiques et commentaires). 1 volume.

VAULABELLE. — **Guerre Turco-Grecque de 1820 à 1829.** 1 vol. in-18.

ŒUVRES DE WALTER SCOTT

(Traduction de M. Defauconpret)

Nouvelle édition publiée en 30 volumes in-8° carré avec une gravure sur acier par volume.

Chaque volume se vend séparément, broché........ 3 fr. 50
Relié 1/2 chagrin plats toile, tranches jaspées........ 5 fr. 50

Édition illustrée de 2 gravures sur acier par volume, 30 volumes in-8° cavalier.

Chaque volume se vend séparément, broché........ 5 fr.
Les 30 volumes reliés 1/2 chagrin plats toile, tranches jaspées........ 225 fr.

1. **Waverley.**
2. **Guy Mannering.**
3. **L'Antiquaire.**
4. **Rob-Roy.**
5. **Le Nain noir. — Les puritains d'Écosse.**
6. **La prison d'Édimbourg.**
7. **La fiancée de Lammermoor. — L'officier de fortune.**
8. **Ivanhoé.**
9. **Le Monastère.**
10. **L'Abbé.**
11. **Kenilworth.**
12. **Le Pirate.**
13. **Les aventures de Nigel.**
14. **Peveric du Pic.**
15. **Quentin Durward.**
16. **Eaux de Saint-Ronan.**
17. **Redgauntlet.**
18. **Connétable de Chester.**
19. **Richard en Palestine.**
20. **Woodstock.**
21. **Chronique de la Canongate.**
22. **La jolie fille de Perth.**
23. **Charles le Téméraire.**
24. **Robert de Paris.**
25. **Le château périlleux. — La Démonologie.**

26, 27 et 28. **Histoire d'Écosse.**
29 et 30. **Romans poétiques.**

ŒUVRES DE J. FENIMORE COOPER

(Traduction de M. Defauconpret)

Nouvelle édition publiée en 30 volumes in-8° carré, avec une gravure sur acier par volume.

Chaque volume se vend séparément, broché........ 3 fr. 50
Relié 1/2 chagrin plats toile, tranches jaspées........ 5 fr. 50

Edition illustrée de 2 gravures sur acier par volume, 30 volumes in-8° cavalier.

Chaque volume se vend séparément, broché........ 5 fr.
Les 30 volumes reliés 1/2 chagrin, plats toile, tranches jaspées........ 225 fr.

1. **Précaution.**
2. **L'Espion.**
3. **Le Pilote.**
4. **Lionel Lincoln.**
5. **Les Mohicans.**
6. **Les Pionniers.**
7. **La Prairie.**
8. **Le Corsaire rouge.**
9. **Les Puritains.**
10. **L'Écumeur de mer.**
11. **Le Bravo.**
12. **L'Heidenmauer.**
13. **Le Bourreau de Berne.**
14. **Les Monikins.**
15. **Le Paquebot.**
16. **Eve Effingham.**
17. **Le lac Ontario.**
18. **Mercédès de Castille.**
19. **Le Tueur de daims.**
20. **Les deux Amiraux.**
21. **Le feu follet.**
22. **A bord et à terre.**
23. **Lucie Hardinge.**
24. **Wyandotté.**
25. **Satanstoé.**
26. **Le Porte-Chaîne.**
27. **Ravensnest.**
28. **Les Lions de mer.**
29. **Le Cratère.**
30. **Les Mœurs du jour.**

CLASSIQUES GARNIER

COLLECTION DES MEILLEURS OUVRAGES FRANÇAIS ET ÉTRANGERS

ANCIENS ET MODERNES

Volumes in-18 jésus.

Le volume broché	3 fr.	Relié 1/2 veau, tranches peigne	4 fr. 50
Relié 1/2 chagrin, tranches dorées	5 fr.	Bigarré, fers spéciaux, têtes fantaisie.	5 fr. 50

Les titres en plusieurs volumes (à l'exception de Musset) ne se vendent pas séparément reliés.

ABÉLARD et Héloïse. — Lettres complètes. Traduction nouvelle précédée d'une préface par M. GRÉARD.

ARIOSTE. — Roland Furieux. Traduction nouvelle avec une introduction et des notes par C. HIPPEAU.
2 volumes.

BACHAUMONT. — Mémoires secrets (1762-1771). Mémoires dans lesquels on trouve d'abondants et curieux renseignements sur la société du XVIIIe siècle, revus et publiés avec des notes et une préface par P.-L. JACOB, bibliophile.

BARTHÉLEMY. — Nemésis. Nouvelle édition collationnée avec soin sur les éditions de 1835 et 1838.

BASSELIN. — Vaux-de-Vire d'Olivier Basselin et de Jean Le Houx, suivis d'un choix d'anciens vaux-de-vire et d'anciennes chansons normandes tirés des manuscrits et des imprimés, avec une notice préliminaire et des notes philologiques, par A. ASSELIN, L. DUBOIS, PLUQUET, Julien TRAVERS et Charles NODIER.

BEAUMARCHAIS. — Mémoires dans l'affaire Gœzman. Nouvelle édition précédée d'une appréciation tirée des *Causeries du lundi* par SAINTE-BEUVE.

— **Théâtre** suivi de ses poésies diverses et précédé d'observations littéraires par SAINTE-BEUVE.
Le barbier de Séville. — La folle journée ou le mariage de Figaro. — L'autre Tartuffe ou la mère coupable. — Mélanges, vers et chansons.

— **Œuvres** (Edition Laplace). Nouvelle édition ornée de quatre dessins coloriés, dessinés par Emile BAYARD.

CONTENANT :
Eugénie. — Les deux amis ou le négociant de Lyon. — Le barbier de Séville ou la précaution inutile. — La folle journée ou le mariage de Figaro. — L'autre Tartuffe ou la mère coupable. — Tarare.

BEECHER STOWE. — La Case de l'oncle Tom ou la vie des nègres en Amérique. Traduction complète par Alfred MICHIELS. Nouvelle édition avec gravures par Jules DAVIAL.

BENJAMIN CONSTANT. — Adolphe. Anecdote trouvée dans les papiers d'un inconnu. Nouvelle édition suivie de : *La lettre sur Julie. — Des réflexions sur le théâtre allemand, etc., etc.*

BÉRANGER. — Œuvres contenant les dix chansons publiées en 1847, édition illustrée de 6 gravures sur acier.
2 volumes

— **Dernières chansons (1834-1851)** avec notes de Béranger sur ses anciennes chansons, édition illustrée de 6 gravures sur acier.

— **Ma Biographie.** Ouvrage posthume suivi d'un appendice, illustré de gravures sur acier.

BÉRANGER. — Béranger des familles. Recueil de ses anciennes chansons pouvant être mises entre toutes les mains, édition illustrée d'un portrait et de 4 gravures sur acier.

BERNARDIN DE SAINT-PIERRE. — Paul et Virginie suivi de la *Chaumière indienne.* Illustrations d'après les dessins de BERTALL et DEMARLE.

BÉROALDE DE VERVILLE. — Moyen de parvenir. Œuvre contenant la raison de tout ce qui a été, est et sera, avec démonstrations certaines et nécessaires selon la rencontre des effets de vertu.

BIRÉ. — Dernières années de Chateaubriand (1830-1848).

BOCCACE. — Contes traduits par A. SABATIER DE CASTRES.

BOILEAU. — Œuvres. Nouvelle édition conforme au texte donné par M. BERRYAT-SAINT-PRIX, avec notice de SAINTE-BEUVE et une étude sur la querelle de Boileau et de Perrault, par Ch. GIDEL.
Satires. — Epîtres. — L'art poétique. — Le lutrin. — Odes. — Epigrammes et autres poésies. — Lettres.

— Œuvres poétiques (Edition Laplace). Avec une introduction et des éclaircissements historiques, par E. FOURNIER. Edition illustrée de 4 gravures coloriées.
Satires. — Epîtres. — L'art poétique. — Le lutrin. — Odes. — Epigrammes. — Poésies diverses. — Pièces diverses.

BONAVENTURE DES PÉRIERS. — Contes ou nouvelles récréations et joyeux devis, suivis du *Cymbalum Mundi.* Edition précédée d'une notice par P.-L. JACOB.

BOSSUET. — Discours sur l'histoire universelle à Mgr le Dauphin pour expliquer la suite de la religion et le changement des empires.

— De la Connaissance de Dieu de soi-même. Exposition de la doctrine catholique sur les matières de controverse, instructions pastorales sur les promesses de l'Église et explication de quelques difficultés sur les prières de la messe à un nouveau catholique.

— Élévations à Dieu sur tous les mystères de la religion chrétienne. Nouvelle édition revue sur les manuscrits originaux et les éditions les plus correctes.

— Histoire des variations des églises protestantes Nouvelle édition complète suivant le texte de l'édition de Versailles. 2 vol.

— Méditations sur l'Évangile. Edition revue sur les manuscrits originaux et les éditions précédentes les plus complètes.

— Oraisons funèbres et panégyriques. Nouvelle édition suivant le texte de l'édition de Versailles, améliorée et enrichie à l'aide de travaux les plus récents.

— Sermons. Nouvelle édition complète suivant le texte de l'édition de Versailles, améliorée et enrichie à l'aide des travaux les plus récents sur Bossuet et ses ouvrages. 4 volumes

— Sermons choisis. Edition revue d'après les meilleurs textes et précédée d'une préface par l'abbé MAURY.

— Traité de la concupiscence. Lettres et maximes sur la comédie, la logique. Traité du libre arbitre.

BOURDALOUE. — Chefs-d'œuvre oratoires suivis des opuscules suivants : *Le petit nombre des élus. — Accord de la Raison et de la Foi. — La Foi victorieuse du monde. — L'incrédule convaincu par lui-même.*

BOURGOIN. — Les maîtres de la critique au XVIIe siècle. *Chapelain. — Saint-Evremond. — Boileau. — La Bruyère. — Fénelon.*

BOUTET. — Pasteur et ses élèves. Histoire abrégée de leurs découvertes et de leurs doctrines

BOURSAULT. — Théâtre choisi (Edition Laplace).

CONTENANT :

Esope à la ville. — Esope à la cour. — Le médecin galant. — Phaéton. — Les mots à la mode. — La satire des satires. — Le jaloux prisonnier.

BRANTOME. — Vie des dames galantes. Nouvelle édition soigneusement revue et corrigée sur les manuscrits avec des remarques historiques et critiques.

— **Vie des dames illustres.** Françaises et étrangères. Nouvelle édition avec une introduction et des notes par Louis MOLAND.

BRILLAT-SAVARIN. — Physiologie du goût ou méditations de gastronomie transcendante dédié aux gastronomes parisiens, suivi de *La Gastronomie* par BERCHOUX et de *L'art de dîner en ville* par COLNET.

BRIZEUX. — Œuvres. Nouvelle édition, revue, augmentée, corrigée, précédée d'une notice biographique sur l'auteur et suivie de notes par Auguste DORCHAIN.

TOME Ier : *Marie. — Telen Arvor. — Furnez. — Breiz.*
TOME II : *Les Bretons.*
TOME III : *La fleur d'or. — Histoires poétiques.*
TOME IV : *Histoires poétiques. — Poésies nouvelles.*

BUSSY-RABUTIN. — Histoire amoureuse des Gaules suivie de la *France galante*, romans satiriques du XVIIe siècle, attribués au comte de BUSSY. Nouvelle édition, précédée d'observations par SAINTE-BEUVE.
2 volumes

BYRON. — Œuvres complètes. Traduction de Amédée PICHOT, édition augmentée de notices et de pièces inédites avec des notes.
4 volumes

CONTENANT :

TOME Ier : *Avant-propos de Ch. Nodier. — Odes. — Le Giaour.*
TOME II : *La fiancée d'Abydos. — Le Corsaire. — Lara. — Le siège de Corinthe. — Parisina. — Le prisonnier de Chillon. — Le pèlerinage de Childe Harold.*
TOME III : *Don Juan.*
TOME IV : *Caïn. — Le ciel et la terre. — Manfred. — Les métamorphoses du bossu. — Marino Faliero, Doge de Venise. — Sardanapale. — Les deux Foscari. — Werner ou l'héritage.*

CAMOËNS. — Les Lusiades. Traduction nouvelle avec notes et commentaires, précédée d'une étude sur la vie et les mœurs de Camoëns par Edouard HIPPEAU.

CANTU (César). — Abrégé de l'histoire universelle. Traduit de l'italien par L. Xavier DE RICARD, avec un portrait de l'auteur.
2 volumes.

CASANOVA. — Mémoires Casanova DE SEINGALT, écrits par lui-même, suivis de fragments des mémoires du prince de LIGNE. Nouvelle édition collationnée sur l'édition originale de Leipsick.
8 volumes

CENT nouvelles nouvelles (Les). Texte revu avec beaucoup de soin sur les meilleures éditions, accompagné de notes explicatives.

CERVANTÈS. — L'ingénieux hidalgo Don Quichotte de la Manche. Traduction de DELAUNAY. Revue, corrigée et augmentée d'une notice sur la vie de CERVANTÈS par Adrien GRIMAUX.
2 volumes

— **Don Quichotte de la jeunesse** traduit par FLORIAN, édition illustrée de vignettes sur bois.

CHATEAUBRIAND. — Génie du christianisme et défense du *Génie du Christianisme* avec notes et éclaircissements. Nouvelle édition revue avec soin sur les éditions originales.
2 volumes

— **Les Martyrs** ou le triomphe de la religion chrétienne. Nouvelle édition revue avec soin sur les éditions originales.

CHATEAUBRIAND. — Itinéraire de Paris à Jérusalem. Nouvelle édition revue avec soin sur les éditions originales.

— Ataïa, René, Le dernier Abencerage, Les Natchez. Nouvelle édition revue avec soin sur les éditions originales.

— Voyages en Amérique, en Italie, au Mont Blanc. Nouvelle édition revue avec soin sur les éditions originales.

— Le Paradis perdu suivi de *Essai sur la littérature anglaise.*

— Études historiques. Nouvelle édition revue sur les éditions originales.

— Histoire de France. Les Quatre Stuarts.

— Mélanges historiques et politiques suivis de la vie de Rancé.

— Les dernières années (Voir à Biré).

CHÉNIER. — Œuvres poétiques précédées d'une étude par SAINTE-BEUVE. Nouvelle édition mise en ordre et annotée par Louis MOLAND.
2 volumes

TOME Ier : *Bucoliques. — Elégies.*
TOME II : *Epitres. — Théâtre. — Poèmes. — Poésies diverses. — Satires. — Hymnes. — Odes. — Iambes. — Mélanges littéraires.*

— Œuvres en prose précédées d'une notice sur le procès d'André CHÉNIER et des actes de ce procès. Nouvelle édition mise en ordre et annotée par Louis MOLAND.

COLLIN D'HARLEVILLE. — Théâtre suivi de *Poésies fugitives* avec une introduction de Louis MOLAND.

L'inconstant. — L'optimiste ou l'homme toujours content. — Les châteaux en Espagne. — M. de Crac dans son petit castel. — Le vieux célibataire.

— Théâtre (Edition Laplace), précédé d'une notice biographique par Edouard THIERRY et illustré de 4 gravures coloriées par GEOFFROY et ALLOUARD.

L'inconstant. — L'optimiste. — Monsieur de Crac dans son petit castel. — Les châteaux en Espagne. — Le vieux célibataire. — Les mœurs du jour. — Malice pour malice.

COMTE (Auguste). — Catéchisme positiviste ou sommaire exposition de la religion universelle. Nouvelle édition avec une introduction et des notes explicatives par P.-F. PÉCAUT.

CONFUCIUS. — Doctrine ou les quatre livres de philosophie morale et politique de la Chine, traduction du chinois par M. G. PAUTHIER.

CORNEILLE (P.). — Théâtre précédé des discours sur le poème dramatique, suivi d'un examen analytique des pièces non comprises dans la présente édition et d'un choix de poésies diverses.
2 volumes

TOME Ier : *Vie de Corneille par Fontenelle. — Discours sur le poème dramatique. — Médée. — Le Cid. — Horace. — Cinna. — Pompée. — Polyeucte. — Le menteur. — La suite du menteur.*
TOME II : *Rodogune. — Héraclius. — Don Sanche d'Aragon. — Nicomède. — Sertorius. — Othon. — Examen analytique. — Poésies diverses.*

— Théâtre. Nouvelle édition collationnée sur la dernière édition publiée du vivant de l'auteur.

Le Cid. — Horace. — Cinna. — Polyeucte. — Pompée. — Le menteur. — Rodogune. — Nicomède. — Sertorius.

— Théâtre choisi (Edition Laplace). Nouvelle édition illustrée de quatre dessins en couleurs par GEOFFROY et ALLOUARD.

Le Cid. — Horace. — Cinna. — Polyeucte. — La mort de Pompée. — Le menteur. — Rodogune. — Nicomède.

COURIER (P.-L.). — Œuvres précédées d'un essai sur la vie et les écrits de l'auteur par Armand Carrel.

Pamphlets politiques. — Les pastorales de Longus ou Daphnis et Chloé. — Lettres inédites écrites de France et d'Italie. — Correspondance. — Pamplets littéraires.

CRÉBILLON (J. de). — Théâtre complet (Edition Laplace). Nouvelle édition précédée d'une notice par Auguste Vitu et illustrée de 4 dessins en couleurs par Allouard.

Idoménée. — Atrée et Thyeste. — Electre. — Rhadamiste et Zénobie. — Sémiramis. — Catilina. — Xerxès. — Pyrrhus. — Le triumvirat.

CRÉQUY (Marquise de). — Souvenirs de 1710 à 1803, illustrés de 10 portraits sur acier. 10 tomes en 5 volumes.

CYRANO DE BERGERAC. — Histoire comique des Etats et Empires de la Lune et du Soleil. Nouvelle édition revue et publiée avec des notes et une notice historique par P.-L. Jacob.

— Œuvres comiques, galantes et littéraires. Nouvelle édition publiée avec des notes par P.-L. Jacob.

DANCOURT. — Théâtre choisi. Nouvelle édition précédée d'une notice par Francisque Sarcey et illustrée de 4 gravures coloriées par Allouard.

Les fonds perdus. — La désolation des joueuses. — Le chevalier à la mode. — La folle enchère. — La Parisienne. — Les bourgeoises à la mode. — Le tuteur. — La maison de campagne. — Les trois cousines. — Le mari retrouvé.

DANTE ALIGHIERI. — La divine comédie, traduite en français par le chevalier Artaud de Montor. Nouvelle édition revue.

DASSOUCY. — Aventures burlesques. Nouvelle édition avec préface et notes par Émile Colombey.

DELAVIGNE (Casimir). — Œuvres complètes.

3 volumes || Comprenant :

Théâtre :

Tome Ier : *Les vêpres siciliennes. — Les comédiens. — Le paria. — L'école des vieillards. — La princesse Aurélie. — Marino Faliero. — Louis XI. — Les enfants d'Edouard.*

Tome II : *Don Juan d'Autriche. — Une famille au temps de Luther. — La popularité. — La fille du Cid. — Le conseiller rapporteur. — Charles VI.*

Poésies :

Messéniennes. — Chants populaires. — Poésies diverses. — Œuvres posthumes : *Derniers chants. — Poèmes. — Poèmes et ballades sur l'Italie.*

DEMOUSTIER. — Lettres à Émilie sur la mythologie. Nouvelle édition revue avec soin sur les textes les plus corrects et les plus complets et précédée d'une notice sur l'auteur.

DESAUGIERS. — Théâtre précédé d'une introduction et la liste des pièces de Desaugiers par Louis Moland.

M. Vautour. — Cadet-Roussel, esturgeon. — Le dîner de Madelon. — L'Hôtel garni. — Je fais mes farces. — Monsieur Sans-Gêne. — Les petites Danaïdes.

DESCARTES. — Œuvres choisies. Nouvelle édition revue d'après les meilleurs textes.

Discours sur la méthode. — Méditations métaphysiques. — Des passions en général. — Règles pour la direction de l'Esprit. — Recherches par la lumière naturelle. — Extraits des lettres de Descartes.

DESTOUCHES. — Théâtre choisi (Edition Laplace). Nouvelle édition précédée d'une notice par Edouard Thierry et illustrée de 4 dessins en couleurs par Allouard.

Le triple mariage. — L'obstacle imprévu. — Le philosophe Marie. — L'envieux. — Le glorieux. La fausse Agnès. — Le dissipateur.

DIDEROT. — Œuvres choisies précédées de sa vie par Mme DE VANDEUL et d'une introduction
2 volumes || par François TULOU.

TOME Ier : *Lettre sur les aveugles. — Sur les femmes. — Entretien d'un philosophe avec la maréchale de ***. — Entretien d'un père avec ses enfants. — Regrets sur ma vieille robe de chambre. — Eloge de Richardson. — La religieuse. — Les deux amis de Bourbonne. — Ceci n'est pas un conte. — Sur l'inconséquence du jugement publié de nos actions particulières. — Histoire de Mme de la Pommeraye.*

TOME II : *Le neveu de Rameau. — Le père de famille. — La pièce et le prologue. — Paradoxe sur le comédien.* SALONS : *Carle Van Loo, Boucher, Greuze, Loutherbourg, La Grenée, Vernet, Michel Van Loo, Robert, Baudoin, Juliart. — Sur la peinture. — Sur la sculpture. — De la manière. — Les deux académies. — Lettres à Mlle Volland.*

— Jacques le fataliste et son maître. Notice et notes par J. ASSÉZAT.

— Les Bijoux indiscrets. Notice et notes par J. ASSÉZAT.

DONVILLE. — Mille et un calembours. Bons mots, anecdotes, épigrammes, facéties, etc.

DU BELLAY (Joachim). — Œuvres. Poésies : 2 volumes in-18.

— Défense et illustration de la langue française suivie du projet de l'œuvre intitulée:
1 volume || *De la précellence du langage françois*, par Henri ESTIENNE.

DUPONT (Pierre). — Muse populaire. Chants et poésies.
Les bœufs. — Les louis d'or. — Le dernier beau jour. — La mère Jeanne. — Les fraises. — Belzébuth. — La vigne. — La véronique. — L'éléphant de la Bastille. — La rentrée des troupes. — Le chant des ouvriers. — Le chant des soldats. — Le chant du Danube. — Le siège de Sébastopol. — Le sauvage. — A Béranger. — La paix. — Les pins, etc.

DU PUGET. — Les Voisins de Mlle Frederika BREMER, traduit du suédois.

— Le foyer domestique ou chagrins et joies de la famille, de Mlle Frederika BREMER, traduit du suédois.

— Les filles du Président de Mlle Frederika BREMER, traduit du suédois.

— Les cousins de la baronne de KNORRING, traduit du suédois.

DUPUIS. — Abrégé de l'origine de tous les cultes suivi du christianisme par Benjamin CONSTANT, avec une notice et des notes critiques par B. SAINT-MARC.

FAVRE (Jules). — Conférences et discours littéraires précédés d'une introduction.

FÉNELON. — Les aventures de Télémaque suivies des aventures d'Aristonous. Edition accompagnée de notes philologiques et littéraires et précédée de l'éloge de Fénelon par LA HARPE, illustrée de vignettes gravées sur bois.

— De l'existence de Dieu. *Lettres sur la religion. — Sermons. — Lettres sur l'autorité de l'Eglise. — Correspondance littéraire avec Houdard de la Motte.* Précédés d'observations par le cardinal DE BAUSSET.

— Dialogues sur l'éloquence. *Mémoire sur les occupations de l'Académie Française. — De l'Education des filles. — Recueil de fables. — Opuscules divers. — Dialogues des morts.* Précédés d'observations par le cardinal DE BAUSSET.

FLÉCHIER (Voir Massillon).

FLORIAN. — Fables suivies de son théâtre.

COMPRENANT :

Les deux billets. — Le bon ménage. — Le bon père. — La bonne mère. — Le bon fils. — Arlequin maître de maison.

Edition précédée d'un jugement par LA HARPE et d'observations littéraires par SAINTE-BEUVE, vignettes par GRANDVILLE.

FLORIAN. — **Le Don Quichotte de la jeunesse** de Miguel de Cervantès Saavedra.

FOÉ. — **Aventures de Robinson Crusoé,** 1 volume in-18, illustré par GRANDVILLE.

FONTENELLE. — **Éloges** avec une introduction et des notes par Fr. BOUILLIER.

FOURNEL. — **Curiosités théâtrales** anciennes et modernes, françaises et étrangères.

FOURNIER (Ed.). — **Le théâtre français au XVIe et au XVIIe siècle** ou choix des comédies les plus remarquables, antérieures à Molière. Edition ornée de huit portraits en couleur. 2 volumes

TOME Ier : JODELLE : *L'Eugène.* — Rémy BELLEAU : *La reconnue.* — P. DE LARIVEY : *Les Esprits.* — Odet DE TURNÈBE : *Les Conteurs.* — F. D'AMBOISE : *Les Néapolitaines.* — François PERRIN : *Les escholiers.* — TABARIN : *Farces tabariniques.* — DU PESCHIER : *La comédie des comédies.*

TOME II : PICHON : *Les folies de Cardenio.* — Pierre du RYER : *Les vendanges de Suresnes.* — Antoine MARESCHAL : *Le railleur.* — Jean DE MAIRET : *Les galanteries du duc d'Ossonne.* — L.-C. DISCRET : *Alizon.* — DESMARETS SAINT-SORLIN : *Les visionnaires.* — ROTROU : *La sœur.* — Claude DE LESTOILLE : *L'intrigue des filous.* — BOIS-ROBERT : *La belle plaideuse.*

— **Théâtres choisis au XVIIIe siècle,** 2 volumes in-18.

TOME Ier : REGNARD : *Les Folies amoureuses.* — D'ALLAINVAL : *L'Ecole des Bourgeois.* — LESAGE : *Crispin rival de son maître.* — *Turcaret.* — DESTOUCHES : *Le Philosophe marié.* — *Le Glorieux.* — DANCOURT : *Le Chevalier à la mode.*

TOME II : COLLIN D'HARLEVILLE : *Le vieux célibataire.* — PIRON : *La Métromanie.* — GRESSET : *Le Méchant.* — FAVART : *Les Trois Sultanes.* — SEDAINE : *Le Philosophe sans le savoir.* — *La Gageure imprévue.* — BARTHE : *Les Fausses infidélités.* — COLLÉ : *La Partie de chasse de Henri IV.*

— **Le Théâtre inédit du XIXe siècle,** recueil de pièces de divers auteurs. 2 volumes in-18.

TOME Ier : *La Fontaine en ménage.* — *La tabatière.* — *Une provinciale.* — *La double épreuve.* — *L'amour et l'argent.* — *Le voyage interrompu.* — *Le roman de mon oncle.* — *Les deux jardiniers.*

TOME II : *Jeanne d'Arc.* — *Madame Durand.* — *Nos aïeux.* — *Charlemagne.* — *Echec au roi.* — *Chez Mylord.* — *Vendée.*

FURETIÈRE. — **Le Roman bourgeois.** Ouvrage comique, notice et notes par F. TULOU.

GENTIL-BERNARD. — **L'Art d'aimer** (petits poèmes érotiques du XVIIIe siècle).
BERTIN : *Les amours.* — LÉONARD : *Le temple de Cnide.* — MONTESQUIEU : *Le temple de Cnide.* — DORAT : *Les baisers.* — JEAN SECON : *Les baisers.* — PEZAY : *La nouvelle Zélie au bain.*

GILBERT. — **Œuvres** précédées d'une notice historique par Charles NODIER.

GŒTHE. — **Faust,** Le second Faust.
POÉSIES ALLEMANDES : *Gœthe, Schiller.* — *Klopstock, Burger, poètes divers.*

— **Werther,** suivi de Hermann et Dorothée, traductions de Sevelinges et de Bitaubé, édition revue par E. GRÉGOIRE, avec une préface de SAINTE-BEUVE.

GOLDSMITH. — **Le Vicaire de Wakefield.** Traduction nouvelle accompagnée du texte anglais, précédée d'une notice sur GOLDSMITH.

GRESSET. — **Œuvres choisies.**
Vert-Vert. — *Le carême impromptu.* — *Le lutrin vivant.* — *Epîtres.* — *Pièces fugitives.* — *Le méchant.* Edition précédée d'une appréciation littéraire par LA HARPE.

HAMILTON. — **Mémoires du Comte de Grammont.** Nouvelle édition revue.

HEPTAMERON (L'). — **Contes de la reine de Navarre.** Nouvelle édition revue.

HOFFMANN. — **Contes. Récits et Nouvelles** tirés des freres de Sérapion.

HOFFMANN. — Contes fantastiques. Choix de contes, récits et nouvelles.

JACOB. — Curiosités infernales.
Diables. — Bons anges. — Fées. — Elfes. — Follets et lutins. — Esprits familiers. — Possédés et ensorcelés. — Revenants, Lamies, Lémures. — Larves. — Vampires. — Prodiges et sortilèges. — Animaux parlants. — Présages de guerre, de naissance, de mort, etc.

— Curiosités des sciences occultes.
Alchimie. — Médecine chimique et astrologique. — Talismans. — Amulettes. — Baguette divinatoire. — Astrologie. — Chiromancie. — Physiognomonie. — Prédictions. — Présages. — Oracles. — Onéirocritie. — Art divinatoire. — Cartomancie. — Magie. — Sorcellerie. — Secrets d'amour, etc.

— Curiosités théologiques.
Récits apocryphes relatifs à des personnages de l'Ancien Testament. — Légendes. — Miracles. — Superstitions. — Sacrements. — Prédicateurs bizarres. — Idées singulières chez divers peuples anciens et modernes. — Brahmanes. — Bouddhistes. — Africains. — Mahométans. — Opinions relatives à l'autre monde. — Diable. — Visionnaires. — Mormons. — Rabbins. — Livres religieux remarquables par leur étrangeté, etc.

— Paris ridicule et burlesque au XVIIe siècle, par Claude LE PETIT, BERTHOD, SCARRON.

— Recueil de farces, soties et moralités du XVe siècle.
Le nouveau Pathelin. — Le testament de Pathelin. — Moralité de l'aveugle et du boiteux. — La farce du Munyer. — La condamnation de Bancquet.

JASMIN (Jacques). — Las Papilhôtos. Edition populaire en deux volumes. Préface de l'édition, essai d'orthographe gasconne d'après les langues romane et d'oc et collation de la traduction littérale par BOYER D'AGEN.
2 volumes.
TOME Ier : *Les poèmes et les odes.* — TOME II : *Epîtres et satires.*

LA BRUYÈRE. — Les caractères de Théophraste, traduits du grec avec les caractères ou les mœurs de ce siècle, précédés d'une notice de SAINTE-BEUVE et suivis du discours prononcé à l'Académie.

— Les caractères ou les mœurs de ce siècle, suivis du discours à l'Académie et de la traduction de Théophraste, précédés d'une introduction par SAINTE-BEUVE. Nouvelle édition enrichie de nouveaux dessins dans le texte et de quatre gravures hors texte coloriées (Edition Laplace).

LACLOS (DE) — Liaisons dangereuses ou lettres recueillies dans une société et publiées pour l'instruction de quelques autres.

LACORDAIRE. — Sainte Marie-Madeleine. Nouvelle édition précédée d'une notice sur le Père Lacordaire, et suivie de : *Lettres à un jeune homme sur la vie chrétienne.*

— Vie de Saint Dominique. Nouvelle édition revue et annotée.

— Conférences de Notre-Dame-de-Paris. Nouvelle édition, avec notes historiques et critiques de M. l'abbé CHAUVIN. 5 volumes in-18.

— Notices et panégyriques. 1 volume in-18.

LA FAYETTE (Mme de). — Romans et Nouvelles. Nouvelle édition complète avec une notice par L.-S. AUGER.
Zaïde. — La princesse de Clèves. — La princesse de Montpensier. — La comtesse de Tende.

LA FONTAINE. — Fables avec de nouvelles remarques explicatives philosophiques et littéraires.

— Contes et Nouvelles. Nouvelle édition revue avec soin et accompagnée de notes.

— Œuvres. Fables et comédies (Edition LAPLACE).
FABLES, THÉATRE : *L'Eunuque. — Les rieurs du Beau-Richard. — Clymène. — Daphné. — Fragment de Galatée. — Astrée. — Ragotin ou le Roman comique. — Le Florentin. — La coupe enchantée. — Je vous prends sans vert.*

LAMENNAIS. — Essai sur l'indifférence en matière de religion.
4 volumes.

— **Paroles d'un croyant.** *Le livre du peuple. — Une voix de prison. — Mélanges. — Du passé et de l'avenir du peuple. — De l'esclavage moderne.*

— **Affaires de Rome.** Des maux de l'Église et de la société et des moyens d'y remédier.

— **Les Évangiles.** Traduction nouvelle avec des notes et des réflexions à la fin de chaque chapitre.

— **De l'art et du beau** tiré du 3e volume de l'*Esquisse d'une philosophie.*

LA ROCHEFOUCAULD. — Réflexions, sentences et maximes morales précédées d'un portrait littéraire par SAINTE-BEUVE, suivies de : VAUVENARGUES, œuvres choisies :
Introduction à la connaissance de l'esprit humain, conseils à un jeune homme. — Réflexions critiques sur quelques poètes. — Réflexions et maximes.

LAVATER et GALL. — Physiognomonie et phrénologie rendues intelligibles pour tout le monde. Exposé du sens moral des traits de la physionomie humaine et de la signification des protubérances de la surface du crâne relativement aux facultés et aux qualités de l'homme, par A. YSABEAU. Edition accompagnée de 150 figures dans le texte.

LE SAGE. — Histoire de Gil Blas de Santillane. Édition précédée des jugements et témoignages sur LE SAGE et sur GIL BLAS.

— **Le Diable boiteux.** Nouvelle édition complète précédée d'une notice sur Le Sage par SAINTE-BEUVE.

— **Histoire de Guzman d'Alfarache.** Nouvelle édition revue et corrigée.

— **Théâtre.** *Turcaret. — Crispin rival de son maître. — La Tontine.*

LESPINASSE (Mlle de). — Lettres précédées d'une notice de SAINTE-BEUVE et suivies des autres écrits de l'auteur et des principaux documents qui le concernent.

LOUVET DE COUVRAY. — Les amours du chevalier de Faublas. Nouvelle édition.
2 volumes.

MACHADO DE ASSIS. — Mémoires posthumes de Braz-Cubas.

— **Quelques Contes.**

MACHIAVEL. — Le Prince. Traduction Guiraudet avec quelques maximes extraites des œuvres de Machiavel, une introduction, des notes et la bibliographie française du *Prince.*

MAHOMET. — Le Koran traduit de l'arabe, accompagné de notes, précédé d'un abrégé de la vie de Mahomet, tiré des écrivains orientaux les plus estimés, par M. SAVARY.

MAISTRE (Comte J. de). — Les soirées de Saint-Pétersbourg ou entretien sur le gouvernement temporel de la Providence, suivies d'un traité sur les sacrifices.
2 volumes

— **Du Pape.** Nouvelle édition.

MAISTRE (Xavier de). — Œuvres complètes. Nouvelle édition précédée d'une notice sur l'auteur par SAINTE-BEUVE, illustrations de STAAL.

Voyage autour de ma chambre. — Expédition nocturne. — Le lépreux de la cité d'Aoste. — Les prisonniers du Caucase. — La jeune Sibérienne.

MALEBRANCHE. — De la recherche de la vérité. Nouvelle édition avec des notes et une introduction par M. Francisque BOUILLIER.
2 volumes

TOME Ier : *Des sens. — De l'imagination. — De la communication contagieuse des imaginations fortes. — — De l'entendement. — Des inclinations. — Des passions.*
TOME II : *De la méthode. — Lois générales. — De la communication des mouvements. — Réponse à M. Regis. — Eclaircissements sur la recherche de la vérité.*

MALHERBE. — Œuvres poétiques
Stances. — Odes. — Sonnets. — Chansons. — Epigrammes. — Fragments. — Lettres choisies.

MANOU (Lois de) ou Mânava-Dharma-Sastra comprenant les institutions religieuses et civiles des Indiens. Traduites du sanscrit et accompagnées de notes explicatives par A. LOISELEUR DESLONGCHAMPS.

MANZONI. — Les Fiancés. Histoire milanaise du XVIIe siècle. Traduction nouvelle sur la dernière édition, illustrée, revue et publiée à Milan sous les yeux de l'auteur par le marquis DE MONTGRAND. Illustrations de STAAL.

MARIVAUX. — Théâtre choisi avec une introduction par Louis MOLAND. — 2 volumes.
TOME I : *La surprise de l'amour. — La double inconstance. — La seconde surprise de l'amour. — Le feu de l'amour et du hasard. — L'école des mères. — Le legs. — Les fausses confidences. — Les sincères. — L'épreuve.*
TOME II : *Les serments indiscrets. — La dispute. — Le préjugé vaincu. — Arlequin poli par l'amour. — L'heureux stratagème. — La méprise.*

— Théâtre (Edition LAPLACE). Nouvelle édition ornée de portraits en pied coloriés, dessinés par BERTALL.
Le dénouement imprévu. — L'Ile de la Raison ou les petits hommes. — La seconde surprise de l'amour. — Le legs. — La double inconstance. — Le feu de l'amour et du hasard. — L'heureux stratagème. — Les fausses confidences. — L'épreuve.

— Le Paysan parvenu. Nouvelle édition.

— La vie de Marianne avec une notice et des remarques littéraires.

MAROT (Clément). — Œuvres complètes revues sur les meilleures éditions avec une notice et un glossaire par SAINT-MARC.
2 volumes
TOME Ier : *Opuscules. — Epîtres. — Elégies. — Ballades. — Chants divers. — Rondeaux. — Chansons — Estrennes. — Epitaphes. — Cimetière. — Complainctes.*
TOME II : *Epigrammes. — Proverbes énigmatiques. — Traductions. — Deux colloques d'Erasme. — Oraisons. — Psaumes de David. — Pièces diverses attribuées à Marot. — Préfaces diverses.*

MARTEL. — Petit recueil des proverbes français.
Locutions proverbiales. — Proverbes énonçant un fait. — Proverbes formant précepte.

MARTIN. — Education des mères de famille.
1 volume.

MARTINEZ SIERRA. — Jardin ensoleillé traduit de l'espagnol par Mlle Pauline GARNIER.

MASSILLON. — Œuvres choisies. Petit Carême suivi de sermons divers. Nouvelle édition précédée d'observations littéraires par LA HARPE et de l'éloge de Massillon par d'ALEMBERT.

MASSILLON, FLÉCHIER, MASCARON. — Oraisons funèbres précédées de l'essai sur l'oraison funèbre par VILLEMAIN.

MENNECHET. — Matinées littéraires. Cours complet de littérature moderne.
4 volumes.

— Histoire de France. Depuis la fondation de la monarchie. Ouvrage dédié aux pères de famille et couronné par l'Académie Française.
2 volumes.

MERLIN COCCAIE. — Histoire macaronique. Prototype de Rabelais où est traicté les *Ruses de Cingar, Les tours de Boccal, Les adventures de Léonard, Les forces de Fracasse, Les enchantements de Gelfore et Pandragne et Les rencontres heureuses de Balde,* avec une notice et des notes par G. BRUNET. Nouvelle édition revue par P.-L. JACOB.

MESLIER. — Le bon sens du curé Meslier suivi de son testament.

MILLE et un jours (Les). Contes orientaux traduits par PETIS DE LA CROIX, notices et notes par F. DE DONVILLE.

MILLE et une nuits (Les). Contes arabes traduits par GALLAND. Nouvelle édition revue avec soin sur les meilleurs textes.
3 volumes

MILLEVOYE. — Œuvres.
Elégies. — Chants élégiaques. — Poèmes divers. — Poésies légères. — Dizains et huitains. — Ballades. — Romances. — Epigrammes. — Traductions et imitations.

MIRABEAU. — Lettres d'amour précédées d'une étude sur Mirabeau par Mario PROTH.

MOLIÈRE. — Œuvres complètes. Nouvelle édition accompagnée de notes tirées de tous les commentateurs avec des remarques nouvelles par Félix LEMAISTRE, précédée de la vie de Molière par Voltaire.
3 volumes

TOME Ier : *Vie de Molière. — Molière et la comédie par la Harpe. — La jalousie du Barbouillé. — Le médecin volant. — L'étourdi ou les contre-temps. — Le dépit amoureux. — Les précieuses ridicules. — Sganarelle. — Don Garcie de Navarre. — L'Ecole des maris. — Les fâcheux. — L'école des femmes. — La critique de l'école des femmes. — L'impromptu de Versailles. — Le mariage forcé.*
TOME II : *La princesse d'Elide. — Don Juan. — L'amour médecin. — Le misanthrope. — Le médecin malgré lui. — Mélicerte. — Pastorale comique. — Le Sicilien. — L'Imposteur. — Amphitryon. — Georges Dandin ou le mari confondu. — L'avare.*
TOME III : *Monsieur de Pourceaugnac. — Les amants magnifiques. — Le bourgeois gentilhomme. — Psyché. — Les fourberies de Scapin. — La comtesse d'Escarbagnas. — Les femmes savantes. — Le malade imaginaire. — Poésies diverses.*

MOLIÈRE (Vie de). Histoire de son théâtre et de sa troupe par L. MOLAND.

— Fêtes et naissances. 1 vol. in-32 relié, tranches dorées .... 3 fr.

MONTAIGNE. — Essais. Nouvelle édition avec des notes choisies dans tous les commentateurs et la traduction de toutes les citations que renferme le texte, par M. J.-V. LECLERC.
2 volumes

MONTESQUIEU. — De l'Esprit des lois avec des notes de Voltaire, de Crevier, de Mably, de La Harpe. Nouvelle édition revue sur les meilleurs textes, suivie de la *Défense de l'Esprit des lois*, par l'auteur.

— Lettres persanes suivies de *Arsace et Isméine* et de pensées diverses.

— De la grandeur des Romains et de leur décadence avec la dissertation sur la politique des Romains dans la religion, le dialogue de Sylla, d'Eucrate et Lysimaque, l'essai sur le goût et des lettres, suivi des réflexions sur les divers génies du peuple romain dans les différents temps de la République, par SAINT-EVREMOND.

MOREAU (Hégésippe). — Œuvres. *Le Myosotis. — Poésies diverses. — Contes en prose.* Nouvelle édition précédée d'une notice littéraire par SAINTE-BEUVE

MURGER. — Scènes de la Vie de Bohême. Nouvelle édition revue, corrigée et précédée d'une notice biographique sur l'auteur, par Paul GINISTY.

— Le pays latin. — Les buveurs d'eau. — La scène du gouverneur. Nouvelle édition, revue, corrigée et suivie de notes par Paul GINISTY. 1 volume in-18.

— Bonhomme jadis. — Les amours d'Olivier. — Propos de ville et propos de théâtre. — Les nuits d'hiver. — Le dernier rendez-vous. Nouvelle édition, revue corrigée et suivie de notes par Paul GINISTY. 1 volume in-18.

MUSSET. — Œuvres complètes. Nouvelle édition revue, corrigée et complétée de documents inédits, précédée d'une notice biographique sur l'auteur et suivie de notes par Edmond BIRÉ.
9 volumes.

(*Voir détail de chaque volume page* 53)

NINON DE LENCLOS. — Lettres précédées de mémoires sur sa vie par A. BRET.

OVIDE. — Les amours. L'art d'aimer, le remède d'amour, les cosmétiques. Traduction de MAUGEARD et HÉGUIN DE GUERLE, suivis d'imitations d'Ovide par RÉGNIER et précédés d'une étude sur Ovide et la poésie amoureuse par Jules JANIN.

PARNY. — Œuvres. *Elégies. — Poésies diverses. — Mélanges. — Lettres.*

PASCAL. — Pensées sur la religion et quelques autres sujets. Nouvelle édition conforme au véritable texte de l'auteur et contenant les additions de Port-Royal.

— Lettres écrites à un provincial précédées de l'histoire des lettres provinciales d'après l'édition de 1754 et d'observations littéraires par François DE NEUFCHATEAU.

PELLICO. — Mes prisons suivies des devoirs des hommes, traduction nouvelle par le comte H. DE MESSEY, revu par le vicomte ALBAN DE VILLENEUVE.

PÉTRARQUE. — Œuvres amoureuses. Sonnets, triomphes. Traduites en français avec le texte en regard et précédées d'une notice sur la vie de Pétrarque par P.-L. GINGUENÉ.

PICARD. — Théâtre avec une introduction par L. MOLAND.

2 volumes. | TOME Ier : *La petite ville. — Duhautcours. — Les Marionnettes. — Les deux Philibert.* TOME II : *Les ricochets. — La vieille tante. — Monsieur Musard. — Les voisins. — Le vieux comédien. — Les deux ménages. — Les visitandines.*

— Théâtre choisi. Nouvelle édition précédée d'une notice par Edouard FOURNIER et illustrée de quatre dessins en couleur par GILBERT et ALLOUARD.

Les Visitandines. — La petite ville. — Duhautcours. — Monsieur Musard. — Les marionnettes. — Les ricochets. — Les deux Philibert. — La maison en loterie.

PIRON. — Œuvres choisies. Avec une analyse de son théâtre et des notes par Jules TROUBAT, précédées d'une notice par SAINTE-BEUVE.

La Métromanie. — Épitres. — Odes. — Contes. — Poésies diverses. — Chansons. — Épigrammes.

POGGE (Florentin). — Les Facéties. Traduction nouvelle et intégrale accompagnée des *Moralitez* de Guillaume TARDIF, suivie de la *Description des Bains de Bade* (XVe siècle) et du dialogue *Un vieillard doit-il se marier*. Edition annotée, précédée d'une notice sur Pogge, sa vie, son œuvre, ses traducteurs, par Pierre DES BRANDES.

QUINAULT. — Théâtre choisi. (Edition LAPLACE). Nouvelle édition précédée d'une notice par Victor FOURNEL et illustrée de quatre dessins en couleurs par H. ALLOUARD

Les rivales. — La comédie sans comédie. — Astrate, roi de Tyr. — La mère Coquette. — Cadmus et Hermione. — Alceste ou le triomphe d'Alcide. — Atys. — Amadis. — Roland. — Armide.

QUINZE joyes de mariage (Les). Nouvelle édition accompagnée de nombreuses notes et précédée d'une notice par F. TULOU.

QUITARD. — Anthologie de l'amour. extraite des poètes français depuis le XVe siècle jusqu'au XIXe, avec des notices biographiques et littéraires.

— Proverbes sur les femmes : L'amitié, l'amour et le mariage, recueillis et commentés.

RABELAIS (Tout ce qui existe de ses œuvres). — Gargantua, Pantagruel. Texte soigneusement collationné sur les éditions originales, précédé d'une vie de l'auteur d'après les documents les plus récemment découverts et les plus authentiques et suivi d'une biographie de notes et d'un glossaire par Louis MOLAND.

Pantagruéline. — Prognostication. — Almanachs. — Schiomachie. — Lettres. — Opuscules. — Pièces attribuées à Rabelais.

RACINE. — Théâtre complet. avec des remarques littéraires et un choix de notes classiques par Félix LEMAISTRE, précédé d'une notice sur la vie et le théâtre de Racine par L. S. AUGER.

La Thébaïde. — Alexandre le Grand. — Andromaque. — Les plaideurs. — Britannicus. — Bérénice. — Bajazet. — Mithridate. — Iphigénie. — Phèdre. — Esther. — Athalie.

REGNARD. — Théâtre. avec une introduction par Louis MOLAND.

Le bal. — Le joueur. — Le distrait. — Le retour imprévu. — Les folies amoureuses. — Les menechmes — Le légataire universel. — Poésies diverses. — Roman. — La Provençale. — Voyages.

— **Œuvres** (Edition LAPLACE). Nouvelle édition par Ed. FOURNIER, précédée d'une introduction d'après les documents entièrement nouveaux, orné de huit gravures sur acier coloriées.
2 volumes

TOME Ier : *La sérénade. — Le bal. — Le joueur. — Le distrait. — Attendez-moi sous l'orme. — Démocrite. — Le retour imprévu. — Les folies amoureuses. — Les ménechmes.*

TOME II : *Le légataire universel. — La critique du légataire. — Les souhaits. — Le carnaval de Venise. — Poésies diverses. — La Provençale. — Voyages.*

RÉGNIER. — Œuvres complètes. Nouvelle édition avec le commentaire de BROSSETTE, publié en 1729, des notes littéraires, un index des mots vieillis ou hors d'usage et une étude biographique et littéraire par Prosper POITEVIN.

Satyres. — Epitres. — Elégies. — Poésies diverses. — Poésies spirituelles.

RONSARD. — Œuvres choisies. Edition avec notice, notes et commentaires par SAINTE-BEUVE. Edition revue par L. MOLAND.

Amours de Cassandre. — Amours de Marie. — Amours d'Astrée. — Poésies pour Hélène. — Amours diverses. — Odes. — Le bocage royal. — Eglogues. — Elégies. — Poésies diverses. — Abrégé de l'art poétique français.

ROTROU. — Théâtre choisi (Edition LAPLACE). Nouvelle édition avec une introduction et des notices par Félix HÉMON, illustrée de 4 gravures coloriées, dessiné par ALLOUARD, ouvrage couronné par l'Académie Française.

Les Sosies. — Laure persécutée. — La Sœur. — Saint-Genest. — Don Bernard de Cabrère. — Venceslas. — Cosroès.

ROUSSEAU. — Les Confessions. Nouvelle édition revue.

— **Contrat social** ou principes du droit politique, suivi de discours, lettres à d'Alembert sur les spectacles, considérations sur le gouvernement de Pologne et la réforme projetée en avril 1772. Lettre à M. DE BEAUMONT, archevêque de Paris.

— **Émile** ou de l'éducation. Nouvelle édition revue, contenant la PROFESSION DE FOI DU VICAIRE SAVOYARD.

— **Julie** ou la *Nouvelle Héloïse*, lettres de deux amants.

— **Œuvres.**

Le devin du village. — Lettres écrites de la montagne. — Dialogues. — Les rêveries d'un promeneur solitaire.

— **Lettres à d'Alembert** sur les spectacles, texte revu d'après les anciennes éditions avec une introduction et des notes par L. FONTAINE.

SAINT-ÉVREMOND. — Œuvres choisies précédées d'une étude sur la vie et les ouvrages de l'auteur, discours qui a obtenu le prix d'éloquence décerné par l'Académie Française.

SAINT FRANÇOIS DE SALES. — Lettres. Nouveau choix plus étendu et plus varié que les recueils précédents et précédé du portrait du saint évêque de Genève par Mme DE CHANTAL.

SATIRE MENIPPÉE de la vertu du catholicon d'Espagne et de la tenue des estatz de Paris MDXCIII. Nouvelle édition revue sur les textes originaires par Ch. MARCILLY.

SCARRON. — Le Roman comique. Nouvelle édition revue sur les meilleurs textes.

— **Le virgile travesti** en vers burlesques avec la suite de *Moreau de Brasei*. Nouvelle édition revue, annotée et précédée d'une étude sur le burlesque par Victor FOURNEL.

SCARRON. — Théâtre complet (Edition LAPLACE). Nouvelle édition précédée d'une notice biographique par Ed. FOURNIER et illustrée de 4 gravures coloriées.

Le marquis ridicule. — L'écolier de Salamanque. — L'héritier ridicule. — Jodelet duelliste. — Jodelet ou le maître Valet. — Don Japhet d'Arménie. — La fausse apparence. — Le prince Corsaire.

SCHILLER. — Œuvres dramatiques Traduction de M. DE BARANTE. Nouvelle édition revue et complétée par M. DE SUCKAU, avec une étude sur Schiller des notices sur chaque pièce et des notes.

3 volumes

TOME Ier : *Etude sur la vie de Schiller. — Les brigands. — La conjuration de Fiesque. — Intrigue et amour.*

TOME II : *Don Carlos. — Le camp de Wallenstein. — Les Piccolomini. — La mort de Wallenstein. — Le Misanthrope. — Sémélé.*

TOME III : *Marie Stuart. — La pucelle d'Orléans. — La fiancée de Messine. — Guillaume Tell. — Plans et fragments.*

SEDAINE. — Théâtre complet avec une introduction, par M. Louis MOLAND.

Le diable à quatre. — Le roi et le fermier. — Rose et Colas. — Le philosophe sans le savoir. — La gageure imprévue. — Le déserteur. — Richard cœur de lion.

SÉVIGNÉ (Mme de). — Lettres choisies accompagnées de notes explicatives sur les faits et les personnages du temps, précédées d'observations littéraires par SAINTE-BEUVE.

SHAKSPEARE. — Œuvres complètes. Traduction de M. GUIZOT, 9e édition.

8 volumes

TOME Ier : *Vie de Shakspeare. — Hamlet. — La tempête. — Coriolan.*

TOME II : *Jules César. — Cléopâtre. — Macbeth. — Les Méprises. — Beaucoup de bruit pour rien.*

TOME III : *Timon d'Athènes. — Le jour des Rois. — Les deux gentilshommes de Vérone. — Roméo et Juliette. — Le songe d'une nuit d'été. — Tout est bien qui finit bien.*

TOME IV : *Mesure pour mesure. — Othello. — Comme il vous plaira. — Le conte d'hiver. — Troïbus et Cressida.*

TOME V : *Le roi Lear. — Cymbeline. — La méchante femme mise à la raison. — Poésies d'amour perdues. — Périclès.*

TOME VI : *Le marchand de Venise. — Les joyeuses bourgeoises de Windsor. — Le roi Jean. — La vie et la mort du roi Richard II. — Henri IV* (1re partie).

TOME VII : *Henri IV* (2e partie). — *Henri V. — Henri VI* (1re, 2e, 3e parties).

TOME VIII : *La vie et la mort du roi Richard III. — Le roi Henri VIII. — Titus Andronicus.* — POÈMES ET SONNETS : *Vénus et Adonis. — La mort de Lucrèce. — La plainte d'une amante. — Le pèlerin amoureux. — Sonnets.*

SOREL. — La vraie histoire comique de Francion. Édition avec avant-propos et notes.

SPINOZA. — Œuvres traduites et annotées par Ch. APPUHN.

TOME Ier : *Court traité. — Traité de la Réforme de l'entendement. — Principes de la philosophie de Descartes. — Pensées métaphysiques.*

TOME II : *Traité théologico-politique*, 1 volume in-18.

STAEL (Mme de). — Corinne ou l'Italie. Nouvelle édition précédée de quelques observations par Mme NECKER DE SAUSSURE et SAINTE-BEUVE.

— De l'Allemagne. Nouvelle édition revue d'après les meilleurs textes.

— Delphine. Edition soigneusement revue, précédée de quelques observations par SAINTE-BEUVE.

— Dix années d'exil, précédé d'une notice sur la vie et les ouvrages de Mme de Staël par Mme NECKER DE SAUSSURE avec notes et appendices par Désiré LACROIX.

STENDHAL. — Le Rouge et le Noir. Chronique du XIXe siècle.

— La Chartreuse de Parme. Edition complète, revue et corrigée.

— De l'amour. Edition précédée d'une étude sur les œuvres de Stendhal par SAINTE-BEUVE.

— L'Abbesse de Castro. 1 volume in-18.

STERNE. — Tristam Shandy et le Voyage sentimental Traduit de l'anglais. Nouvelle
2 volumes || édition précédée de la vie de Sterne.

SWIFT. — Voyages de Gulliver dans les contrées lointaines. Traduction nouvelle précédée
1 vol. in-18 || d'une notice par W. SCOTT, illustré par GRANDVILLE.

TABARIN. — Œuvres avec les *Aventures du capitaine Rodomont. La farce des bossus* et autres pièces tabariniques. Préface et notes de Georges d'HARMONVILLE.

TALLEMANT DES RÉAUX. — Historiettes. Mémoires pour servir à l'histoire du XVIIe siècle
10 tomes en || publiés sur le manuscrit autographe de l'auteur. 3e édition précédée d'une notice
5 volumes || et accompagnée de notes et d'éclaircissements par M. MONMERQUÉ.

TASSE (Le). — Jérusalem délivrée. Traduction française par le prince LEBRUN, précédée d'une notice sur Le Tasse par SUARD.

THÉATRE ESPAGNOL. Traduction nouvelle avec notices biographiques et littéraires et notes par DUBOIS et OROZ.

G. DE CASTRO : *La jeunesse du Cid. — Les prouesses du Cid.* — J.-R. DE ALARCON : *La vérité suspecte.* — L.-F. DE MORATIN : *La Comédie nouvelle. — Le oui des jeunes filles.*

THÉATRE ESPAGNOL (Les chefs-d'œuvre du), ancien et moderne. Traduction de Clément
2 volumes || ROCHEL.

TOME Ier : LOPE DE VEGA, TIRSO DE MOLINA, A MORETO. — *La petite Niaise. — Le châtiment sans vengeance. — La jolie fille de Séville. — La timide au Palais. — Dédain pour dédain.*

TOME II : CALDERON, ALARCON. — *L'alcade de Zalaméa. — On ne badine pas avec l'amour. — La dévotion à la Croix. — Le tisserand de Ségovie. — La cruauté pour l'honneur.*

THIERRY (Augustin). — Histoire de la conquête d'Angleterre par les Normands ; de
4 volumes || ses causes et de ses suites jusqu'à nos jours.

— Dix ans d'études historiques. Nouvelle édition revue.

— Essai sur l'histoire de la formation et des progrès du Tiers-État suivi de deux fragments du recueil des monuments inédits de cette histoire.

— Lettres sur l'histoire de France. Nouvelle édition revue.

— Récits des temps mérovingiens précédés de considérations sur l'histoire de France. Nou-
2 volumes || velle édition revue.

TÖPFFER. — Premiers voyages en zigzag ou excursions d'un pensionnat en vacances dans
2 volumes || les cantons suisses et sur le revers italien des Alpes.
Illustrations de CALAME d'après les dessins de l'auteur.

TOME Ier : *Vallée d'Aoste. — Saint-Gervais. — Valais. — Saint-Gothard. — Schwitz. — Milan. — Come. — Splugen.*

TOME II : *Chamonix. — L'Oberland. — Le Righi. — Le tour du lac de Genève. — Venise.*

— Nouveaux voyages en zigzag précédés d'une notice par SAINTE-BEUVE et illustrés d'après
2 volumes || les dessins originaux de TOPFFER.

TOME Ier : *Voyage à la Grande-Chartreuse et autour du Mont-Blanc.*

TOME II : *Voyage dans les vallées d'Hérens, de Zermatt au Grimsel, à Gênes et à la Corniche.*

— Nouvelles genevoises illustrées d'après les dessins de l'auteur.

— Rosa et Gertrude. Edition précédée de notices sur la vie et les ouvrages de l'auteur par SAINTE-BEUVE et de la RIVE.

— Le Presbytère. Nouvelle édition.

TOUCHARD-LAFOSSE. — Chroniques de l'œil de bœuf des petits appartements de la cour et des salons de Paris sous Louis XIV, la Régence, Louis XV et Louis XVI. Nouvelle édition augmentée du règne de Louis XIII.
5 volumes

VADÉ. — Œuvres.

La pipe cassée. — Les bouquets poissards. — Lettres de la Grenouillère. — Fables. — Contes. — Lettres. — Amphigouris. — Chansons. — Jérosme et Fanchonnette. — Les racoleurs. — Le mauvais plaisant. — La Canadienne.

VALLET DE VIRIVILLE. — Chronique de la Pucelle ou chronique de Cousinot, suivie de la chronique normande de P. Cochon, relatives aux règnes de Charles VI et de Charles VII. Restituées à leurs auteurs et publiées pour la première fois intégralement à partir de l'an 1403 d'après les manuscrits, avec notices, notes et développements.

VAUQUELIN DE LA FRESNAYE. — L'art poétique où l'on peut remarquer la perfection et le défaut des anciennes et des modernes poésies. Texte conforme à l'édition de 1605 avec notice, commentaire et glossaire par G. Pellissier.

VIDOCQ. — Mémoires. Edition annotée par Eugène Villiod, détective.
2 volumes.

VILLON (François). — Œuvres complètes publiées avec une étude sur Villon, des notes, la liste des personnages historiques et la bibliographie par Louis Moland.

VOISENON. — Contes et poésies fugitives précédées d'une notice par J. Reuneval.

VOLNEY. — Les Ruines ou méditation sur les révolutions des Empires. De la loi naturelle et de l'histoire de Samuel. Nouvelle édition revue.

VOLTAIRE. — Théâtre. Nouvelle édition revue d'après les meilleurs textes.

Œdipe. — Brutus. — Zaïre. — Alzire. — Le fanatisme ou Mahomet. — Mérope. — La mort de César. — Sémiramis. — Nanine. — L'orphelin de la Chine. — Tancrede.

— Théâtre (Edition Laplace). Nouvelle édition ornée de portraits en pied coloriés dessinés par Geoffroy.

Œdipe. — Brutus. — Zaire. — La mort de César. — Alzire. — La fanatisme ou Mahomet. — Mérope, — Sémiramis. — Oreste. — L'orphelin de la Chine. — Tancrède. — Nanine.— Le comte de Boursoufle ou Mademoiselle de la Cochonnière.

— Epîtres, Satires, Contes, épigrammes, fragments de *La Pucelle.*

— La Henriade. précédée d'une notice bibliographique sur la *Henriade* et de la préface de Monmartel. *Poème de Fontenoy. — Dissertation sur la mort de Henri IV. — Essai sur la poésie épique.*

— Histoire de Charles XII Roi de Suède.

— Lettres choisies avec le Traité de la connaissance des beautés et des défauts de la poésie et de l'éloquence dans la langue française, précédés d'une notice et accompagnées de notes explicatives par L. Moland.
2 volumes

— Précis du siècle de Louis XV et *Histoire du Parlement de Paris.*

— La Pucelle d'Orléans. Poème divisé en 21 chants et précédé de la préface de dom Apuleius Risorius. Nouvelle édition avec toutes les variantes, les notices et notes des principaux éditeurs et commentaires.

— Romans suivis de ses contes en vers. Nouvelle édition revue.

Le monde comme il va. — Memmon. — Histoire des voyages de Scarmentado. — Zadig. — Micromégas. — Candide. — Le blanc et le noir. — Jeannot et Colin. — L'homme aux quarante écus. — L'ingénu. — La princesse de Babylone. — Le taureau blanc. — Contes en vers.

VOLTAIRE. — Le siècle de Louis XIV. Nouvelle édition revue sur les meilleurs textes.

— **Le Sottisier** suivi des remarques sur le *Discours sur l'inégalité des conditions* et sur le *Contrat social.* Nouvelle édition avec une notice, des notes et un index.

WARÉE. — Curiosités judiciaires historiques, anecdotiques, recueillies et mises en ordre.

WECKERLIN. — Musiciana. Extraits d'ouvrage rares ou bizarres, anecdotes, lettres concernant la musique et les musiciens avec figures et airs notés.

— **Nouveau musiciana** avec illustrations et airs notés.

— **Dernier musiciana.** Historiettes, lettres etc. sur la musique, les musiciens et les instruments de musique. Rythmique des anciens airs de danse. Illustrations et airs notés.

COLLECTION "SELECTA"

DES

CLASSIQUES GARNIER

Édition à tirage limité et numéroté, imprimée sur papier vergé pur fil, format in-16 colombier. 5 fr. »

Pour paraître dans cette collection.

Du Bellay (Joachim)

Œuvres. — *Poésies.* 2 volumes.

— *Défense et illustrations de la langue française.*

Chateaubriand

Atala, René, Dernier Abencérage.

Corneille

Théâtre, 2 volumes.

De Vigny (Alfred)

Poésies.

— *Théâtre.*

— *Grandeur et servitude militaire.*

Heine (Henri)

Livre des chants.

Molière

Théâtre, 3 volumes.

Murger

Vie de Bohême.

Rabelais

2 volumes.

Racine

Théâtre, 1 volume.

Rousseau

Contrat Social.

Voltaire

Romans, 1 volume.

EDITIONS MORIZOT & SANCHEZ

Collection de 6 volumes in-18 illustrés de gravures sur acier coloriées.

Le volume broché.. 3 fr. 50
Relié 1/2 veau tranches peignes ou 1/2 chagrin tête dorée.................. 5 fr. 50
Relié amateur.. 6 fr. 50

(Ces volumes ne se vendent pas séparément reliés.)

CORNEILLE. — Œuvres. Théâtre complet. Nouvelle édition imprimée d'après celle de 1682, 3 volumes || ornée de portraits en pied coloriés dessinés par Geoffroy.

Tome Ier : *Mélite. — Clitandre.— La veuve. — La galerie du palais. — La suivante. — La place Royale. — Médée. — L'Illusion. — Le Cid. — Horace.*

Tome II : *Cinna. — Polyeucte. — La mort de Pompée. — Le menteur. — La suite du menteur. — Théodore. — Rodogune. — Héraclius. — Andromède. — Don Sanche d'Aragon.*

Tome III : *Nicomède. — Pertharite. — Œdipe. — La conquête de la Toison d'Or. — Sertorius. — Sophonisbe. — Othon. — Agésilas. — Attila. — Tite et Bérénice. — Pulchérie. — Suréna.*

MOLIÈRE. — Œuvres complètes. Seule édition complète in-18, ornée de 10 portraits en pied 2 volumes || coloriés, dessinés par Geoffroy et H. Allouard.

Tome Ier : *L'étourdi. — Le dépit amoureux. — Les précieuses ridicules. — Le cocu imaginaire. — Don Garcie de Navarre. — L'école des maris. — Les fâcheux. — L'école des femmes. — La critique de l'école des femmes. — L'impromptu de Versailles. — Le mariage forcé. — La princesse d'Elide. — Don Juan ou le festin de Pierre. — L'amour médecin. — Le Misanthrope. — Le médecin malgré lui. — Mélicerte. — Pastorale. — Le Sicilien.*

Tome II : *Le Tartufe. — Amphitryon.— L'avare.— George Dandin ou le mari confondu. — Monsieur de Pourceaugnac. — Les amants magnifiques. — Le bourgeois gentilhomme. — Psyché. — Les fourberies de Scapin. — La comtesse d'Escarbagnas. — Les femmes savantes. — Le malade imaginaire. — Poésies diverses.*

RACINE. — Théâtre complet précédé de la vie de l'auteur.
La Thébaïde. — Alexandre le Grand. — Andromaque. — Les plaideurs. — Britannicus. — Bérénice. — Bajazet. — Mithridate. — Iphigénie en Aulide. — Phèdre. — Esther. — Athalie.

COLLECTION DE 7 VOLUMES ILLUSTRÉS

In-8° Raisin

Le volume broché.. 5 fr. »
Relié, doré sur tranches, fers spéciaux.................................. 7 fr. 50

Blanchard. *Le Plutarque de la Jeunesse.* 8 gravures sur acier.

Fénelon. *Aventures de Télémaque.* 20 gravures sur acier.

Foë (Daniel de). *Aventures de Robinson Crusoé,* gravures par Gavarni.

Ed. Fournier. *Souvenirs poétiques de l'Ecole romantique.* 4 gravures sur acier.

La Bruyère. *Les Caractères.* Précédés d'une notice de M. Sainte-Beuve, illustré. 1 vol.

Swift. *Voyages de Gulliver.* 16 dessins sur acier de Gavarni.

Ulbach. *L'Ile des Rêves.* 8 gravures sur acier.

NOUVELLE BIBLIOTHÈQUE LATINE-FRANÇAISE

Traduction française et texte latin en bas de la page

Chaque volume format in-18 jésus broché, 3 fr. (à l'exception de ceux précédés d'un astérisque.)
Reliure 1/2 veau tranches peigne .... 4 fr. 50

(Les ouvrages en plusieurs volumes ne se vendent pas séparément reliés.)

***ABÉLARD et HÉLOISE. — Lettres complètes.** texte latin soigneusement revu, traduction nouvelle précédée d'une étude philosophique et littéraire par M. GRÉARD.............. 4 fr. 50

—* Lettres Traduction nouvelle d'après le texte de Victor COUSIN, précédée d'une introduction par Octave GRÉARD. Texte latin et traduction en regard de la page. 1 volume in-8° (broché seulement). 6 fr.

APULÉE. — Œuvres complètes traduites en français par Victor BÉTOLAUD.
2 volumes || TOME Ier : *Les métamorphoses ou l'âne d'or.*
TOME II : *Les florides. — Du Dieu de Socrate. — De la doctrine de Platon. — Traité du monde. — L'apologie. — Fragments.*

AULU-GELLE. — Œuvres complètes. Traduction française par DE CHAUMONT, FLAMBART et BUISSON, nouvelle édition revue par CHARPENTIER et BLANCHET.
2 volumes

CATULLE, TIBULLE ET PROPERCE. Traduction de la collection Panckoucke par HÉGUIN DE GUERLE, VALATOUR et GENOUILLE. Nouvelle édition revue par A. VALATON.

CÉSAR. — Commentaires sur la guerre des Gaules, suivis des commentaires sur la guerre civile et de la vie de César par SUÉTONE. Traduction d'ARTAUD. Nouvelle édition revue par Félix LEMAISTRE et précédée d'une étude par CHARPENTIER.
2 volumes

CICÉRON. — Œuvres complètes. Traduction française améliorée et refaite en grande partie par MM. CHARPENTIER, Félix LEMAISTRE, GÉRARD, DELCASSO, CABARET-DUPATY, CREPIN, etc.
20 volumes

TOME Ier : *Etude sur la vie et les ouvrages de Cicéron.*
TOME II : *Rhétorique. — De l'invention.*
TOME III : *De l'orateur.*
TOME IV : *Brutus — L'orateur adressé par Cicéron à Brutus. — Des orateurs parfaits. — Dialogue sur les partitions oratoires.*
TOME V : *Discours pour Sextus Roscius d'Amérie, pour Publius Quintus, pour Roscius le comédien contre Cécilius. — Première action contre Verrès. — Seconde action contre Verrès, livre premier.*
TOME VI : *Seconde action contre Verrès, livres II, III et IV. — De la préture. — Des blés. — des Statues.*
TOME VII : *Seconde action contre Verrès, livre V. — Discours pour A. Cecina, pour Fonteius, en faveur de la loi Manilia, pour Cluentius Avitus, sur la loi agraire contre Servilius Rullus, pour C. Rabirius.*
TOME VIII : *Discours contre Catalina, pour Murena, pour Sylla, pour Archias, pour Flaccus, au Sénat après son retour, au peuple après son retour.*
TOME IX : *Discours pour sa maison, pour Sextius, contre Vatinius, sur la réponse des auspices, sur les provinces consulaires, pour Cornelius Balbus, pour Marcus Celius Rufus.*
TOME X : *Discours contre Calpurnius Pison, pour Plancius, pour Rabirius Postumus, pour Milon, pour Marcellus, pour Quintus Ligarius, pour le roi Déiatarus. — Première philippique.*
TOME XI : *Deuxième à quatorzième philippique contre Marc Antoine.*
TOME XII à XV : *Lettres.*
TOME XVI : *Les Académiques. — Des vrais biens et des vrais maux. — Les paradoxes.*
TOME XVII : *Les Tusculanes. — L'amitié. — De la demande du Consulat.*
TOME XVIII : *Les Devoirs. — Sur la vieillesse. — De la nature des Dieux.*
TOME XIX : *De la divination. — Du destin. — De la République. — Des lois.*
TOME XX : *Fragments. — Ouvrages apocryphes. — Table générale.*

***CLAUDIEN. — Œuvres complètes** traduites en français par Héguin DE GUERLE, traduction de la collection Panckoucke, revue avec le plus grand soin.......... 4 fr. 50

CORNÉLIUS NEPOS. — avec une traduction nouvelle par Amédée POMMIER. *Eutrope*, abrégé de l'histoire romaine, traduit par N. A. DUBOIS.

HORACE. — Œuvres complètes. Traduction en français par les traducteurs de la collection Panckoucke, enrichi de notes explicatives accompagnées du texte latin et précédée d'une étude sur Horace par H. RIGAULT.

Odes. — Epodes. — Satires. — Epîtres. — Art poétique.

JORNANDÈS. — De la succession des royaumes et des temps et de l'origine des actes des Goths. Traduction nouvelle par A. SAVAGNER.

JUSTIN. — Œuvres complètes. Abrégé de l'histoire universelle de Trogue-Pompée. Traduction française par Jules PIERROT et E. BOITARD, édition soigneusement revue par E PESSONNEAUX.

JUVÉNAL et PERSE. — Œuvres complètes suivies de fragments de *Turnus* et de *Sulpicia*, traduction de Juvénal par Dussaulx et J. Pierrot de Perse, par A. PERREAU. Nouvelle édition revue avec le plus grand soin par Félix LEMAISTRE.

LUCAIN. — La Pharsale. Traduction de Marmontel, revue et complétée par H. DURAND, précédée d'une étude sur la *Pharsale* par M. CHARPENTIER.

LUCRÈCE. — Œuvres complètes avec la traduction française de LAGRANGE, revue par M. BLANCHET.

MARTIAL. — Œuvres complètes avec la traduction de V. Verger, N. A. Dubois et J. Mangeart.

2 volumes ‖ Nouvelle édition revue par Félix LEMAISTRE et N.-A. DUBOIS et précédée des *Mémoires de Martial*, par Jules JANIN.

OVIDE. — Les Amours, l'Art d'aimer, les Cosmétiques, Héroïdes. Nouvelle édition revue avec le plus grand soin par Félix LEMAISTRE et précédée d'une étude sur Ovide par Jules JANIN.

— Les Fastes. *Les Tristes*, traduction de la collection Panckoucke par Th. BURETTE et VERNADÉ, édition revue par PESSONEAUX.

— Les Héroïdes. *Le remède d'amour. — Les pontiques. — Petits poèmes.* Traduction de H. Chappuzi Héguin de Guerle, Caresme et J. Mangeart, revue par M. CHARPENTIER.

— * Les Métamorphoses. Traduction française de Gros, refondue avec le plus grand soin par M. CABARET-DUPATY et précédée d'une notice sur Ovide par M. CHARPENTIER......... 4 fr. 50

PÉTRONE. — Œuvres complètes. *Le Satyricon*, avec la traduction française de la collection Panckoucke, par M. HEGUIN DE GUERLE, édition précédée des recherches sceptiques sur le *Satyricon* et son auteur.

PHÈDRE. — Fables traduites en français par E. Panckoucke. Suivies des *Œuvres d'Avienus, des Distiques moraux de Denys Caton* et des *Sentences de Publius Syrus*. Traduites par LEVASSEUR et J. CHENU, nouvelle édition revue par E. PESSONNEAU et précédée d'une étude sur *Phèdre* par M. CHARPENTIER.

PLAUTE. — Théâtre. Traduction nouvelle accompagnée de notes par J. NAUDET.

4 volumes ‖ TOME Ier : *Amphitrion. — L'Asinaire. — La marmite. — Les deux bacchis.*
TOME II : *Les captifs. — Casine. — La cassette. — Charançon. — Epidique. — Stichus.*
TOME III : *Les menechmes. — Le marchand. — Le militaire fanfaron. — Le revenant. — Le Persan.*
TOME IV : *Le carthaginois. — Pseudolus. — Le cordage. — L'homme aux trois deniers. — Le brutal.*

PLINE le Jeune. — Lettres traduites en français par DE SACY et J. PIERROT. Nouvelle édition revue avec le plus grand soin.

POETÆ MINORES. Traduction par M. CABARET-DUPATY.

Sabinus. — Calpurnius. — Gracius Faliscus. — Nemesien. — Fracastor. — Paulin de Nole. — Valerius Caton. — Veille en l'honneur de Caton. — Vestritius Spurinna. — Pentadius. — Sulpicius Lupercus Servastus. — Arborius. — Euchérie.

QUINTE-CURCE. — Œuvres complètes avec la traduction française de la collection Panckoucke par Auguste et Alphonse TROGNON. Nouvelle édition revue par PESSONNEAUX.

QUINTILIEN — Œuvres complètes. Traduction de la collection Panckoucke par C. V. OUIZILLE, revue par M. CHARPENTIER.
3 volumes

SAINT-AUGUSTIN. — Les Confessions. Traduction française d'Arnauld D'ANDILLY, avec une introduction par M. CHARPENTIER.

— La Cité de Dieu Traduction nouvelle par L. MOREAU (Ouvrage couronné par l'Académie française.)
3 volumes

***SAINT-JÉROME. — Lettres choisies.** Traduction et introduction par J.-P. CHARPENTIER. 4 fr. 50

SALLUSTE. — Œuvres complètes avec la traduction française de la collection Panckoucke par Charles DUROZOIR, édition revue par J.-P. CHARPENTIER et Félix LEMAISTRE et précédée d'une nouvelle édition sur Salluste par M. CHARPENTIER.

SÉNÈQUE le Philosophe. — Œuvres complètes avec la traduction de la collection Panckoucke. Edition revue par CHARPENTIER et Félix LEMAISTRE et précédée d'une notice sur Sénèque et d'une préface par M. CHARPENTIER.
4 volumes

TOME Ier : *Lettres à Lucilius.*
TOME II : *Suite des Lettres à Lucilius. — De la colère. — De la tranquillité de l'âme.*
TOME III : *Consolation à Helvie. — Consolation à Polybe. — Consolation à Marcia. — Aprokolokyntose. — De la Providence. — De la Constance du sage. — De la clémence. — De la brièveté de la vie. — De la vie heureuse. — Du repos du sage. — Epigrammes et fragments. — Fragments. — Des bienfaits (livre Ier).*
TOME IV : *Des bienfaits (livres II à VII). — Questions naturelles.*

SÉNÈQUE. — Tragédies. Traduction de la collection Panckoucke par E. GRESLON, édition revue par M. CABARET DUPATY.

Hercule furieux. — Thyeste. — Les Phéniciennes. — Hippolyte. — Œdipe. — Les Troyennes. — Médée. — Agamemnon. — Hercule sur l'Œta. — Octavie.

SÉNÈQUE le Rhéteur. — Controverses et suasoires. Traduction nouvelle, texte revu par Henri BORNECQUE (Ouvrage couronné par l'Académie française).
2 volumes

***SPINOZA. — Ethique.** texte latin soigneusement revu, traduction nouvelle, notice et notes par Ch. APPUHN .... 4 fr. 50

SUÉTONE. — Œuvres. Traduction française de LA HARPE, revue par M. GABARET-DUPATY.

TACITE. — Œuvres complètes traduites en français avec une introduction par J.-L. BURNOUF.
2 volumes

TOME Ier : *Les annales.*
TOME II : *Histoire. — La Germaine. — Vie de J. Agricola. — Des orateurs.*

TACITE. — Œuvres. Traduction nouvelle *sans texte latin,* mise au courant des travaux récents de la philologie par L. LOISEAU, préface de J.-A. HILD.
2 volumes

TOME Ier : *Les Annales.*
TOME II : *Dialogue sur les orateurs. — Vie d'Agricola. — Des mœurs des Germains. — Histoire.*

— Les Annales. Traduction de DUREAU DE LAMALLE et CHARPENTIER.

***TÉRENCE. — Comédies.** 1 volume.................... 4 fr. 50

L'andrienne. — L'hécyre. — L'héautontimoruménos. — L'eunuque. — Le phormion. — Les Adelphes

TITE LIVE. — Œuvres complètes avec la traduction française de la collection Panckoucke
6 volumes || par LIEZ, DUBOIS, VERGER et CORPET. Nouvelle édition revue par E. PESSONNEAUX, BLANCHET et M. CHARPENTIER et précédée d'une étude sur Tite-Live par M. CHARPENTIER.

VALÈRE MAXIME. — Œuvres complètes. Traduction française par C.-A.-F. FREMION.
2 volumes || Nouvelle édition revue par Paul CHARPENTIER.

VELLEIUS PATERCULUS. — Histoire romaine. traduction de DESPRÉS, refondue par M. GREARD, suivie de FLORUS : *abrégé de l'histoire romaine.* Traduction par M. RAGON, précédée d'une notice sur Florus par VILLEMAIN.

VIRGILE. — Œuvres. Traduction française de la collection Panckoucke. Edition revue et améliorée avec des corrections importantes et de nombreux changements dans la traduction de l'Eneide par Felix LEMAISTRE et précédée d'une étude sur Virgile par SAINTE-BEUVE.
2 volumes

TOME Ier : *Bucoliques. — Georgiques. — Enéide, livres I, II, III.*
TOME II : *Enéides, livres IV à XII.*

CHEFS-D'ŒUVRE
DE LA
LITTÉRATURE GRECQUE

BIBLIOTHÈQUE DE CLASSIQUES GRECS TRADUITS EN FRANÇAIS

Volumes in-18 jésus

Le volume broché.................. 8 fr. » | 1/2 chagrin, tête dorée............... 5 fr.
Relié 1/2 veau tranches peigne....... 4 fr. 50

(Les ouvrages en plusieurs volumes ne se vendent pas séparément.)

ARISTOPHANE. — Théâtre. Traduction française d'André-Charles BROTIER, revue et corrigée, précédée d'une introduction et augmentée d'une notice sur chaque pièce par L. HUMBERT. 2 volumes.

TOME Ier : *Les Acharniens. — Les nuées. — Les chevaliers. — Les guêpes. — La paix.*
TOME II : *Les oiseaux. — Lysistrata. — Les Thesmophoriazouses. — Les grenouilles. — Les harangueuses. — Plutus.*

ARISTOTE. — La politique. Traduction française de THUROT. Nouvelle édition revue par A. BASTIEN et précédée d'une introduction par Ed. LABOULAYE.

— Poétique et rhétorique. Traduction nouvelle d'après les dernières recensions du texte par Ch. Emile RUELLE.

DÉMOSTHÈNE. — Discours politiques. Traduction nouvelle avec arguments et notes par C. POYARD.

— Discours judiciaires. traduction avec arguments et notes par C. POYARD.

EPICTÈTE. — Manuel. (Voir Marc Aurèle).

ESCHYLE. — Théâtre. Traduction française de J. DE LA PORTE DU THEIL avec une introduction de L. HUMBERT.

Les suppliants. — Les perses. — Prométhée enchaîné. — Les sept contre Thèbes. — Agamemnon. — Les Choéphores. — Les Euménides.

EURIPIDE. — Théâtre. Traduction nouvelle avec introduction, notices et notes par Louis HUMBERT. 2 volumes.

TOME Ier : *Hécube. — Oreste. — Les phéniciennes. — Hippolyte. — Médée. — Alceste. — Andromaque. — Les suppliantes. — Iphigénie à Aulis.*
TOME II : *Iphigénie en Tauride. — Rhésus. — Les Troyennes. — Les Bacchantes. — Les Héraclides. — Hélène. — Ion. — Hercule furieux. — Electre. — Le Cyclope.*

HÉRODOTE (Histoire d'). Traduction de LARCHER, revue et augmentée des notes des principaux commentateurs et d'un index par L. HUMBERT. 2 volumes.

TOME Ier : *Clio. — Euterpe. — Thalie. — Melpomène.*
TOME II : *Erato. — Polymnie. — Uranie. — Calliope.*

HOMÈRE. — L'Odyssée. Traduction de Mme DACIER. Nouvelle édition revue et corrigée, suivie de petits poèmes attribués à Homère traduits par Dugas MONTBEL.

— L'Iliade. Traduction de Mme DACIER. Nouvelle édition revue et corrigée.

LUCIEN. — Œuvres complètes. Traduction de BELIN DE BALLU, revue et corrigée et complétée avec une introduction, des notes et un index par L. HUMBERT. 2 volumes.

TOME Ier : *Dialogue des Dieux. — Dialogues des deux marins. — Dialogues des morts*, etc.
TOME II : *Le songe ou le coq. — La double accusation. — L'eunuque. — Anacharsis. — Dialogue des Courtisanes.*

MARC AURÈLE. — Pensées suivies du *Manuel d'Epictète* et du *Tableau de Cébès*, traduction de P. COMMELIN.

PINDARE — Œuvres complètes. traduction française par C. POYARD. (Ouvrage couronné par l'Académie Française.) Nouvelle édition complètement refondue, augmentée d'*Anacréon*, de *Sapho* et d'*Erina*.

PLATON. — Œuvres. précédées d'un argument de M. PLISSIER. Traduction par A. BASTIEN.

Apologie de Socrate. — Criton. — Phédon. — Gorgias.

— L'État ou la République. Traduction nouvelle par A. BASTIEN.

PLUTARQUE. — Les vies des hommes illustres traduites en Français par RICARD, précédées de la vie de Plutarque.
4 volumes

TOME Ier : *Thésée. — Romulus. — Lycurgue. — Numa. — Solon. — Valérius Publicola. — Thémistocle. — Camille. — Périclès. — Fabius Maximus. — Alcibiade. — Coriolan. — Timoléon.*

TOME II : *Paul Emile. — Pélopidas. — Aristide. — Caton. — Philopémen. — Flamininus. — Pyrrhus. — Marius. — Lysandre. — Sylla. — Cimon. — Lucullus.*

TOME III : *Nicias. — Crassus. — Sertorius. — Eumène. — Agésilas. — Pompée. — Alexandre. — César. — Phocion. — Caton d'Utique.*

TOME IV : *Démosthène. — Cicéron. — Agis et Cléomène. — Tibérius. — Démétrius. — Antoine Dion — Brutus. — Aratus. — Artaxercès. — Galba. — Othon. — Chronologie.*

POÈTES moralistes de la Grèce. Notices et traductions par GUIGNAULT, PATIN, J. GIRARD et L. HUMBERT.

Hésiode. — Théognis. — Callinus. — Tyrtée. — Mimnerme. — Solon. — Simonide d'Amorgos. — Phocylide. — Pythagore. — Aristote.

ROMANS grecs. *Les Pastorales de Longus* ou *Daphnis et Chloé*, traduction d'AMYOT, refondue par P.-L. COURRIER. *Les Ethiopiennes d'Héliodore* ou *Théagène et Chariclée.* Traduction de QUEUNEVILLE, revue par L. HUMBERT, précédés d'une étude sur le roman grec par A. CHASSANG.

SOPHOCLE. — Théâtre. Traduction de L. HUMBERT.

Ajax. — Electre. — Œdipe roi. — Œdipe à Colone. — Antigone. — Les trachiniennes. — Philoctète.

THÉOCRITE. — Œuvres complètes. Traduction nouvelle, introduction, table des noms propres historiques, géographiques et mythologiques et notes par F. BARBIER avec une étude sur les idylles de Théocrite par Ch. BARBIER.

THUCYDIDE. — Histoire. Traduction de Ch. LÉVESQUE, revue, corrigée et annotée par A. LOISEAU.

XÉNOPHON. — Cyropédie ou *Retraite des Dix mille.*

COLLECTION PANCKOUCKE

BIBLIOTHÈQUE LATINE FRANÇAISE

Volumes format in-8° avec texte latin et traduction française en regard

Apulée
4 volumes. Le volume.................. 6 fr.
(Les tomes 1-2 ne se vendent pas séparément).

Aulu-Gelle
3 volumes. Le volume.................. 7 fr.

César
Œuvres complètes. 3 volumes. Le volume.. 6 fr.

Cicéron
Œuvres complètes. 36 volumes. Le volume. 6 fr.

Claudien
2 volumes. Le volume.................. 6 fr.

Cornelius Nepos
Œuvres complètes. 1 volume............ 6 fr.

Eutrope, Messala Corvinus, Sextus Rufus
1 volume............................ 5 fr.

R. Festus Avienus, Cl. Rutilius Numatianus
1 volume............................ 5 fr.

Florus
Abrégé de l'Histoire romaine. 1 volume... 6 fr.

Histoire Auguste
3 volumes. Le volume.................. 5 fr.

Horace
Œuvres complètes. 2 volumes. Le volume.. 6 fr.

Jornandès
1 volume............................ 5 fr.

Justin
2 volumes. Le volume.................. 6 fr.

Juvénal
2 volumes. Le volume.................. 6 fr.

Lucain
(*La Pharsale*). 2 volumes. Le volume..... 7 fr.
(Le tome 1er ne se vend pas séparément).

Lucrèce
2 volumes. Le volume.................. 6 fr.

Martial
4 volumes. Le volume.................. 7 fr.

Ovide
(*Œuvres complètes*). 10 volumes. Le vol... 7 fr.
(Les tomes 3,7,9, ne se vendent pas séparément.)

Palladius
Economie rurale. 1 volume............. 5 fr.

Perse
1 volume............................ 7 fr.

Pétrone
Le Satyricon. 2 volumes. Le volume...... 7 fr.
(Le tome 1er est épuisé.)

Phèdre
1 volume.......................... 8 fr. 50

Pline le Jeune
3 volumes. Le volume.................. 6 fr.
(Le tome 1er ne se vend pas séparément.)

Pline l'Ancien
Histoire naturelle. 20 volumes, in-8°..... 6 fr.

Poetæ Minores
1 volume............................ 6 fr.

Pompeius Festus
2 volumes. Le volume. .... 5 fr.

Pomponius Mela, Vibius Sequester, Ethicusister, P. Victor
1 volume............................ 5 fr.

Quinte-Curce
3 volumes. Le volume.................. 6 fr.

Quintilien

Œuvres complètes. 6 volumes. Le vol... 3 fr. 50

Sensorinus, Julius Obsequens, Lucius Ampellius

1 volume.............................. 5 fr.

Sextus Aurelius Victor

1 volume.............................. 5 fr.

Stace

4 volumes. Le volume.............. 3 fr. 50

Tome Ier : *Silves.*

Tome II, III et IV : *La Thébaïde.—L'Achilléide.*

Suetone

3 volumes. Le volume.................. 6 fr.

(Le tome 1er est épuisé.)

Tacite

Œuvres complètes. 7 volumes in-8°. Le volume .... 3 fr. 50

— *La Germanie.* 1 volume in-8°....... 3 fr. 50

Térence

3 volumes. Le volume.................. 6 fr.

Tive-Live

17 volumes. Le volume................ 6 fr.

Valère Maxime

3 volumes. Le volume......... .... 3 fr. 50

Valerius Flaccus

1 volume.......................... 3 fr. 50

Velleius Paterculus

1 volume.......................... 3 fr. 50

Vitruve

Architecture. 2 volumes. Le volume...... 6 fr.

OUVRAGES SUR PAPIER DE LUXE

Ouvrages tirés sur papier de Hollande, Chine, Watmann, dont il nous reste quelques exemplaires.

(Par suite du petit nombre d'exemplaires disponibles, nous ne pouvons garantir l'exécution complète des commandes.)

Abélard et Héloïse

Lettres. 1 volume in-8°, sur papier de Hollande . . . . . 12 fr.

Abrantès (Duchesse d')

Mémoires. 10 volumes in-8°, tirés sur papier de Hollande. Le volume . . . . . 12 fr.

— *Histoire des Salons de Paris.* 4 volumes in-8°, tirés sur papier de Hollande. Le vol. . . 12 fr.

Aristote

La politique. 1 volume in-18, tiré sur Hollande . . . . . 7 fr. 50

— *Poétique et rhétorique.* 1 volume in-18, tiré sur Hollande . . . . . 7 fr. 50

Arnault

Souvenirs d'un sexagénaire. 4 volumes in-18 tirés sur papier de Hollande. Le volume. 7 fr. 50

Basselin (Ollivier)

Vaux de Vire. 1 volume in-18, tiré sur Hollande . . . . . 7 fr. 50

Bellot

Voyage aux mers polaires. 1 volume in-8°, tiré sur Chine . . . . . 20 fr.

Le même, sur papier de Hollande . . . . . 15 fr.

Béranger

Œuvres complètes. 9 volumes in-8° cavalier, tirés sur papier de Hollande :

Anciennes chansons. 2 volumes . . . . . 56 fr.

Œuvres posthumes. 1 volume . . . . . 24 fr.

Ma biographie. 1 volume . . . . . 24 fr.

Musique. 1 volume . . . . . 24 fr.

Correspondance. 4 volumes, tirés sur Hollande . . . . . 48 fr.

— *Œuvres.* Edition in-32 :

Chansons. 1 volume tiré sur Chine . . . . . 7 fr. 50

Chansons. 1 volume tiré sur Hollande . . 5 fr.

Dernières chansons. 1 volume tiré sur Hollande . . . . . 5 fr.

— *Chansons anciennes.* 2 volumes in-18 tirés sur papier de Hollande. Le volume . . . . . 15 fr.

Bernardin de Saint-Pierre

Paul et Virginie. 1 volume in-8° illustré, tiré sur Chine . . . . . 20 fr.

Boileau

Œuvres poétiques. 1 volume in-18, tiré sur Hollande . . . . . 7 fr. 50

— *Œuvres complètes.* 4 volumes in-8°, tirés sur Hollande. Le volume . . . . . 15 fr.

Bossuet

Oraisons funèbres. 1 volume grand in-8° jésus, tiré sur Hollande . . . . . 36 fr.

— *Discours sur l'histoire universelle.* 1 volume grand in-8° jésus, tiré sur Hollande . . . 36 fr.

— *Méditations sur l'Evangile.* 1 volume in-8° jésus, tiré sur Hollande . . . . . 36 fr.

— *Elévations à Dieu.* 1 volume grand-in-8° jésus, tiré sur Hollande . . . . . 36 fr.

Bourdaloue

Chefs-d'œuvres oratoires. 1 volume in-18, tiré sur Hollande . . . . . 7 fr. 50

Buffon

Chefs-d'œuvre littéraires. 2 volumes in-8°, tirés sur Hollande. Le volume . . . . . 15 fr.

Cantu

Abrégé de l'histoire universelle. 2 volumes in-18, tirés sur Hollande. Le volume . . . . . 7 fr. 50

Casanova

Mémoires. 8 volumes in-8°, tirés sur papier de Hollande. Le volume . . . . . 15 fr.

Le même ouvrage, sur papier de Chine. Le volume . . . . . 30 fr.

Chateaubriand

Mémoires d'Outre-Tombe. (Edmond Biré). 6 volumes in-18, tirés sur papier de Hollande. Le volume . . . . . 7 fr. 50

Chénier

Œuvres poétiques. 2 volumes in-18, tirés sur papier de Hollande. Le volume . . . . . 7 fr. 50

— *Œuvres en prose.* 1 volume in-18, sur Hollande . . . . . 7 fr. 50

Œuvres poétiques. 2 volumes in-8°, tirés sur papier de Hollande. Le volume . . . . . 15 fr

— *Poésies.* 1 volume grand in-8°, tiré sur Chine . . . . . 50 fr.

Le même sur papier de Hollande . . . . . 40 fr.

Corneille

Théâtre. 2 volumes in-18, sur papier de Hollande. Le volume .... 7 fr. 50

Cyrano de Bergerac

Histoire de la Lune. 1 volume in-18, sur Hollande .... 7 fr. 50

Dante

La divine comédie .... 7 fr. 50

1 volume in-8°, sur Japon .... 30 fr.

Le même, sur Chine .... 40 fr.

Dassoucy

Aventures burlesques. 1 volume in-18, sur Hollande .... 7 fr. 50

Decharme

Mythologie de la Grèce antique. 1 volume grand in-8° illustré, papier de Hollande..... 30 fr.

Delaclos

Liaisons dangereuses. 1 volume in-18, sur Hollande .... 7 fr. 50

Désaugiers

Théâtre choisi. 1 vol. in-18, sur Hollande 7 fr. 50

Destouches

Théâtre. 1 volume in-18, sur Hollande.. 7 fr. 50

Diderot

Bijoux indiscrets. 1 volume in-18, sur Hollande .... 7 fr. 50

— *Œuvres complètes.* 20 volumes in-8°, sur Hollande, le volume.................. 15 fr.

Dupuis

Abrégé de l'origine de tous les Cultes. 1 volume in-18, sur Hollande............... 7 fr. 50

Eschyle

Théâtre. 1 volume in-18, sur Hollande.. 7 fr. 50

Euripide

Théâtre. 2 volumes in-18, sur Hollande. Le volume .... 7 fr. 50

Favre

Ollivier de Magny. 1 volume in-8°, sur papier de Hollande .... 15 fr.

Gœthe

Werther suivi de *Hermann et Dorothée.* 1 volume in-18, sur Hollande........... 7 fr. 50

Grimm, Diderot, Raynal et Meister

Correspondance littéraire. 16 volumes in-8°, sur papier de Hollande. Le volume...... 15 fr.

Hérodote

Histoire. 2 volumes in-18, sur Hollande. Le volume .... 7 fr. 50

Jacob

Recueil de farces. 1 volume in-18, sur Hollande .... 7 fr. 50

— *Curiosités infernales.* 1 volume in-18, sur Hollande .... 7 fr. 50

— *Curiosités théologiques.* 1 volume in-18, sur Hollande .... 7 fr. 50

— *Paris ridicule,* 1 volume in-18 sur Hollande............................ 7 fr. 50

La Bruyère

Œuvres complètes. 2 volumes in-8°, tirés sur Hollande. Le volume............... 15 fr.

La Fontaine

Œuvres complètes. 7 volumes in-8°, tirés sur Hollande. Le volume.............. 15 fr.

— *Œuvres complètes.* 1 volume grand in-8° (Compactes), tiré sur Hollande........... 20 fr.

— *Contes et nouvelles.* Grand in-8° jésus illustré, tiré sur Chine.................... 40 fr.

Lamennais

Imitation de Jésus-Christ. 1 volume in-8°, sur Hollande..................... 15 fr.

La Rochefoucauld

Œuvres complètes. 2 volumes in-8°, sur Hollande. Le volume....................... 15 fr.

Lemaistre de Sacy

Sainte-Bible. 6 volumes grand in-8°, sur Hollande. Le volume.............. 40 fr.

Le Sage

Œuvres. Grand in-8° (Compactes). 1 volume sur Hollande...................... 25 fr.

— *Gil Blas.* 2 volumes in-8°, sur Hollande. Le volume....................... 15 fr.

— *Guzman d'Alfarache.* 1 volume in-18, sur Hollande .... 7 fr. 50

Louvet de Couvray

Les amours du chevalier Faublas. 2 volumes in-8°, tirés sur papier de Hollande. Le volume .... 15 fr.

Le même, sur papier de Chine. Le volume. 30 fr.

Machiavel

Le Prince, 1 vol. in-18 sur Hollande... 7 fr. 50

Maigne

Abrégé de la science des armoiries. 1 volume in-8°, tiré sur papier de Hollande... 20 fr.

Marot

Œuvres. 1 volume in-8° avec portraits, sur papier de Hollande................. 15 fr.

— *Œuvres.* 2 volumes in-18, sur papier de Hollande. Le volume .... 7 fr. 50

Massillon
Œuvres choisies. 2 volumes in-8°, sur papier de Hollande. Le volume........ ..... **15 fr.**

Merlin Coccaie
Histoire macaronique. 1 volume in-18, sur papier de Hollande............... **7 fr. 50**

Mille et un jours
1 volume in-18, sur papier de Hollande.. **7 fr. 50**

Moland
Vie de Molière. 1 vol. in-18, sur Hollande **7 fr. 50**

Molière
Œuvres complètes. 12 volumes in-8°, tirés sur papier de Hollande, Le volume....... **15 fr.**
— *Vie de Molière.* 1 volume in-8°.
Tiré sur papier de Hollande........ **15 fr.**
— — de Chine.......... **20 fr.**

Montaigne
Essais. 4 volumes in-8°, sur papier de Hollande. Le volume...................... **15 fr.**

Montesquieu
Œuvres complètes. 7 volumes in-8°, tirés sur papier de Hollande. Le volume....... **15 fr.**

Nodier
Le génie Bonhomme. 1 volume in-8° illustré, tiré sur papier de Hollande.......... **15 fr.**

Ovide
Les amours. 1 vol. in-18, sur Hollande.. **7 fr. 50**

Pailhès
Du nouveau sur Joubert. 1 volume in-18, sur Hollande....................... **7 fr. 50**

Pascal
Lettres, écrites à un provincial. 2 volumes in-8°, tirés sur papier de Hollande. Le vol... **15 fr.**

Picard
Théâtre. 2 volumes in-18 sur papier de Hollande. Le volume...................... **7 fr. 50**

Pindare
et les lyriques grecs. 1 volume in-18, sur Hollande.......................... **7 fr. 50**

Platon
Apologie de Socrate. 1 volume in-18, sur Hollande............................ **7 fr. 50**

Poètes moralistes de la Grèce
1 volume in-18, sur Hollande....... **7 fr. 50**

Prévost (l'Abbé)
Manon Lescaut. 1 vol. in-18, tiré sur Chine. **12 fr.**

Quinze joyes du Mariage
1 volume in-18, sur papier vergé... **7 fr. 50**
— *Même édition,* sur papier de Chine... **12 fr.**

Quitard
Proverbes sur les femmes, l'amour et le mariage. 1 volume in-18, sur Hollande....... **7 fr. 50**

Rabelais
Edition in-4° et in-f° (voir page 45).

Racine
Œuvres complètes. 8 volumes in-8°, tirés sur Hollande. Le volume............... **15 fr.**

Ronsard
Œuvres choisies. 1 volume in-8°, sur papier de Hollande......................... **15 fr.**

Rousseau (J.-B.)
Œuvres. 1 volume in-8°, tiré sur Hollande **15 fr.**

Sainte-Beuve
Extraits des causeries du lundi, par Pichon. 1 vol. in-18 sur Hollande......... **7 fr. 50**

Saint François de Sales
Choix de lettres. 1 volume in-18, sur Hollande.......................... **7 fr. 50**

Satire Menippée
1 volume in-18, sur Hollande......... **7 fr. 50**

Scarron
Virgile travesti. 1 volume in-18 sur Hollande........................... **7 fr. 50**

Sévigné (Mme de)
Lettres choisies. 1 volume in-18 tiré sur papier de Hollande..................... **7 fr. 50**

Sorel
Histoire comique de Francion. 1 volume in-18, sur Hollande.................... **7 fr. 50**

Vaulabelle
Histoire des 2 Restaurations. 10 vol. in-8° sur Hollande. Le volume.............. **12 fr.**

Voltaire
Œuvres complètes. Edition en 52 volumes in-8°, tirés sur papier de Hollande. Le vol... **15 fr.**
— *La Pucelle d'Orléans.* 1 volume in-18, sur Hollande....................... **7 fr. 50**
— *Le Sottisier.* 1 volume in-18, sur Hollande........................... **7 fr. 50**
— *Le siècle de Louis XIV.* 1 volume in-18. Hollande.......................... **7 fr. 50**
— *Histoire de Charles XII.* 1 volume in-18, Hollande...................... **7 fr. 50**

Voragine
La légende dorée. 2 volumes in-18, sur Hollande. Le volume...................... **7 fr. 50**

Weckerlin
Musiciana. 1 vol. in-18, sur Hollande.. **7 fr. 50**

Volumes édition A. Delahays *imprimés sur papier de Hollande*

Chaque volume format in-16, broché...... 5 fr.

Basselin (Olivier)

Vaux de Vire, d'Olivier Basselin, poète normand, et de Jean Le Houx, poète virois, notice par Charles Nodier. 1 volume.

Dassoucy

Aventures burlesques. 1 volume.

Desportes

Œuvres poétiques. 1 volume.

Pommier (Amédée)

Paris. Poème humoristique.
1 volume petit in-18.............. 3 fr. 50

Sorel

La vraie histoire comique de Francion.
1 volume.

Vallet de Viriville

Chronique de la pucelle.

GÉOGRAPHIE — VOYAGES

Atlas universel de géographie physique, politique, économique et historique, par Henri VAST, précédé de cartes historiques par L. GRÉGOIRE.

CONTENANT :

Relié genre amateur.... 35 fr. — 158 cartes en couleurs, 240 cartons et 23 tableaux. 1 volume in-folio.

Cet atlas se vend également en deux parties séparées.

1re PARTIE : *Historique* contenant 75 cartes, relié genre amateur ...... 12 fr.
2me PARTIE : *Géographie contemporaine* contenant 107 cartes, relié genre amateur ...... 25 fr.

Nouvelle géographie générale de la France, de l'Algérie et des Colonies françaises.

COMPRENANT :

Le volume broché...... 15 fr.
Relié toile, pl. spéciale tranches dorées...... 19 fr.
Relié demi-chagrin..... 21 fr.

La Géographie physique, politique, historique, agricole, industrielle, commerciale, d'après les documents les plus récents, par Maurice WAHL.
L'ouvrage complet en deux volumes grand in-8° jésus d'environ 1.500 pages illustré de photogravures, portraits, cartes, plans de villes, types, costumes, etc.

Autre division de l'ouvrage :

La France seule, par Maurice WAHL.

Broché............... 20 fr.
Relié toile, pl. spéciale.. 24 fr.
Relié demi-chagrin...... 26 fr.

1 volume.

L'Algérie et les colonies françaises, par Henri VAST.

Broché.............. 10 fr.
Relié toile, pl. spéciale, tranches dorées...... 14 fr.
Relié demi-chagrin..... 16 fr.

1 volume.

La plus grande France. Bilan de la France coloniale par Henri VAST.

Broché................ 6 fr.
Relié demi-chagrin...... 8 fr.

1 volume in-8° avec cartes en couleur hors texte.

L'Espace céleste et la nature tropicale. Description physique de l'univers, d'après des observations personnelles faites dans les deux hémisphères par L. LIAIS, ancien astronome de l'Observatoire de Paris, avec une préface de BABINET, de l'Institut. Illustré de dessins de Yan DARGENT.

Le volume............ 12 fr.
Relié toile, fers spéciaux 15 fr.
— amateur........ 20 fr.

1 magnifique volume, grand in-8° jésus.

CARTES — PLANS — GUIDES

Afrique (Nouvelle carte physique et politique de l')

par E. Nardin et Th. Protin, géographes, 1 feuille grand colombier pliée sous couverture ... 2 fr.

Egypte, Palestine, Syrie.

Nouvelle carte, par E. Nardin ... 2 fr.

Europe, politique et routière (Carte d')

par Frémin, 1 feuille ... 1 fr.

France par départements (Carte de)

dressée par Berthe, 1 feuille ... 1 fr.

France par départements (La)

par A. Guibal, sous couverture toile ... 2 fr.

Maroc, Algérie, Tunisie, nouvelle carte

par E. Nardin, 1 feuille grand colombier, pliée sous couverture ... 2 fr.

Péninsule des Balkans et Empire Ottoman

Une feuille pliée sous couverture ... 2 fr.

Planisphère terrestre.

Prix ... 5 fr.

Alger (Plan d') et ses environs

à l'échelle de 1/10.000e. Une feuille grand jésus sous couverture ... 1 fr.

Lyon (Nouveau plan de la ville de)

et de ses faubourgs, à l'échelle de 1/13.000e, sous couverture toile *(Épuisé)*.

Lyon (Plan monumental de)

illustré des vues des principaux monuments. Une feuille jésus ... 1 fr.

Menton (Plan de) et ses environs

à l'échelle de 1/9.500e sous couvert. toile.. 1 fr.

Nice (Plan de)

et ses environs à l'échelle de 1/14.000e. Une feuille colombier sous couverture toile, nouvelle édition ... 1 fr.

Nice, Cannes, Menton (Plan des environs de)

à l'échelle de 1/1.000.000e ... 2 fr.

Oran (Plan d') et de ses environs

à l'échelle de 1/8.000e, sous couverture toile ... 1 fr.

Paris (Nouveau plan de)

à l'échelle de 1/20.000e sous couverture toile avec le parcours du Métropolitain et du Nord-Sud ... 1 fr.

Paris monumental (Nouveau)

avec le parcours du métropolitain, illustré des vues des principaux monuments, avec au verso une carte des environs et vues des principaux monuments, sous couverture toile ... 1 fr.

Paris, Versailles, Saint-Denis.

Guide complet de l'étranger. Monuments, musées, établissements publics, etc., par A. et G. Broquelet.

1 volume in-18 relié toile, avec 2 pochettes contenant le *Plan de Paris* et le *Plan monumental* de Paris et environs ... 4 fr.

Même ouvrage, en Espagnol. 1 vol. relié toile ... 4 fr.

Toulon (Plan de) ... 1 fr.

Guide de Fontainebleau

contenant une notice détaillée sur l'historique du château, illustré de nombreuses gravures. Une brochure in-18 ... 0 fr. 60

CHANT — CHANSONS — MUSIQUE

BÉRANGER. — Chansons anciennes et posthumes avec accompagnement de piano par F. CASADESUS, édition ornée de 186 dessins par ANDRIEUX, GRANDVILLE, RAFFET, BAYARD, etc.
1 volume grand in-8°.
Broché .... **15 fr.**
Relié toile, pl. spéciale, tranches dorées ...... **20 fr.**

— Chansons grivoises et bachiques suivies des *Chansons de Bérat* avec accompagnement de piano par F. CASADESUS.
1 volume grand in-8°.
Broché .... **5 fr.**

— Chansons anciennes et posthumes. Edition populaire illustrée de 161 dessins.
1 volume grand in-8°.
Broché .... **10 fr.**
Rel. 1/2 chag., tr. dorées. **16 fr.**

— Musique des chansons anciennes et posthumes. Edition populaire illustrée de 120 gravures sur bois d'après GRANDVILLE et RAFFET. Airs notés, anciens et modernes. Nouvelle édition revue par F. BÉRAT.
1 volume grand in-8°.
Broché .... **10 fr.**
Rel. 1/2 chag., tr. dorées. **16 fr.**

— Œuvres complètes, 9 volumes in-8° cavalier imprimés sur papier vélin et illustrées de gravures sur acier.

Division de l'ouvrage :

Chansons. Nouvelle édition illustrée de 53 gravures sur acier d'après CHARLET, DAUBIGNY, JOHANNOT, DE LEMUD, etc.
2 volumes .... **24 fr.**

Dernières Chansons. 1834 à 1851, édition illustrée de 14 gravures sur acier d'après A. DE LEMUD.
1 volume .... **12 fr.**

Ma Biographie. avec un appendice et des notes, ornée d'un portrait et de 8 gravures sur acier.
1 volume .... **12 fr.**

— Musique des chansons. Airs notés, anciens et modernes. 9e édition revue par F. BÉRAT, augmentée de la musique des chansons posthumes et illustrée de gravures sur bois d'après GRANDVILLE et RAFFET.
1 volume .... **10 fr.**
1 volume sans gravures. **6 fr.**

Correspondance contenant 1.200 lettres et le catalogue analytique de 150 autres. Édition ornée d'un portrait sur acier.
4 volumes .... **24 fr.**

Chants et chansons populaires de la France. Notices par DUMERSAN, accompagnement de piano par H. COLLET. Nouvelle édition illustrée de 338 gravures sur acier d'après DAUBIGNY, GIRAUD, MEISSONNIER, STAAL, STEINHEIL, TRIMOLHET.
3 volumes grand in-8°.
Le volume broché ...... **12 fr.**

TOME Ier : *Chants guerriers et patriotiques. — Chansons bachiques.*
TOME II : *Chansons et chansonnettes. — Chansons burlesques et satiriques.*
TOME III : *Chansons choisies. — Romances, rondes et complaintes.*

Chansons populaires des provinces de France (formant le tome 4 de l'ouvrage précédent.)

TOME IV : *Noëls. — Chansons de mai. — Ballades. — Chansons de métiers. — Rondes. — Chansons de mariées.*

Notices par CHAMPFLEURY, accompagnement de piano par J.-B. WECKERLIN.
Illustrations de BIDA, BRACQUEMOND, CATENACCI, COURBET, etc.
1 volume grand in-8°.
Broché .... **12 fr.**
Les 4 tomes reliés en 2 volumes 1/2 chagrin, plats toile tranches dorées ...... **60 fr.**
Amateur .... **64 fr.**

Chansons nationales et populaires de la France par DUMERSAN et Noël SÉGUR. Edition accompagnée de notes historiques et littéraires.
2 volumes in-8° .... **20 fr.**

WECKERLIN. — L'ancienne chanson populaire en France (XVIe et XVIIe siècle).
30 anciens airs notés et chromotypographiés.
1 volume in-18 ...... **3 fr. 50**

CHANSONS DE BÉRANGER

Avec musique sans accompagnement.................... 0 fr. 30

Le petit Homme gris.
De Profundis.
Le Bon Dieu.
Mon Habit.
Roger Bontemps.
Le Roi d'Yvetot.
Le Vieux Sergent.
Les Adieux de Marie Stuart.
Les Cinq Étages.
Le vieux célibataire.
Le vieux Caporal.
La double Chasse.
La Grand'Mère.
Le vieux Vagabond.
Les Champs.
Les Gueux.
Le Grenier.

Dix chœurs, sur des chansons de Béranger, par Laurent de Rillé.
Chaque chœur séparé.. 0 fr. 50

L'Orphéon.
Les Hirondelles.
Brennus.
Trinquons.
Le Commencement du Voyage.
Le Chant du Cosaque.
Les Champs.
Le Vieux Drapeau.
Le Roi d'Yvetot.
La Sainte Alliance des Peuples.

Manuel du chantre, contenant : 1° une nouvelle méthode de *plain-chant* ; 2° les éléments composés de la musique et du *plain-chant musical* : 3° un ample recueil des pièces diverses, etc. Ouvrage utile aux ecclésiastiques, chantres, instituteurs, maîtres et élèves, par M. Gomant, curé, 3e édition, augmentée. 1 vol. in-18
Approuvé par Mgr l'évêque de Séez.

Broché............. 2 fr. 50
Demi-reliure........ 3 fr. 50

Méthode B. Wilhem. Manuel musical en usage dans les collèges, écoles et cours de chant. Méthode graduée pour le chant élémentaire et la lecture musicale. 11e édition, avec un extrait de la théorie des gammes et les armures de M. Mercadier.

1re cours, 1 vol. in-8°. 4 fr. 50
2e cours, 1 vol. in-8°. 4 fr. 50
Guide de la méthode. 1 fr. 50

Solfège populaire de l'orphéon, contenant 333 *solfèges à deux voix égales*, parfaitement gradués dans tous les tons (majeurs et mineurs), *clef de sol, clef d'ut et clef de fa*, composés ou recueillis et arrangés par M. N. Collet, avec la collaboration de MM. François Bazin, Ch. Gounod, Laurent de Rillé, Elwart, etc. Ouvrage spécialement destiné à préparer les *Orphéons et Sociétés chorales* aux épreuves de la *lecture à première vue*.

3 *parties*
Chacune........... 0 fr. 60

SÉRIE D'OUVRAGES FORMAT IN-32

Chaque volume broché.. 2 fr. »
Demi-veau tranches peigne.................................... 3 fr. 25

BÉRANGER. — Chansons (1815-1834) avec les 10 chansons publiées en 1847. 1 volume.

BÉRANGER. — Œuvres posthumes, contenant les dernières chansons (1834-1851) et ma biographie. 1 volume.

CHANSONS nationales et populaires de France, précédées d'une *Histoire de la Chanson française* et accompagnées de notices historiques et littéraires par DU MERSAN. 1 volume avec portrait.

DÉSAUGIERS. — Chansons et poésies. Nouvelle édition, notice sur Désaugiers, par MERLE, avec portraits et vignettes. 1 volume.

DUPONT (P.). — Muse populaire, chants et poésies. 1 volume in-16.

Drôleries poétiques. Contes joyeux et facéties avec portraits et vignettes, 1 volume.

Gaudriole (La). Chansonnier joyeux, facétieux et grivois par MM. BÉRANGER, DÉSAUGIERS, COLLÉ, A. GOUFFÉ, L. FESTEAU, J. CABASSOL, JACQUEMART, Aug. GILLES, H. SIMON, Albert M., DAUPHIN, MOINAUX, etc., etc. 1 volume.

Goguette ancienne et moderne (La), choix de chansons guerrières, bachiques, joyeuses, populaires, 1 joli volume, portraits et vignettes.

Lettres d'amour. Chefs d'œuvre de style épistolaire choisis dans les plus grands écrivains.

Million de rimes gauloises (Un), fleur de la poésie drôlatique et badine depuis le XVe siècle. 1 volume de 600 pages.

Poètes de l'amour (Les). Recueil de vers français des XVe, XVIe, XVIIe, XVIIIe et XIXe siècles. 1 joli volume. Portraits et vignettes. Introduction sur l'amour et la poésie amoureuse, par Julien LEMER.

BIBLIOTHÈQUE D'UTILITÉ PRATIQUE

AGRICULTURE — HORTICULTURE ARBORICULTURE — JARDINAGE

Arbres fruitiers (Conduite des), par Du Breuil, ouvrage destiné aux jardiniers, aux élèves des fermes-écoles.
Broché .... 2 fr. 50 || 1 volume in-18 jésus, illustré de 207 figures.

Greffe. — Taille. — Restauration des arbres mal taillés ou épuisés par la vieillesse. — Culture. — Récolte et conservation des fruits.

Cardère (Monographie sur la) ou chardon à foulon, par A.-E. Garnier
Broché .... 2 fr. || 1 vol. in-16 jésus.

Chimie agricole (Traité pratique de), à l'usage des écoles normales d'instituteurs, des écoles d'agriculture et des cultivateurs praticiens, par A. Larbalétrier, professeur d'agriculture.
Broché .... 2 fr. || 1 volume in-18.

Compositions chimiques des plantes cultivées. — L'eau dans ses rapports avec la végétation. — Formation et composition de la terre arable. — Les matières fertilisantes, etc.

Engrais (Traité pratique des), origine, utilité, emploi, par A. Bedel.
Broché .... 3 fr. 50 || 1 volume in-18.

La formation du sol arable. — Le fumier de ferme. — Les engrais naturels. — Les engrais chimiques. — Les exigences des plantes en principes fertilisants.

Flore française (Nouvelle), par M. Gillet, vétérinaire principal de l'armée et par M. J.-H. Magne, professeur de botanique à l'école d'Alfort.
Broché .... 8 fr.
Relié demi-chagrin .... 10 fr. || 1 beau volume grand in-18 jésus, 97 planches, comprenant plus de 1.200 figures, 7e édition.

Description des plantes qui croissent spontanément en France et de celles qu'on y cultive en grand, avec l'indication de leurs propriétés et de leurs usages en médecine, en hygiène vétérinaire, dans les arts et dans l'économie domestique.

Herborisations et les herbiers (Guide pratique pour les), par Clotaire Duval, secrétaire de la Société d'agriculture de Melun et de Fontainebleau, avec une introduction de M. le Dr Bornet, Membre de l'Institut.
Broché .... 1 fr. 50 || 1 volume in-18 jésus.

Jardinage (Nouveau traité pratique du), par A. Ysabeau.
Broché .... 2 fr. || 1 volume in-18.

Comprenant :

La culture maraîchère, les primeurs et les plantes potagères à fruits comestibles. — La plantation, la taille, la culture et le rajeunissement des arbres fruitiers. — La culture des plantes d'ornement de pleine terre, etc

Jardinier de tout le monde (Le nouveau). Traité complet sur toutes les branches de l'horticulture, par Louis Batillat.
Broché .... 4 fr. 50
Relié toile souple. 5 fr. » || 1 volume in-18.

Ouvrage nécessaire aux jardiniers et aux amateurs de jardinage, contenant tous les détails relatifs au jardin potager, fruitier et fleuriste. Nombreuses figures dans le texte.

Jardins d'agrément (Les). Tracé et ornementation par T. Bona.
Le volume .... 3 fr. 50 || 1 volume in-18 illustré de 191 figures.

Jardin des appartements (Le) ou la culture des plantes et des fleurs, dans les salons, sur les fenêtres, balcons et terrasses ; en pots ; en caisses ; serres ; étagères; jardinières; aquariums, etc,. par Mlle CRUDET.

Broché . . . . 1 fr. 50 || 1 volume in-18.

Jardinier fleuriste (Le nouveau). Ouvrage contenant, avec les principaux arbres d'ornement, la nomenclature des fleurs de parterre, de bordure, de massif, de pelouse, de serre, de bassin, d'appartement et de fenêtre, avec la culture spéciale pour chaque espèce, par Hippolyte LANGLOIS, environ 258 figures dans le texte.

Broché . . . . 8 fr. 50 || 1 fort volume in-18 jésus.

Viticulture (pratique), par DUCHEIN.

Broché. . . . . 3 fr. 50
Toile. . . . . 4 fr. »
|| 1 volume in-18.

ARCHITECTURE ET CONSTRUCTION

Appareilleur et du Tailleur de pierres (Traité pratique de l'), par Marius BOUSQUET, architecte-expert du Gouvernement.

Broché . . . . 8 fr. 50 || 1 vol. in-18 illustré.

Architecture (Traité élémentaire pratique d') ou étude des cinq ordres, d'après Jacques BARROZZIO DE VIGNOLE. Ouvrage divisé en 72 planches, comprenant les cinq ordres, avec l'indication des ombres nécessaires au lavis, par J.-A. LEVEIL, architecte, ancien pensionnaire à Rome, et gravé par HIBON.

Broché . . . . 10 fr. || 1 volume in-4°.

Charpentier (Guide pratique du). Traité pratique de charpente et de construction à l'usage des jeunes gens se préparant aux différents métiers du bâtiment, par FRANÇOIS, entrepreneur.

Broché . . . . 3 fr. 50 || 1 volume in-18 illustré.

Construction moderne pratique (La), par Henry GUÉDY, architecte-expert au Conseil de Préfecture de la Seine.

Broché . . . . 3 fr. 50
Relié toile souple élégante. . . . . 4 fr. »
|| 1 volume in-18 jésus de 520 pages orné de 190 gravures. Nouvelle édition revue et augmentée.

Résistance. — Maçonnerie. — Charpente. — Menuiserie. — Serrurerie. — Couverture. — Chauffage. — Peinture. — Devis et évaluations.

Couverture (Traité de), Ardoises, tuiles, zinc, chéneaux, tuyaux, par MAGNÉ, métreur-spécialiste, professeur à l'Association polytechnique.

Broché . . . . 3 fr. 50 || 1 volume in-18 jésus.

Maçon, du terrassier, du paveur et du conducteur de travaux (Traité pratique du), par Marius BOUSQUET, architecte-expert du gouvernement

Broché . . . . 4 fr. 50
Relié toile souple. . . 5 fr. »
|| 1 volume in-18 illustré.

Géométrie et topométrie pratiques, connaissance des matériaux, organisation et fonctionnement de l'entreprise, outillage et matériel, sondages et épuisements, terrassements et fouilles, stratification des maçonneries, dallages et pavages.

Menuiserie (Traité de), par MM. POUSSART, ancien élève de l'école polytechnique et CAILLARD, maître menuisier.

1re PARTIE : NOTIONS DE GÉOMÉTRIE ET D'ARCHITECTURE.

Art du trait. — Notions de physique. — Les bois — Les outils. — Débits et corroyage des bois. — Des moulures. — Assemblages.

Broché . . . . 3 fr. 50 || 1 volume in-18 jésus, illustré de 760 figures.

2e PARTIE : MENUISERIE DE BATIMENT.

Assemblages. — Collage et chevillage. — Huisseries, bâtis, contre-bâtis et poteaux. — Croisées et châssis. — Parquets. — Portes. — Persiennes, volets. — Lambris. — Décoration générale. — Faux lambris. — Agencements intérieurs. — Devantures de boutique. — Escaliers. — Travaux divers. — Vocabulaire.

Broché............. **3 fr. 50** || 1 volume in-18 jésus, illustré de 274 figures.

Peinture au blanc de zinc (La), par FLEURY.

Contenant un cours complet sur ce genre de peinture, les dosages en poids et en volume.

Broché............ **2 fr. 50** || 1 vol. in-18.

Peinture en bâtiment (La). *Décor et Décoration*, par Paul FLEURY, peintre, directeur technique et rédacteur du *Journal-Manuel de peinture.*

Contenant l'étude des couleurs et des vernis, l'outillage, les peintures diverses, la vitrerie, la tenture, la dorure, l'imitation des bois, des marbres, etc.

Honoré de souscriptions du Ministère de l'Instruction publique et du Ministre du Commerce.

Broché............. **3 fr. 50** || 1 volume in-18, illustré de 9 gravures en couleurs et de figures en noir.

Poids et métaux employés dans la construction (Manuel des) à l'usage de MM. les Architectes et constructeurs, par ARNOULD, constructeur en fer.

Relié toile.......... **2 fr. 50** || 1 volume.

Serrurier (Manuel du), à l'usage des écoles professionnelles et des ouvriers, par F. HUSSON, officier de l'instruction publique, ancien ouvrier et maître serrurier parisien, conseiller honoraire de la Chambre syndicale de la serrurerie ; lauréat de la Société centrale des architectes français.

Broché............. **3 fr. 50** || 1 volume in-18, illustré de 126 figures.

Histoire de la serrurerie. — L'atelier et le chantier du serrurier en bâtiment. — L'atelier ou usine du serrurier-constructeur. — La ferronnerie et la serrurerie d'art. — Diverses spécialités du métier. — Vocabulaire des termes journellement employés par les serruriers.

Sondeur (Guide du) ou traité théorique et pratique des sondages, par MM. DEGOUSÉE et Ch. LAURENT, ingénieurs civils.

Broché............... **30 fr.** || 2 forts volumes in-8°, avec gravures et accompagnés d'un atlas de 62 planches gravées sur acier.

ART CULINAIRE — PATISSERIE

Carte illustrée, par GARLIN, à l'usage des restaurateurs, maîtres d'hôtels, établissements de comestibles contenant 320 dessins gravés par BLITZ.

Le volume............. **4 fr.** || 1 volume in-4°.

Conservateur (Le), ou livre de tous les ménages, contenant les différents procédés de conservation des substances alimentaires, viandes, gibier, poisson, œufs, lait, fromages, beurre, graisses et huiles, fruits, légumes et la conservation des boissons, d'après les travaux de CARÊME, APPERT, par L. KREBS. 150 gravures.

Broché............. **3 fr. 50** || 1 volume in-18.

Conserve alimentaire (La). *Traité pratique de fabrication* par Aug. CORTHAYS.

Broché............... **10 fr.** || 1 volume grand in-8° jésus avec nombreuses figures dans le texte.

Cuisine ancienne, par GARLIN, de Tonnerre, auteur du *Cuisinier moderne.*

Broché................ **4 fr.** || 1 volume in-8° illustré.

Cuisine (La bonne), comprenant 880 titres avec observations et 70 gravures à l'appui, par Gustave GARLIN, auteur du *Cuisinier moderne.*

Relié toile............. **4 fr.** || 1 volume in-18 jésus.

Cuisinier Durand (Le), cuisine du Nord et du Midi, 9e édition revue et augmentée, par Ch. DURAND, petit-fils de l'auteur.
Broché .... 3 fr. 50 ‖ 1 volume in-18, illustré de 160 figures.
Reliure élégante ..... 4 fr. »

Cuisinier européen (Le nouveau), par Jules BRETEUIL, ancien chef de cuisine. Nouvelle édition entièrement refondue par NILRAG, ancien chef de cuisine.
Relié toile .... 3 fr. 50 ‖ 1 fort volume in-18 illustré d'environ 300 gravures et de 4 planches en couleurs permettant de reconnaître la bonne qualité des différentes viandes, 784 pages.

Ouvrage contenant les meilleures recettes des cuisines françaises et étrangères pour la préparation des potages, sauces, ragoûts, entrées, rôtis, fritures, entremets, desserts et pâtisseries, complété par l'Art d'utiliser les restes, de servir les vins, les confitures, les sirops, les bonbons de ménage, les liqueurs, les soins à donner à une cave.

Cuisinier moderne (Le) ou les secrets de l'art culinaire par Gustave GARLIN, de Tonnerre, élève des premiers cuisiniers de Paris, ouvrage complet, illustré de 60 planches et 330 dessins, comprenant 5.000 titres et 700 observations.
Brochés .... 36 fr. ‖ 2 volumes in-4°.
Reliés demi-chagrin .... 48 fr.

Menus, haute cuisine, pâtisserie, glaces, office, etc., suivi d'un dictionnaire complet des termes techniques.

Cuisinier moderne (Le petit), *ou les secrets de l'art culinaire* par Gustave GARLIN, de Tonnerre.
Relié toile .... 8 fr. ‖ 1 volume in-8° de 940 pages, orné de nombreuses gravures.

Cuisinière et de la maîtresse de maison (Le trésor de la), par PÉRIGORD, 7e édition, revue, corrigée.
Le volume, broché... 1 fr. 50 ‖ 1 volume in-18.

Office (Traité de l'), par L. BERTHE, ex-officier de bouche, de feu Son Excellence M. le comte Pozzo di Borgo. Revu et augmenté par NILRAG, auteur culinaire. Ouvrage indispensable aux maîtres d'hôtel, valets de chambre, cuisiniers et cuisinières et utile aux gens de maison.
Broché .... 3 fr. 50 ‖ 1 volume in-18.

Pâtisserie (Traité pratique de la), 2e édition, contenant un aperçu des glaces, sirops et confitures, 16 planches hors texte coloriées, par H. GUERRE.
Broché .... 4 fr. ‖ 1 volume in-8°.
Relié toile .... 5 fr.

Pâtissier confiseur et liquoriste (Le), par E. PETIT, contenant les meilleures recettes pour la confection sans four des entrées, hors-d'œuvre, entremets, desserts et la préparation économique des liqueurs, sirops, confitures, glaces, sorbets, sucreries, etc.
Broché .... 2 fr. ‖ 1 volume in-18 illustré.

Pâtissière en chambre (La), par Mlle Berthe GILL, pâtissière bourgeoise, contenant les meilleures recettes pour la confection sans four, des entrées, hors-d'œuvre, entremets, desserts, etc.
Broché .... 1 fr. 50 ‖ 1 volume in-18.

Pâtissier moderne (Le), suivi d'un *Traité de confiserie d'office*, par Gustave GARLIN, auteur du *Cuisinier moderne*, ouvrage illustré de 262 dessins gravés par M. BLITZ, contenant 3.300 titres et 460 observations tirés du *Cuisinier moderne*.
Relié toile .... 20 fr. ‖ 1 volume grand in-8°.

Pâtissier national parisien (Le), par CARÊME, ou *Traité élémentaire et pratique de la pâtisserie ancienne et moderne*, suivi d'observations utiles au progrès de cet art, nombreuses figures.
Les 2 volumes .... 8 fr. ‖ 2 forts volumes brochés in-18.

ARTS D'AGRÉMENT — BEAUX-ARTS

Arts féminins (Les), par Mme DE BRIEUVRES. Pyrogravure, Choréoplastie, Métallographie, etc.
Broché................ 2 fr. ‖ 1 volume in-18 illustré.

Broderie (La), par Mme de BRIEUVRES.
Broché................ 2 fr. ‖ 1 volume in-18 orné de modèles et dessins de Mme SONGY.

Crochet (Le), le tricot, par Mme DE BRIEUVRES. modèles et dessins de Mme SONGY.
Broché................ 2 fr. ‖ 1 volume in-18.

Dentelle (La), par Mme DE BRIEUVRES, orné de modèles et dessins de Mme SONGY.
Broché................ 2 fr. ‖ 1 volume in-18.

Tapisserie (La), par Mme DE BRIEUVRES, modèles et dessins de Mme SONGY.
Broché................ 2 fr. ‖ 1 volume in-18.

Art (Les grands maîtres de l'), par EMILE-BAYARD, artiste peintre, Inspecteur au ministère des Beaux-Arts.
Broché................ 5 fr. ‖ 1 volume in-18 illustré de 73 gravures hors texte.

Giotto, Van Eyck, Memling, Léonard de Vinci, Pérugin, Botticelli, Titien, Michel-Ange, A. del Sarto, Raphaël Sanzio, P. Véronèse, Tintoret, Mantegna, Le Corrège, Holbein, A. Dürer, Ribéra, Vélasquez, Murillo, Rubens, Van Dyck, Jordaens, Ruysdael, Teniers, Rembrandt, Poussin, Claude le Lorrain, Watteau, Boucher, etc.

Art du peintre (L'). Traité pratique de dessin et de peinture par Camille BELLANGER, artiste peintre, prix de Rome. Hors Concours. Professeur à l'Ecole spéciale militaire.

1re PARTIE : LE DESSIN, LE NU, OU LA FIGURE HUMAINE : *Anatomie superficielle du corps humain. — Proportions du corps humain. — Perspective.*
Broché............. 2 fr. 50 ‖ 1 volume in-18 illustré de 200 dessins.

2e PARTIE : PROCÉDÉS ET GENRES : *Théorie des couleurs.— Les principaux procédés de la peinture. — Manière de peindre avec les couleurs à l'huile. — Nature morte.*
Broché............. 2 fr. 50 ‖ 1 volume in-18 illustré de 90 dessins.

3e PARTIE : LA COMPOSITION.
Broché............. 2 fr. 50 ‖ 1 volume in-18 illustré de 164 dessins.

4e PARTIE : LA PEINTURE ET LES PEINTRES DEPUIS LES TEMPS LES PLUS RECULÉS JUSQU'A NOS JOURS : *Naissance de la peinture. — L'Art antique. — L'Art chrétien, Byzance. — Filiation des arts en Occident. — La Renaissance en Italie. — Décadence de la peinture italienne. — Propagation de la Renaissance. Allemagne. Flandre. Hollande. Espagne. Angleterre.*
Broché........... 3 fr. 50 ‖ 1 volume in-18 illustré de 200 gravures.

5e PARTIE : LA PEINTURE FRANÇAISE *(en préparation).*
Broché........... 3 fr. 50 ‖ 1 volume in-18 illustré d'environ 220 gravures.

Athéna. Histoire Générale des Beaux-Arts, par MAILLART, Grand Prix de Rome.
Broché.............. 5 fr. ‖ 2 volumes.
Toile................. 6 fr. ‖ (Tome II *en préparation.*)

Bon goût (Le), dans le geste, sur soi, dans la maison. Étude théorique et pratique de la beauté mise à la portée de tous, par EMILE-BAYARD.
Le volume, broché... 3 fr. 50 ‖ 1 volume in-18 broché.

Cathédrales (Nos) par BROQUELET.
Broché.............. 5 fr.
Relié toile........... 6 fr. ‖ 1 vol. in-18 illustré de nombreuses vues photographiques. Préface de M. BARRÈS, de l'Académie française.

Dessin (Le) aux cours préparatoires et dans les écoles militaires, par Bellanger.
Cartonné.......... 1 fr. 50 || 1 volume in-4°.

Eglises (Nos), par Broquelet.
Broché.............. 5 fr. | 1 volume in-18 illustré de nombreuses vues photographiques et tiré en deux couleurs.
Relié toile........... 6 fr. | Préface de Denys-Cochin.

Faïences et les Porcelaines d'après leurs marques (Comment reconnaître les), par E.-S. Auscher.
Broché............. 10 fr. || 1 volume.

Peinture (Traité usuel de), à l'usage de tout le monde, par Camille Bellanger, artiste peintre, prix de Rome (hors concours). Nouvelle édition revue et augmentée, contenant 220 dessins et 42 planches en couleurs.
Broché................. 5 fr. || 1 volume in-18, sous couverture artistique.

Le dessin. — La figure humaine. — Perspective. — Théorie des couleurs. — Manière de peindre. (Ouvrage honoré de souscriptions du Ministère de l'Instruction publique).

Peinture à l'eau (Traité de la), aquarelle, gouache, miniature, par Mlle de Sérignan.
Broché............. 3 fr. 50 || 1 volume in-18, illustré de nombreuses gravures.

Pianiste (Le guide du) par Mlle Poussart, ouvrage orné de 440 gravures.
Broché............. 3 fr. 50 || 1 volume in-18.

Styles (L'art de reconnaître les), par Emile-Bayard, inspecteur au Ministère des Beaux-Arts.
Le volume............. 5 fr. || 1 volume in-18 jésus de 460 pages, orné de nombreuses reproductions.
Relié toile, plaque spéciale, tête verte....... 6 fr. ||

Les styles, physionomie générale. — Inspiration initiale et les styles. — Différents styles : égyptien, assyrien, grec, romain, moyen âge, latin, ogival, gothique. Renaissance, Louis XIII, Louis XIV, style régence dit rocaille ou rococo, styles Louis XV, Louis XVI, styles de la Révolution et du premier Empire, styles sous les deux Restaurations, Louis-Philippe, second Empire, art nouveau ou moderne-style. — Considérations sur l'art moderne. (30e mille.)

Style Empire (Le). Architecture, ameublement par Emile-Bayard.
Broché............. 2 fr. 50 || 1 volume in-18 illustré de 130 figures.
Relié toile, plaque spéciale, tête verte... 3 fr. 50 ||

Notions préliminaires Napoléon et l'art. — Les styles après Louis XV, sous la Révolution et sous la première République. — Les promoteurs du style Empire : L. David. Percier et Fontaine. — Le style sous la Révolution : le style Messidor du Directoire. — Le style Empire : physionomie générale. — Des caractéristiques du style Empire dans le décor en général. — Le meuble et les ébénistes. — L'orfèvrerie et les orfèvres, le bijou. — Deux mots sur le costume sous la Révolution et surtout sous l'Empire. — Deux mots sur les styles après le premier Empire. — Causerie sur nos gravures.

Style Louis XVI (Le), par Emile-Bayard.
Broché............. 2 fr. 50 || 1 volume in-18 illustré de 160 gravures.
Relié toile, plaque spéciale, tête grise.... 3 fr. 50 ||

Notions préliminaires. — Considérations générales sur le style Louis XVI. — Louis XVI, Marie-Antoinette et l'esprit de leur temps.— La peinture et la sculpture.— Le meuble, les ébénistes, etc.

Styles Régence et Louis XV (Les) par Emile-Bayard
Broché............. 2 fr. 50 || 1 volume in-18 illustré de 160 gravures.
Relié............... 3 fr. 50 ||

Notions préliminaires. — Considérations générales sur l'époque et le style de la Régence. — Des caractéristiques du style Régence. — Considérations générales sur l'époque et le style Louis XV. — L'Architecture. — La peinture et la sculpture. — Le Meuble. — L'orfèvrerie, l'art décoratif, etc. — Le Costume sous la Régence et sous Louis XV. — Quelques mots des styles après Louis XV. — Causerie sur nos gravures.

Style Louis XIV, par Emile-Bayard.
Broché............. 2 fr. 50 || 1 volume in-18 illustré de 180 gravures.
Relié............... 3 fr. 50 ||

Notions préliminaires. — Considérations générales. — Autres considérations générales. — L'Architecture : Jules Hardouin-Mansard, etc. — La Peinture : Charles Le Brun, Mignard, etc. — La Sculpture : P. Puget, A. Coysevox, Girardon, etc. — Le Meuble : A.-C. Boulle, etc. — L'Orfèvrerie, l'Art décoratif, etc. — Le Costume. — Quelques mots sur les styles, après Louis XIV. — Causerie sur nos gravures.

Style Louis XIII, par Emile-Bayard.

Broché............ 2 fr. 50 || 1 vol. in-18 illustré de 144 gravures.
Toile.............. 3 fr. 50 ||

Notions préliminaires. — L'Art et la Cour. — L'Architecture extérieure : Salomon Debrosse, les Androuet Ducerceau, etc. — *La Peinture : P. de Champaigne, Eustache Le Sueur, Nicolas Poussin, Claude Gelée,* etc. — *La Décoration. La Sculpture : Biard, Prieur, Pierre Sarrazin, Simon Guillain, les Anguier,* etc., *et les graveurs en médailles : Dupré et Warin. — L'Architecture intérieure. — Le Meuble. — Les Tissus : tapisserie, velours, dentelles,* etc. — *L'Orfèvrerie et le bijou.*

AUTOMOBILISME — AVIATION

Automobilisme (Manuel pratique d'), voitures à essences, motocyclettes, voitures à vapeur, canots automobiles, remèdes pour pannes, par M. Zerolo, ingénieur civil des mines. 4e Edition revue et augmentée.

Relié toile............ 5 fr. || 1 volume in-18 jésus, illustré de 150 figures.

Chauffeur d'automobiles (Guide du). Description des organes composant une voiture automobile. Étude de leur fonctionnement. Les pannes et leur remède. Réparations, par Zerolo.

Broché............ 3 fr. »
Relié toile.......... 3 fr. 50 || 1 volume in-18 avec 142 figures dans le texte.

Comment on construit une automobile. Guide pratique du constructeur d'automobiles, par M. Zerolo, ingénieur civil des mines.

Cartonné toile souple, le vol. 5 fr. || 3 volumes in-18 de 400 pages, avec nombreuses figures.

Tome Ier : *Outillage d'une usine de construction automobile. — Machines-outils, outillage de forge, atelier de montage, fonderie, chaudronnerie,* etc.

Tome II : *Les matières premières. — Métaux employés dans la construction des automobiles. — Notions de métallurgie, propriétés, usages, essais mécaniques et chimiques, métallographie microscopique.*

Tome III : *Procédés de fabrication : Fonderie, moulage mécanique. — Traçage. — Travaux de tour. — Filetage. — Fraisage. — Taille des engrenages. — Réglage des moteurs et essais,* etc., etc. — *Formules usuelles.*

Motocyclettes et tricars, par M. Zerolo.

Broché............ 3 fr. || 1 volume in-18 illustré.
Relié toile.......... 3 fr. 50 ||

Les motocyclettes : *Description d'ensemble. — La bicyclette. — Le moteur. — La carburation, les carburateurs. — L'allumage. — Le refroidissement. — La transmission. — Les freins. — Organes accessoires et organes de manœuvre.*

Les tricars : *Généralités. — Le châssis. — Le moteur. — La transmission. — L'embrayage et le changement de vitesse. — Les freins. — Organes de manœuvre. — La carosserie. — Quelques types de tricars. — Entretien et conduite des motocyclettes. — Les pannes. — Règlements relatifs à la circulation des motocycles.*

Ballons et Aéroplanes, par G. Besançon, directeur de l'*Aérophile*. Nouvelle édition.

Broché............ 2 fr.
Relié toile......... 2 fr. 50 || 1 volume in-18 illustré.

BANQUE — BOURSE

Banque (Traité élémentaire des opérations de) et des principes du droit commercial, suivi d'un dictionnaire des expressions usuelles de banque, de commerce et de droit, par Victor Richard, licencié en droit, directeur d'agence du Comptoir national d'Escompte de Paris.

Broché............ 7 fr. 50
Relié toile élég..... 8 fr. 50 || 1 volume in-18.

Bourse et de change (Traité des opérations de), par Alphonse COURTOIS, secrétaire perpétuel de la Société d'économie politique, 14e édition entièrement revue et mise à jour par Emmanuel VIDAL, directeur de la *Cote de la Bourse et de la Banque.*

Broché .... 5 fr. »
Relié toile soup. élég. 5 fr. 50
1 volume grand in-18.

L'art de n'être pas volé, escroqué, estampé *A la Bourse. — Aux courses. — Au feu,* etc., par Emile ANDRÉ.

Broché .... 2 fr.
1 volume in-18.

OUVRAGE CONTENANT:
Des conseils pour se défendre à la Bourse, par M. R. DE LONGCHAMPS. — *Des conseils pour se défendre aux courses et au feu,* etc.

BARÈMES — TARIFS ET COMPTES FAITS

Acheteurs et des vendeurs (L'indispensable des). Calculs instantanés, suppression de 5 opérations sur 6, par Camille SICRE. Table donnant les prix de vente de 0,001 à 1 million selon le bénéfice que l'on désire obtenir, de 0,25 °/o à 99,99 °/o.

Relié toile souple élég.... 2 fr.
1 volume in-16 couronne.

Indispensable aux acheteurs. — Vendeurs. — Commerçants. — Négociants. — Industriels. — Caissiers. — Comptables. — Chefs de rayons. — Entrepreneurs de bâtiments. — Professeurs. — Elèves. — Dans les cours de mathématiques et de comptabilité et à toutes les personnes qui s'occupent des chiffres.

Barème ou comptes faits en francs et centimes, précédés d'une instruction sur la manière de se servir de cet ouvrage, et contenant le calcul et l'intérêt de toute somme à cinq pour cent par an.

Le volume cartonné. 1 fr. 50 ‖ 1 volume in-32.

Barème d'intérêts (1/2 à 7 °/o) avec notice sur les intérêts simples et composés pour faciliter les calculs, par Camille SICRE.

Relié toile souple.... 7 fr. 50
1 volume in-8°.

Barème ou comptes faits (Le livre de). Comptes faits depuis 0 fr. 02 jusqu'à 100 fr. Tableau des jours écoulés, et à parcourir du 1er janvier au 31 décembre. Mesures légales. Tableau des fers carrés, méplats et ronds, etc., revu par M. E.-P. PONS.

Broché .... 2 fr. »
Relié toile soupl. élég 2 fr. 50
1 volume in-18.

Barème universel. des prix par pièces, mesures, nombres, kilogrammes, etc., et des salaires payés à l'heure, au jour et au mois, tableaux relatifs aux poids, mesures et monnaies, etc., par P.-E. DE DONCKER, comptable, et HENRY, géomètre.

Broché .... 8 fr.
1 volume in-8°.

Capitaliste (Guide manuel du), ou comptes faits d'intérêts à tous les taux, pour toutes les sommes, de 1 à 366 jours, nouvelle édition, revue par BONNET.

Broché .... 2 fr. »
Relié toile soupl. élég. 2 fr. 50
1 volume in-18.

Capitaliste (Manuel du), ou comptes faits des intérêts au taux de 1 à 6 0/0, pour toutes les sommes, de 1 à 366 jours, par Casimir BONNET. Nouvelle édition précédée d'une notice sur l'intérêt, l'escompte, etc., par M. Joseph GARNIER, revue, mise à jour, complétée et augmentée de nouveaux tableaux, par M. et A. MELIOT.

Broché .... 6 fr. »
Relié toile soupl. élég. 7 fr. »
Relié demi chagrin... 8 fr. 50
1 volume in-8°.

Cubage des bois (Tarif du), équarris et ronds, évalués en stères et fractions décimales du stère, par J.-A. FRANCON, cubeur juré de la ville de Lyon. Nouvelle édition considérablement augmentée et mise à jour, contenant une notice explicative sur les bois et les différentes espèces de cubage.

Broché .... 3 fr. 50
Relié toile souple élég 4 fr. »
1 fort volume in-18.

Cuber les bois en grume et équarris (Tarif pour), d'après les mesures anciennes, avec eur réduction en mesures métriques, par Etienne PRUGNEAUX, arpenteur-forestier.
Broché .... 2 fr. || 1 volume in-18.

Intérêts simples et composés (Les), par Camille SICRE. Ouvrage donnant la clef pour résoudre tous les calculs relatifs aux intérêts. Nombreuses tables.
Relié toile souple élégante 2 fr. ||

Poids et métaux employés dans la construction (Manuel des), à l'usage de MM. les Architectes et Constructeurs, par ARNOULD, constructeur en fer.
1 volume relié toile... 2 fr. 50 ||

Des Racines carrées, cubiques et des logarithmes, par Camille SICRE.
Relié toile souple élégante 2 fr. || 1 volume.

Nouvelle table des carrés. — Table des logarithmes. — Tableau des dix premières puissances des dix premiers nombres. — Tableau des 4e et 5e puissances des 100 premiers nombres. — Table donnant la valeur de 1 franc plus ses intérêts composés.

BOISSONS

Brasserie (Traité théorique et pratique de la), contenant l'analyse détaillée des méthodes les plus récentes appliquées à la fabrication de la bière, tant en vue d'obtenir des produits de premier ordre, qu'afin de préserver ces derniers contre les nombreuses affections susceptibles de les atteindre, par A. BEDEL.
Broché .... 3 fr. 50 || 1 volume in-18 avec nombreuses gravures.

Fabrication du cidre, du poiré et de ses dérivés, par M. TRITSCHLER, ingénieur des Arts et Manufactures.
Broché .... 3 fr. 50 || 1 volume in-18 avec gravures.

Eaux-de-vie (Fabrication des), par la distillation des vins, cidres, marcs, lies, gentiane, etc., fabrication des eaux-de-vie communes avec le troix-six d'industrie, etc., par Charles STEINER, chimiste-distillateur. 50 figures dans le texte
Broché .... 3 fr. 50 || 1 volume grand in-18.

Fruits de pressoir (L'art de reconnaître les), Pommes et poires, par A. TRUELLE, pharmacien de 1re classe, correspondant de la Société nationale d'Agriculture de France, etc.
Broché .... 3 fr. 50 || 1 volume in-18.

CHASSE — PÊCHE

Chasseur au chien courant (Le), formant, avec le *Chasseur au chien d'arrêt*, un cours complet de chasse à tir et à courre, contenant les habitudes, les ruses des bêtes, l'art de les guetter, de les juger et de les détourner, de les attaquer, de les tirer, l'éducation du limier, des chiens courants, leurs maladies, etc., par E. BLAZE.
Broché .... 3 fr. 50 || 1 volume in-18

Chasseur au chien d'arrêt (Le), contenant les habitudes, les ruses du gibier, l'art de le chercher et de le tirer, le choix des armes, l'éducation des chiens, leurs maladies, etc., par Elzéar BLAZE.
Broché .... 3 fr. 50 || 1 volume in-18.

Chasseur au chien d'arrêt (Guide du) sous ses rapports théoriques, pratiques et juridiques, par Ferdinand CASSASSOLES.
Broché .... 3 fr. 50 || 1 volume in-18, gravures.

Chasseur aux filets (Le), ou *la chasse des dames*, contenant les habitudes, les ruses des petits oiseaux, leurs noms vulgaires et scientifiques, l'art de les prendre, de les nourrir et de les faire chanter en toute saison, la manière de les engraisser, par E. BLAZE.
Broché .... 3 fr. 50 || 1 volume in-18 orné de nombreuses gravures.

Chasses et pêches anglaises, variétés de pêches et de chasses.
Broché .... 3 fr. ‖ 1 volume in-8°.

Pêche à toutes lignes des poissons d'eau douce (La), par John FISCHER, nouvelle édition complètement revue et contenant la législation sur la pêche jusqu'à ce jour.
Broché .... 2 fr. ‖ 1 volume in-18 jésus, illustré de nombreuses gravures.

Pêche en mer et la culture des plages (La), par Albert LARBALÉTRIER.
Broché .... 3 fr. 50 ‖ 1 volume in-18, 140 gravures.
Pêches côtières à la ligne et aux filets. — Pêcheries. — Pêches à pied. — Grandes pêches.

Pêcheur à la mouche artificielle et le pêcheur à toutes lignes (Le), par Charles DE MASSAS. 4e édition revue et corrigée, augmentée d'une étude sur le repeuplement des cours d'eau et la pisciculture, par Albert LARBALÉTRIER, 80 vignettes.
Broché .... 2 fr. ‖ 1 volume in-18.

ÉCONOMIE DOMESTIQUE HYGIÈNE — SAVOIR-VIVRE

Dentiste du foyer (Le), hygiène de la bouche et des dents, par le Dr Paul-A. RICHER, médecin-dentiste des hôpitaux de Paris.
Broché .... 2 fr. »
Relié toile soupl. élég. 2 fr. 50 ‖ 1 volume in-18 jésus, illustré.
Eclairer le public, montrer l'importance qu'il y a à conserver sa bouche en parfait état, et la simplicité des moyens à mettre en œuvre pour y parvenir, telle est la tâche que l'auteur a voulu entreprendre et, pour atteindre ce but, il s'est servi d'un langage autant que possible clair et précis, évitant les termes trop techniques et se servant de préférence des expressions usuelles pour être bien compris.

Ménages (Guide pratique des), par le docteur ELGET.
Broché .... 3 fr. 50 ‖ 1 volume in-18.
Contenant plus de deux mille recettes sur la préparation et la conservation des aliments, l'art d'entretenir la santé et de soigner les malades, de préparer les médicaments, l'hygiène de la toilette, l'entretien des meubles et des vêtements, l'assainissement des habitations, etc., etc.

Mille trucs (Les) pour conserver ou réparer les mille objets d'un ménage, par POUSSART.
Broché .... 3 fr. 50 ‖ 1 volume in-18 de 340 pages, illustré.
Relié toile souple élégante. .... 4 fr. »
Le bois. — Les métaux. — Peinture. — Meubles. — Livres, papier, gravures.— Cuir et peau, caoutchouc. — Vêtements. — Cuisine. — Voyages. — Déménagements. — Colles. — Mastics.

Mille nouveaux trucs (Les), par LE MÊME.
Broché .... 3 fr. 50 ‖ 1 volume in-18 jésus illustré.
Relié toile.......... 4 fr. »
Produits divers. — Les meubles. — Les vernis. — Horlogerie. — Dorure. — Peintures, colles, mastics. — Menuiserie. — Métaux. — Cadres, gravures, peintures. — Hygiène. — Chaussures, cuisine.

Savons et des parfums (Traité pratique des), manuel raisonné du cabinet de toilette, renfermant plus de 500 recettes et formules, permettant de préparer soi-même les savons et les parfums usuels, par Albert LARBALÉTRIER.
1 volume in-18...... 2 fr. 50

Bréviaire de la femme (Le), par Mme la comtesse DE TRAMAR. Pratiques secrètes de la beauté, illustré par la photographie d'après nature.
Broché .... 3 fr. 50
Relié toile.......... 4 fr. » ‖ 1 volume in-18, couverture illustrée.

Enfant (L'), hygiène et soins médicaux pour le premier âge ; à l'usage des jeunes mères et des nourrices, par Ermance DUFAUX DE LA JONCHÈRE. Précédé d'une introduction par le docteur BLACHEZ.
1 volume in-18...... 3 fr. 50 ‖ Nombreuses gravures.

Hygiène à l'usage des gens du monde, par le docteur Carvalho, ex-interne des hôpitaux.
Broché .... 2 fr. || 1 volume in-18.

Médecin du foyer (Le), contenant l'exposé de tous les soins nécessaires à la conservation de la santé, par A. Ysabeau.
Broché .... 2 fr.

Médecin (En attendant le), soins et secours à donner en cas d'accidents ou de maladies, par le docteur Pablo Mandoza.
Broché .... 2 fr. || 1 volume in-18 jésus, illustré.

Bon goût, dans le geste, sur soi, dans la maison (Le), étude théorique et pratique de la beauté mise à la portée de tous, par Emile-Bayard.
Broché .... 3 fr. 50 || 1 volume in-18.

Étiquette mondaine (L'). Usages de la société moderne dans toutes les circonstances de la vie. Nouveau guide des gens du monde.
Broché .... 3 fr. 50
Relié toile .... 4 fr. »
1 volume in-18, illustré de nombreuses gravures.

Jeune femme chez elle (La). La vie représentative, la vie d'intérieur, guide moderne de la jeune maîtresse de maison.
Broché .... 3 fr. 50
Relié toile .... 4 fr. »
1 volume in-18.

Maîtres et les domestiques doivent savoir (Ce que les), par Mlle Dufaux de la Jonchère.
Le volume .... 3 fr. 50 || 1 volume in-18.

Mode et l'élégance (La). Orné de nombreuses illustrations de Lucien Métivet, Fernand Fau, Henry Morin, et de 23 gravures hors texte en couleurs.
Broché .... 3 fr. 50
Relié toile .... 4 fr. »
1 volume in-18, couverture illustrée.

Politesse (La). Manuel des bienséances et du savoir-vivre, par E. Muller.
Le volume .... 2 fr. || 1 volume in-18.

Politesse française (Petit traité de la). Codes des bienséances et du savoir-vivre, par E. Muller.
Le volume .... 1 fr. 50 || 1 volume in-18.

Savoir-vivre dans la vie ordinaire et les cérémonies civiles et religieuses (Le), par Ermance Dufaux.
1 volume in-18 .... 2 fr. »
Relié toile soupl. élég. 2 fr. 50

Cet ouvrage de civilité est un travail neuf par la forme et par le fond, rempli d'appréciations personnelles, et décelant, à chaque page, un auteur appartenant à la bonne compagnie.

ÉCONOMIE INDUSTRIELLE ET COMMERCIALE

A B C de la comptabilité (L'), avec modèles de pièces comptables, par C.-E. Brisset.
Broché .... 2 fr. »
Relié toile .... 2 fr. 50
1 volume in-18.

Commerçant (Guide du), par A. Roger, ancien avocat à la Cour d'appel de Paris; nouvelle édition revue, corrigée et mise en harmonie avec les lois nouvelles par Ch. Lejeune, officier de l'Instruction publique, professeur et examinateur à l'École des Hautes Études Commerciales et à l'Institut Commercial de Paris, ancien membre du Jury d'État pour les Écoles supérieures de Commerce, directeur de l'École préparatoire d'administration.
Broché .... 3 fr. »
Relié toile souple. 3 fr. 50
1 volume in-18.

Commerce et commerçants. — Banque et bourse. — Opérations commerciales et financières. — Comptabilité. — Droit commercial. — Brevets d'invention. — Marques de fabrique. — Juridiction commerciale. — Législation ouvrière, etc., etc.

Commerce et la Comptabilité (Le), enseignés par la documentation réelle, contenant 50 encartages, par Lejeune.
Relié toile .... 5 fr. » || 1 volume in-8°.

Correspondance commerciale (Nouveau guide de la), par H. PAGE.

Le volume .... 6 fr. »
Relié toile soupl. élég. 7 fr. »
Rel. 1/2chag., tr. jasp. 8 fr. 50

1 volume in-8°.

Contenant 515 lettres : circulaires, offres de services, entrée en relations, lettres d'introduction et de recommandation, lettres de crédit, prise d'informations et demande de renseignements, etc.

Secrétaire commercial (Le) par Henri PAGE. Extrait de la *Correspondance commerciale.*

Broché .... 2 fr. »
Relié toile souple élégante............ 2 fr 50

Contenant plus de 300 lettres, offrant des modèles usuels et variés sur les divers points de la correspondance commerciale.

1 volume in-18.

Secrétaire commercial (Le nouveau), par J. CAPON, directeur de l'Ecole supérieure de commerce de Rouen, P. FABRE et G. LE MERCIER, professeurs à l'Ecole supérieure de commerce de Rouen.

Broché............ 3 fr. 50
Relié toile......... 4 fr.

1 volume in-18 broché.

COMPRENANT :

Circulaires. — Offres de services. — Entrée en relations. — Lettres de crédit. — Demandes de renseignements. — Ordres et commandes. — Consignations. — Affaires en participation. — Transports par terre et par eau. — Assurances maritimes. — Avaries et expertises. — Douanes.

Tenue des livres, apprise sans maître (La), en partie simple et en partie double, mise à la portée de toutes les intelligences, comptabilité des commerçants, banquiers, industriels, propriétaires, entrepreneurs, agents de change, courtiers, agriculteurs, des sociétés en commandite et par actions, etc. Ouvrage offrant un cours complet de contentieux commercial. Adopté par le tribunal de commerce de la Seine et par l'Ecole de Commerce de Paris, par Louis DEPLANQUE, expert près les Cours et Tribunaux, professeur de comptabilité générale. 24e édition, refondue et mise à jour par MM. CHARIOT et CAMELIN, experts comptables à Paris.

Broché .... 7 fr. 50
Relié toile soupl. élég. 8 fr. 50
Rel. 1/2 chag. tr. jasp 10 fr. »

1 fort volume in-8°.

Tenue des livres rendue facile (La), par Edmond DEGRANGE, Édition revue avec soin par LEFEBVRE.

Broché .... 5 fr. »
Relié 1/2 chagrin..... 7 fr. 50

1 volume in-8°.

Comprenant une instruction pratique pour l'application à toute espèce de compte des règles de la comptabilité en partie double et en partie simple, suivie d'une nouvelle manière rapide et sûre de calculer les intérêts et d'un projet d'établissement de livres pour simplifier les écritures de commerce.

Tenue des livres rendue facile, à l'usage des personnes destinées au commerce ; comprenant une instruction pratique pour l'application à toute espèce de comptes, des règles de la comptabilité en partie double et en partie simple, par un ANCIEN NÉGOCIANT.

Broché .... 2 fr. »
Relié toile soup. élég. 2 fr. 50

1 volume in-18.

Sténographie (Traité pratique de) par CH. LEJEUNE, à l'usage des écoles et des affaires.

Relié toile......... 2 fr. 50 — 1 volume in-18.

Sténographie (Corrigé des exercices de), par le même auteur.

Relié toile......... 3 fr. — 1 volume in-18.

ÉLECTRICITÉ

Électricien (Manuel de l'), 8e édition, par A. SOULIER. Traité pratique des machines dynamo-électriques. Construction des machines, installation, entretien, dérangements.

Broché .... 2 fr. »
Relié toile........... 2 fr. 50

1 volume in-18, illustré de 400 gravures.

Électricité (Traité pratique d'), 14e édition, revue et augmentée, par Alfred SOULIER, ingénieur-électricien, chargé du service électrique de la section technique de l'artillerie, secrétaire de la rédaction de l'*Industrie électrique.*

Broché .... 2 fr. »
Relié toile .... 2 fr. 50

1 volume in-18, avec de nombreuses figures.

Sonneries électriques. — Téléphones. — Eclairage électrique. — Rayons X. — Télégraphie sans fil.

Électricité (Les grandes applications de l'), 5e édition, par Alfred SOULIER.

Broché .... 2 fr. »
Relié toile .... 2 fr. 50

1 volume in-18 jésus illustré

Éclairage électrique. — Transmission de la force à distance. — Tramways et chemins de fer électriques. — Électrochimie. — Extraction des métaux. — Fabrication des couleurs.

Ouvrage honoré d'une souscription du Ministre de l'Instruction publique

Installations électriques, par A. SOULIER.

Broché .... 2 fr. »
Relié toile .... 2 fr. 50

1 volume in-18 illustré, 3e édition.

Transformateurs électriques. — Appareils de mesures électriques. — Appareillage électrique. — Installations d'appartements. — Installations d'usines.

Moteurs électriques, par A. SOULIER.

Broché .... 2 fr. »
Relié toile .... 2 fr. 50

1 volume in-18 illustré, Nouvelle édition.

Moteurs à courant continu. — Moteurs à courant alternatif. — Mise en marche. — Traction électrique. — Montage. — Bobinage. — Réparations. — Entretien. — Adaptation des moteurs électriques aux machines-outils.

Galvanoplastie (Traité de), par LE MÊME.

Broché .... 2 fr. »
Relié toile .... 2 fr. 50

1 volume in-18 illustré.

Sources de courant, préparation des pièces, cuivrage, nickelage, argenture, dorure, reproduction des objets, moulages, recettes pratiques.

Télégraphie sans fil (La), par Lucien FOURNIER. Nouvelle édition, revue et augmentée d'une 2e partie sur les progrès de la T. S. F.

Broché .... 3 fr. »
Relié toile .... 3 fr. 50

1 volume in-18 illustré.

Historique. — Ondes électriques. — Différents systèmes. — Applications, etc., etc.

Téléphonie privée, par SOULIER.

Broché .... 2 fr. »
Relié toile .... 2 fr. 50

1 volume in-18 illustré.

ÉLEVAGE

Animaux de basse-cour (Les), par Albert LARBALÉTRIER, ingénieur agronome, diplômé de l'École nationale d'agriculture de Grignon, professeur à l'École pratique d'agriculture du Pas-de-Calais. Nouvelle édition revue et mise à jour.

Broché .... 3 fr. 50

1 volume in-18 illustré.

Élevage des poules et coqs, dindons, pintades, oies, canards, cygnes, paons, pigeons, cobayes, lapins et léporides.

Achat et de la vente du bétail (Manuel pratique de l') par Henri VILLIERS, professeur vétérinaire et Albert LARBALÉTRIER. Nombreuses gravures.

Broché .... 2 fr. 50

1 volume in-18.

Bœufs. — Veaux. — Moutons. — Porcs. — Élevage. — Engraissement. — Police sanitaire. — Foires et marchés — Vices rédhibitoires. — Boucherie, etc.

Éleveur du bétail (Manuel de l') de tous les animaux domestiques : caractères, qualités, défauts, par L. PAUTET, ancien répétiteur de physiologie à l'École d'Alfort, vétérinaire sanitaire au marché de la Villette.

Relié toile souple élégante .... 4 fr. »

1 volume in-18 jésus.

Prairies et élevage du bétail, guide pratique de l'éleveur, par A. BEDEL, rédacteur en chef du *Journal de la Vigne et de l'Agriculture.*
Broché .... 3 fr. 50 ‖ 1 volume in-18 illustré de nombreuses vignettes.

Anatomie, d'hygiène et de médecine vétérinaire (Traité pratique d'). Art de prévenir et de guérir les maladies chez le cheval, l'âne, le mulet, le bœuf, le mouton, le porc et le chien, par H.-A. VILLIERS et A. LARBALÉTRIER. Nouvelle édition, revue par A. MONTOUX, Ingénieur agricole.
Broché .... 3 fr. 50
Relié toile souple élég. 4 fr. » ‖ 1 fort volume in-18 orné de 35 figures.

Abeille domestique (L'), son élevage et ses produits, par M. ICHES, secrétaire de la Société centrale d'apiculture, de sériciculture et de zoologie agricole. Préface de M. Joannes CHATIN, de l'Institut. Ouvrage illustré de M. Al. CLÉMENT, officier de l'instruction publique et du Mérite agricole, vice-président de la Société centrale d'apiculture.
Broché .... 3 fr. ‖ 1 volume illustré de 134 figures.

Causeries chevalines, par GAUME.
Broché .... 3 fr. 50 ‖ 1 volume in-18.

Cheval (Le). Traité complet d'hippologie, suivi d'un cours d'équitation pour le cavalier et la dame, d'une étude détaillée du cheval et de son entretien, d'un aperçu sur l'hippophagie et sur les diverses races élevées en France et à l'étranger, etc., par E. SANTINI, ancien directeur de l'école des enfants de troupe et de la remonte des jeunes chevaux. Nombreuses figures.
Broché .... 3 fr. 50 ‖ 1 volume in-18 illustré.

Cheval (Le). Manuel à l'usage de nos amateurs de chevaux et des gens d'écurie, par un HOMME DE CHEVAL. Nouvelle édition complètement refondue.
Le volume .... 2 fr. ‖ 1 volume in-18 jésus, illustré.

Races chevalines et leurs améliorations, par J.-H. MAGNE, directeur de l'École nationale vétérinaire d'Alfort, membre de l'Académie de médecine, 3e édition, avec gravures.
Broché .... 8 fr. ‖ 1 volume grand in-18 jésus.

Comprenant: Entretien, multiplication, élevage, éducation du cheval, de l'âne et du mulet. — Ouvrage précédé de considérations générales sur l'amélioration des animaux domestiques.

Chien d'appartement et d'utilité (Le). Éducation, dressage, hygiène, maladies, par Jean ROBERT
Broché .... 2 fr. ‖ 1 volume in-18 jésus.

Chiens (Manuel pratique de l'amateur de) : chiens de chasse, chiens de garde, chiens de berger, chiens d'agrément, par Albert LARBALÉTRIER, ingénieur agronome, lauréat de la Société protectrice des animaux.
Broché .... 2 fr. ‖ 1 volume in-18

Histoire, origine, intelligence, races canines, alimentation, élevage, dressage, maladies.

Lapins (L'éleveur de). Manuel pratique contenant les monographies des races primées, par Paul DEVAUX. *Elevage. — Maladie. — Reproduction. — Hygiène.*
Broché .... 1 fr. 50 ‖ 1 volume in-18 illustré.

Oiseaux (L'art d'élever et d'instruire les), oiseaux chanteurs, oiseaux parleurs, oiseaux de volière, par L.-E. CHAMPAIME.
Broché .... 3 fr. 50 ‖ 1 volume in-18 avec de nombreuses vignettes.

Pigeons (Élevage des), par RENAUDET.
Broché .... 2 fr. 50
Toile .... 3 fr. » ‖ 1 volume in-18 illustré.

Porc (Traité pratique de l'élevage du) et charcuterie, par Aug. VALESSERT, ancien charcutier, suivi d'une étude sur les truffes et les truffières, par Alb. LARBALÉTRIER, professeur d'agriculture.
Broché .... 3 fr. 50 ‖ 1 beau volume in-18, orné de gravures.

Vaches laitières (Les), par Albert LARBALÉTRIER. Nouvelle édition revue et mise à jour.
Broché .... 3 fr. 50 ‖ 1 volume in-18, orné de 36 figures.

Choix. — Races. — Entretien. — Habitation. — Alimentation. — Reproduction. — Elevage. — Le lait et ses produits. — Fonctions économiques des bovidés. — Caractères généraux du genre bœuf. — Races bovines laitières. — Caractères distinctifs généraux de la bonne vache laitière. — Système Guénon. — Système de M. Magne et divers systèmes. — Détermination de l'âge des vaches laitières : 1° par les dents ; 2° par les cornes. — Alimentation des vaches laitières. — Les étables. — Reproduction et élevage. — Les mamelles et la lactation. — La traite, soins hygiéniques, transport du lait. — Le lait : composition, falsification, altérations, tuberculose. — Conservation du lait, pasteurisation. — Lait condensé en poudre, képhir. — Législation.

Laiterie (Traité pratique de la) : lait, beurre, fromages, par Albert LARBALÉTRIER.
Broché .... 2 fr. || 1 volume in-18, orné de 73 gravures.

INDUSTRIE — ARTS INDUSTRIELS

L'art appliqué à l'industrie, par A. BROQUELET.
2 volumes
Le volume broché.... 3 fr. 50 || In-18 jésus, illustrés.

TOME Ier : *L'art décoratif. — Etude de la fleur. — Pochoirs. — Papier peint. — Impression des étoffes. — Eventail. — Miniature. — Photographie sur soie. — Scénographie ou décoration théâtrale. — Peinture des stores et des écrans. — Photopeinture. — Vernis Martin. — Peinture ou imitation de tapisserie. — Fleurs artificielles. — Vitrail. — Modelage et moulage. — Coloration et patines artistiques des plâtres. — Céramique. — Peinture sur porcelaine.*

TOME II : *La bijouterie à travers les âges. — Etat naturel et propriétés des métaux, des alliages. — Composition et technique du bijou. — La ciselure. — Emaillage. — Poinçon et marques de garanties. — Perles fines et pierres précieuses. — L'étain, l'argent, le cuivre repoussés et ciselés. — La pyrogravure sur ivoire, étoffes, cuir. — La pyrosculpture. — L'art du velours frappé. — La corne. — Le découpage du bois à la scie. — Marqueterie et plaquage. — L'imitation de la marqueterie. — Mosaïque. — Incrustation.*

Cuir (Traité de l'art du) : Maroquinerie, cuir d'art, par A. BROQUELET.
Broché .... 3 fr. 50 || 1 volume in-18 illustré.

Ébénisterie et de marqueterie (Traité d'), par Paul FOURNIER, professeur de trait.
Broché .... 3 fr. 50 || 1 volume in-18 jésus, illustré de 318 figures.

Encres et cirages (Traité méthodique de la fabrication des), colles de bureau, cires à cacheter, par A.-F. GOUILLON, chimiste.
Broché .... 4 fr. 50 || 1 volume in-18 illustré.

Encres à dessiner, à écrire, à marquer, à timbrer. — Gommes et colles de bureau. — Cires à cacheter, à paqueter, à sceller. — Pains à cacheter. — Cirages, vernis, etc.

Art lithographique (Traité pratique de l') au point de vue artistique et pratique, par MAUROU et BROQUELET.
Relié toile .... 5 fr. || 1 volume in-18 jésus, illustré, augmenté d'une feuille explicative de 36 pages en chromolithographie.

Imprimeur lithographe (Manuel de l') à la presse à bras et à la machine, par BROQUELET et BRÉGEAUT.
Relié toile............. 5 fr. || 1 volume in-18 illustré.

Typographie (Traité de), par H. FOURNIER, imprimeur. 4e édition revue et augmentée par M. A. VIOT, ancien directeur de l'imprimerie Mame.
Broché .... 3 fr. 50
Toile .... 4 fr. » || 1 volume in-18 jésus.

Meunerie et de boulangerie (Traité pratique de), par M. Léon HENDOUX.
Le volume, broché...... 5 fr. || 1 volume illustré.

Nettoyage et appropriation des grains. — Différents modes de mouture. — Meules. — Cylindres, blutage et sassage. — Altération des grains et farines. — Leur conservation. — Fours. — Pétrins. — Panification.

Peinture industrielle (Traité encyclopédique de la). Revue générale des diverses catégories de la peinture dans l'industrie et des connaissances nécessaires au praticien, par FLEURY.
Broché .... 3 fr. 50 || 1 volume in-18 jésus.

Sellerie, bourrellerie (Traité pratique et complet des ateliers de), civils et militaires, par M. Gustave Bray, rédacteur du *Moniteur de la Sellerie civile et militaire.*

Broché .... 4 fr. 50 || 1 volume in-18 de 630 pages, 135 figures.
Relié toile .... 5 fr. »

Teinture et du nettoyage (Manuel méthodique des industries de la), 3e édition. Teinturerie, nettoyages, détachage, apprêts, travaux accessoires du teinturier, désinfection, etc., par A.-F. Gouillon, chimiste. Ouvrage honoré d'une souscription de M. le Ministre de l'Instruction publique.

Broché .... 4 fr. 50 || 1 volume in-18 jésus de 652 pages et 120 gravures.
Relié toile .... 5 fr. »

Vernis (Traité méthodique de la fabrication des), par A.-F. Gouillon, chimiste.

Broché........... 3 fr. 50 || 1 volume in-18.

Vernis gras. — Vernis à l'essence. — Matières premières. — Colorants. — Considérations commerciales, etc.

JEUX

Bridge (Art de gagner au) par Henri de Gizaguet. Préceptes et conseils pratiques.

Broché .... 2 fr. 50 || 1 volume in-18.

Échecs (Analyse et traité du jeu des) par A.-D. Philidor. Edition augmentée d'un recueil de 78 parties jouées par Philidor en Angleterre et du *Traité de Greco,* par C. Sanson.

Broché .... 3 fr. 50 || 1 volume in-18 illustré.

Jeux (Académie des) par Van Tenac (contenant l'historique, la marche, les règles, conventions et maximes des jeux en usage dans les cercles et dans les salons.

Broché .... 2 fr. || 1 volume in-32 illustré.
Relié toile .... 3 fr. 25

Jeux (Nouvelle académie des) par Jean Quinola, contenant un dictionnaire des jeux anciens ainsi que les règles de tous les jeux de cartes, dominos, loto, billard, échecs, dames, tric-trac, etc.

Broché........... 2 fr. || 1 volume in-18.

Jeux de société recueillis par L. de Valaincourt. Jeux d'esprit et d'improvisation, jeux de salon, patience, jeux divers, rondes et danses de société.

Broché .... 3 fr. 50 || 1 volume in-18 illustré.

Jeux de salon (Règles simplifiées des) par Louis Biars (cartes, jacquet, loto, dames, échecs, dominos, billard, nain jaune).

Broché .... 1 fr. 50 || 1 volume in-18.

Patiences et réussites (Cent) (La plupart inédites), par Poussart.

Broché.......... 2 fr. || 1 volume in-18.

Tours de Cartes, par Robert.

Broché .... 1 fr. 50 || 1 volume in-18 illustré de 50 gravures.

Gais et curieux tours d'escamotage anciens et modernes.

Broché .... 1 fr. 50 || 1 volume in-18 orné de 74 gravures.

Tours de Physique amusante.

Broché .... 1 fr. 50 || 1 volume in-18 illustré de 50 gravures.

LÉGISLATION - JURISPRUDENCE
ADMINISTRATION — ÉCONOMIE POLITIQUE

Affaires (Nouveau guide en), contenant toutes les notions de droit et tous les modèles d'actes dont on a besoin pour gérer ses affaires soit en matière civile, soit en matière commerciale, par DURAND DE NANCY. Nouvelle édition. Considérablement augmentée et mise au courant de la législation et de la jurisprudence les plus récentes, contenant les lois sur les justices de paix, sur les conseils de prud'hommes, sur les ventes et nantissements de fonds de commerce, sur la réhabilitation des faillis, sur les accidents du travail, sur le régime fiscal des successions, etc., ainsi que les décrets, circulaires, instructions ministérielles et les formules relatives à ces matières.

Broché .... 4 fr. 50
Relié toile .... 5 fr. »
1 volume in-18 jésus.

Code civil (Répétitions écrites sur le), contenant l'exposé des principes généraux, leurs motifs et la solution des questions théoriques, par MOURLON, docteur en droit, avocat à la Cour d'appel. Edition, revue et mise au courant, par M. Ch. DEMANGEAT, conseiller à la Cour de Cassation, professeur honoraire à la Faculté de droit de Paris.

3 volumes in-8° ..... 37 fr. 50
Chaque exam. orm. 1 vol. se vend sép.. 12 fr. 50

Droit à la portée de tous (Le). *Guide pratique et sommaire dans la vie privée et dans les affaires,* par JOLY (Edmond), avocat à la Cour d'Appel.

Broché .... 2 fr. 50
Toile .... 3 fr. »
1 volume in-18.

Droit commercial, industriel et maritime (Dictionnaire de), contenant la législation, la jurisprudence, l'opinion des auteurs, les usages du commerce, les droits de timbre et d'enregistrement des actes, enfin des modèles de tous les actes qui peuvent être faits, soit par les membres des tribunaux de commerce, soit par les commerçants eux-mêmes, par M. J. RUBEN DE COUDER, docteur en droit, conseiller à la Cour de Cassation, rédacteur en chef du *Recueil général des lois et arrêts* et du *Journal du Palais.* 3e édition, dans laquelle a été entièrement refondu et remis au courant l'ancien ouvrage de MM. GOUGET, conseiller à la Cour de Cassation, et MERGER, avoué honoraire à la même cour. Cet ouvrage est aujourd'hui connu de tous ceux qui s'occupent de jurisprudence.

6 forts volumes in-8°... 60 fr.

Droit commercial, industriel et maritime (Supplément au dictionnaire de), d'après MM. GOUGET et BERGER, par M. RUBEN DE COUDER, conseiller à la Cour de Cassation. Toutes les lois nouvelles, si nombreuses depuis la publication du *Dictionnaire,* se trouvent analysées dans ce *Supplément.*

Le volume broché ...... 10 fr. || 2 volumes in-8°.

Économie politique, sociale ou industrielle (Traité d'), par J. GARNIER, Membre de l'Institut. Nouvelle édition revue et augmentée.

Broché .... 8 fr. || 1 volume in-18.

Économie politique ou industrielle (Premières notions d'), par J. GARNIER. Nouvelle édition revue et mise à jour.

Broché .... 3 fr. 50
1 volume in-18.

Gérance pour tous (La), par SICRE. *Comptabilité des propriétaires, administration d'immeubles, actes sous seings privés, enregistrement, baux et locations verbales, contributions, congés, réparations locatives, honoraires, emprunts hypothécaires, attributions du concierge.*

Broché .... 4 fr. »
Relié toile .... 5 fr. »
1 volume.

Locataires (Différends et procès entre). Un demi-siècle de jurisprudence, par M. J. COURTOIS.

Broché .... 3 fr. 50 || 1 volume in-18.

Baux en concurrence. — Troubles de jouissance. — Clause d'habitation bourgeoise. — Commerces similaires. — Emplacement des enseignes. — Recours du bailleur contre le preneur. — Actions et sanctions.

Propriétaires, locataires ou fermiers (Guide pratique des), comprenant : 1° la solution de toutes les difficultés pouvant surgir dans leurs rapports entre eux et avec les administrations publiques (expropriation, servitudes de voierie, contributions directes, enregistrement des baux) · 2° des modèles de tous les actes sous seing privé relatifs aux locations, par A. DEGLOS, docteur en droit. Nouvelle édition entièrement revue et corrigée, par M. RUBEN DE COUDER, conseiller à la Cour de Cassation, ancien vice-président du Conseil général de la Seine.
Broché .... 4 fr. 50
Relié toile .... 5 fr. »
1 volume in-18.

Maires (Nouveau guide pratique des), des adjoints, des secrétaires de mairie et des conseillers municipaux, contenant les lois, décrets, arrêtés, circulaires et décisions du Ministre de l'Intérieur, les arrêts du Conseil d'Etat et de la Cour de Cassation sur toutes les matières de l'administration municipale et un traité complet de l'état civil, de la police judiciaire, des tribunaux de simple police, suivi d'un formulaire de tous les actes à dresser par les maires, d'après DURAND DE NANCY. Nouvelle édition, entièrement refondue et annotée et suivie de la LOI SUR LES RETRAITES OUVRIÈRES, par Edmond JOLY, avocat à la Cour d'Appel.
Broché .... 7 fr. 50
Relié toile .... 8 fr. 50
1 volume in-18.

Gardes champêtres (Guide pratique des) et des gardes particuliers, par M. Marcel GRÉGOIRE, préfet, 2e édition revue et corrigée.
Broché .... 2 fr.
Relié toile soupl. élég. 2 fr. 50
1 volume in-18 jésus. *Honoré d'une souscription du Ministre de l'Intérieur.*

Loi municipale du 5 avril 1884, modifiée par les lois du 4 février 1901, 7 avril 1902 et 8 janvier 1905 et suivie de la loi du 22 mars 1890, sur les Syndicats des communes et des circulaires des 10 avril et 15 mai 1884, interprétatives de la loi du 5 avril 1884, dispositions spéciales aux villes de Paris et de Lyon. Nouvelle édition.
Broché .... 1 fr. 25
Relié toile soupl. élég. 1 fr. 75
1 volume in-18.

Pour se marier. Notions élémentaires et pratiques sur le mariage civil et religieux, les formalités, la dot et le contrat, par A. CLAIR.
Broché .... 2 fr.
1 volume in-18 jésus.

Orateur populaire (L'). Recueil de discours à l'usage de tous ceux qui sont appelés à prendre la parole en public ou dans les réunions privées, maires, adjoints, etc., par L. FILIPPI.
Broché .... 3 fr. 50
Relié toile soupl. élég. 4 fr. »
1 volume in-18.

Commis et employés et de leurs patrons (Guide des), par P. GUIGNARD, docteur en droit, avocat agréé au tribunal de commerce de Lyon.
1 volume in-18 jésus..... 2 fr.

MÉCANIQUE ET MACHINES

Chauffeur mécanicien (Le). Conseils pratiques pour le *montage, la conduite et l'entretien des chaudières à vapeur, moteurs à gaz et à pétrole, gazogènes,* par COUDERT.
Broché .... 2 fr. »
Relié toile .... 2 fr. 50
1 volume in-18.

La locomotive à vapeur, par HEGELBACHER.
Broché .... 3 fr. 50
Toile .... 4 fr. »
1 volume.

Machines à vapeur (Ce qui se passe dans le cylindre, distribution), par A. POUSSART.
Broché .... 3 fr. 50
1 volume in-18 jésus de 280 pages, 249 figures.

Notions de physique. — Principe de la machine à vapeur. — Travail mécanique, indicateur de Watt. — Machines à plusieurs cylindres. — Détente variable. — Le cylindre. — Le piston.

Mécanique (Traité élémentaire de), par A. POUSSART, ancien élève de l'Ecole polytechnique, ancien officier de marine.
2 volumes.
Le volume, broché.. 3 fr. 50
2 volumes in-18 jésus de 500 pages illustrés de nombreuses figures.

1re PARTIE : MÉCANIQUE THÉORIQUE ET CINÉMATIQUE : *Vitesse, accélération.— Mouvements rectilignes. — Mouvements curvilignes. — Compositions des mouvements. — Mouvements des corps. — Principe de la dynamique. — Mouvement et équilibre d'un point matériel libre. — Travail mécanique. — Mouvement et équilibre d'un point qui n'est pas libre. — Equilibre et mouvement d'un solide invariable. — Centre de gravité. — Des machines en général. — Machines élémentaires. — Machines quelconques.* — MÉCANISMES: *Solides naturels.— Résistances passives.— Roulement.— Raideur des corps. — Résistance des matériaux. — Généralités sur les mécanismes. — Articulations prismatiques et de rotations. — Vis, combinaison de vis. — Articulation de roulements. — Engrenages. — Courroies. — Câbles. — Chaînes. — Hydrostatique. — Hydrodynamique.*

2e PARTIE : MOTEURS : *Moteurs animés. — Moteurs thermiques.— Gaz.— Vent.— Moteurs hydrauliques.—Roues hydrauliques.—Turbines.*—OPÉRATEURS : *Navires, aérostats.—Elévation des fardeaux. — Transport des fardeaux. — Elévation et compression des liquides. — Pompes. — Accumulateurs. — Presse hydraulique. —Horlogerie. — Meunerie. — Electricité. — Machines dynamo-électriques.*

Mécanismes (Les), par H. LEBLANC, ingénieur-mécanicien. Nouvelle édition revue et mise à jour.

Relié toile.............. 5 fr. ‖ 1 volume in-18 jésus de 500 pages environ, illustré de nombreuses figures.

Ouvrage honoré d'une souscription du Ministre de l'Instruction publique

PHOTOGRAPHIE

Photographie pratique (Traité élémentaire de la), par G.-H. NIEWENGLOWSKI, préparateur de chimie à la Faculté des Sciences de l'Université de Paris, professeur de photographie à l'Association philotechnique.

Broché............. 3 fr. »
Relié toile........... 3 fr. 50

1 volume in-18 jésus, de 240 pages, 189 figures.

Principes de la photographie. — Le matériel, choix, essai, entretien. — Surfaces sensibles, plaques, pellicules, papiers, halo, orthochromatisme. — Le laboratoire. — Préparation des bains. — Le sujet, photographie artistique, paysage, portrait, intérieurs, photographie documentaire, reproductions. — L'obtention du négatif, mise au point, temps de pose, développement, éclaircissement, renforcement, affaiblissement.— Le tirage des positifs sur papier : papiers aux sels d'argent à image apparente et à image latente ; papiers aux sels de fer et aux sels de platine.— Montage et encadrement des épreuves sur papier. — Choix de formules et recettes.

Photographie pratique (Traité complémentaire de), par G. H. NIEWENGLOWSKI.

Broché............. 3 fr. »
Relié toile.......... 3 fr. 50

1 volume in-18 de 412 pages, 172 figures.

La photographie sans objectif. — Les objectifs anachromatiques. — Les procédés pigmentaires. — Montage à sec des photogrammes. — Photogrammes positifs sur verre. — Examen des photographies. — Photographie panoramique et stéréoscopique. — Projections. — Agrandissements. — Photographie directe et indirecte des couleurs. — Choix de formules et recettes.

Applications de la Photographie (Les), par G.-H. NIEWENGLOWSKI.

Broché............. 3 fr. »
Relié toile........... 3 fr. 50

1 volume in-18 de 460 pages, 180 figures.

Aperçu d'ensemble sur les applications scientifiques de la photographie. — La photographie astronomique. — La photographie des étoiles, la carte du ciel, etc. — La photographie aérienne par ballons. — La photographie aérienne par cerf-volant. — La microphotographie. — La radiographie. — Le radium. — Les procédés photomécaniques. — La photogravure. — La transmission lointaine des photographies. — La phototeinture, etc.

Photographie des couleurs (Traité pratique de), par LE MÊME.

Broché............. 3 fr. »
Relié toile........... 3 fr. 50

1 volume in-18.

Photographie directe des couleurs. — Photographie interférentielle des couleurs. — Photographie directe des couleurs par décoloration. — Photographie par dispersion chromatique. — Trichromie. — Synthèse optique. — Photogrammes transparents. — Photogrammes sur papier. — Trichromie par pigments juxtaposés. — Triages des couleurs sur une surface unique. — Plaques autochromes et similaires. — Pratique de l'autochromie.

Projections lumineuses (Traité pratique des), par LE MÊME.

Broché .... 3 fr. »
Relié toile .... 3 fr. 50

1 volume in-18.

Historique. — La lanterne à projections. — Les sources lumineuses : éclairages au pétrole, à l'alcool, à l'acétylène, au gaz, à l'électricité. — Les accessoires : écran, pied, châssis, passe-vues. — Les tableaux de projection dessinés en noir et en couleurs. Les tableaux de projections photographiques. — Montage et coloriage des tableaux de projection. — Les séances de projections. — Projections en pleine lumière. — Les ombres. — Recettes et renseignements divers.

Projections lumineuses spéciales (Traité pratique des), par LE MÊME.

Broché .... 3 fr. »
Relié toile .... 3 fr. 50

1 volume in-18.

Projections animées. — Projections panoramiques. — Projections stéréoscopiques. — Appareils pour projections scientifiques. — L'optique en projection. — La chimie en projection. — Les sciences naturelles en projection.

PROFESSIONS

Choix d'une profession (Guides pour le), contenant des renseignements précis sur les professions qui exigent des préparations spéciales et sur les Institutions, Facultés et Écoles qui préparent aux différentes carrières, par F. DE DONVILLE.

A l'usage des jeunes gens. — Nouvelle édition entièrement revue et mise à jour avec une préface par Robert DOUCET.

Broché .... 3 fr. 50

1 volume in-18 jésus.

A l'usage des jeunes filles et des dames. — Nouvelle édition entièrement revue, mise à jour et augmentée, avec une préface par Georges BROQUELET, licencié en droit.

Broché .... 3 fr. 50

1 volume in-18 jésus.

Coupe des chemises (Traité pratique et scientifique de la) et spécialités du tailleur-chemisier, par Marcel DESSAULT, professeur de coupe à Paris.

Broché .... 3 fr. 50
Relié toile .... 4 fr. »

1 volume in-18 jésus.

Coupe et confection des vêtements (Traité pratique de), *Vêtements civils et militaires (Pantalons, culottes, gilets, etc.,* par LE MÊME.

HOMMES ET ENFANTS.

Broché .... 3 fr. 50
Relié .... 4 fr. »

1 volume in-18, 275 figures.

DAMES ET ENFANTS. *Mesures. — Corsages. — Patrons. — Pinces. — Collets. — Manches. — Jupes. — Vêtements d'enfants.*

Broché .... 3 fr. 50
Relié toile .... 4 fr. »

1 volume in-18 jésus.

Coupe et essayages (Traité pratique de), *Mesures. — Tracé du corsage. — Coupe des jupes. — Coupe des manches. — Revers. — Cols, etc.,* par LE MÊME.

Broché .... 3 fr. 50
Relié toile .... 4 fr. »

1 volume in-18 jésus.

Essayages et de retouches (Traité pratique d'), *Erreurs dans les hauteurs du dos et du devant, etc.,* par LE MÊME.

Broché .... 3 fr. 50
Relié toile .... 4 fr. »

1 volume in-18.

Cordonnier (Guide du), *La chaussure. — Les outils. — Les crépins. — Le cuir. — Prendre mesure du pied, couper, etc.,* par CHARLIES.

1 volume in-18 illustré. 3 fr. 50

Construction des formes (Traité de la) et du patronage géométrique à l'usage de la fabrication de la chaussure civile et militaire. Dédié à la Cordonnerie française et en particulier aux écoles professionnelles de France, par M. H. MERMET, bottier.

Broché .... 3 fr. 50

1 volume in-18, illustré de nombreuses figures.

Bien chausser (L'art de), Méthode de coupe et de patronage, enseignée à l'école de cordonnerie de Paris, par M. SAUZAT, professeur. Publié sous les auspices du Syndicat des chausseurs de Paris. 2e édition.

Le volume .... 3 fr. 50 || 1 vol. in-8° jésus, avec gravures.

Dorure sur bois (Traité pratique de la), procédé à l'eau, procédé à la mixtion, pour travaux du meuble, du cadre, travaux du bâtiment, par Paul FLEURY.

Broché .... 2 fr. || 1 volume in-18 jésus, illustrations en chromolithographie.

Description des procédés rationnels. — Développements théoriques. — Explications pratiques. — Apprêts. — Réparure. — Dorure, finission. — Restauration des vieilles dorures. — Salissages et patines. — Recettes et procédés.

Sculpteur sur bois (Guide du), par POUSSART et WAGNER.

Broché .... 3 fr. 50 || 1 volume in-18 jésus illustré de 433 gravures.

Les arts du dessin. — Les bois. — Les outils. — Couper le bois. — Sculpture d'ornements plats. — La gravure. — Moulures. — Ornements des moulures. — Fleurs et feuilles. — Travail d'ensemble. — Architecture antique. — Architecture romane. — Style ogival. — La Renaissance. — Louis XIV, Louis XV, Louis XVI. — Les armoiries.

Tourneur (L'art du), par POUSSART.

Le volume broché.... 3 fr. 50 || 2 volumes in-18 jésus, ornés de 200 gravures.

TOME I : *Forme des objets tournés. — Le bois. — Le tour à pointes. — Le tour en l'air. — Outils. — Affûtage et entretien des outils. — La manière de tourner. — Gorges et baguettes. — Exercices divers. — Différentes manières de tourner, percer, creuser.*

TOME II : *Assemblages, collage. — Vases. — Sphères, polyèdres, étoiles, chaînes. — Surfaces excentriques. — Tour figuré ou composé. — La vis. — Tour ovale ou elliptique. — Le guillochage. — Les métaux. — Ivoire, corne, albâtre, etc. — Polir et vernir. — Coloration des bois. — Ornementation.*

Peintre décorateur (Traité classique du). Étude comparative des principaux styles, arts anciens et art nouveau, dessins, couleurs, harmonie d'ensemble, indications techniques, mélanges de couleurs, par P. FLEURY, peintre décorateur, directeur technique et rédacteur du *Journal Manuel de Peinture.*

Broché .... 3 fr. 50 || 1 volume in-18 jésus.

Épicier moderne (L'), par A. DOMONT.

Broché .... 3 fr. 50 || 1 volume in-18 illustré de 95 gravures.

Objet de l'épicerie. — Conserves. — Sucre et matières sucrées. — Café. — Thé. — Cacao. — Chocolat, vanille. — Epices et condiments. — Féculents, pâtes alimentaires, légumes. — Fruits conservés. — Confiseries. — Conserves de viandes. — Poissons, crustacés, coquillages. — Lait, fromages, beurre et œufs. — La cave, le vin, l'alcool. — Huiles et vinaigres. — Articles de nettoyage. — Eclairage.

Garçon limonadier (Manuel du), de restaurant et de marchand de vins, par CATUSSE, maître d'hôtel.

Broché .... 3 fr. 50 || 1 volume in-18 illustré de nombreuses figures.

Le placement. — Organisation générale d'un café-restaurant. — Offices. — La bière et le pompier. — Bière de chez le débitant. — Boissons étrangères. — Le vin. — L'alcool. — Le caviste et la cave. — Le garçon de café. — Le fournier. — Garçon de rang. — Journaux et jeux. — Le billard. — Service du restaurant. — Le garçon marchand de vin. — Bar.

Naturaliser les animaux (Art de conserver et de) (Vertébrés et Insectes) **et d'utiliser leurs dépouilles** (Fourrures, Plumes, etc.), par H. L. Alph. BLANCHON. Ce volume est destiné non seulement aux naturalistes et entomologistes, mais aux chasseurs, aux pêcheurs, aux maîtresses de maison, en un mot à toutes les personnes qui habitent la campagne.

Broché .... 3 fr. 50 || 1 volume in-18.

Relieur (Manuel pratique de l'ouvrier), par CHANAT, professeur de reliure à l'Ecole Estienne.

Broché .... 2 fr. 50 || 1 volume in-18.
Toile .... 3 fr. »

SCIENCE HÉRALDIQUE

Abrégé méthodique de la science des armoiries, suivi d'un glossaire des attributs héraldiques, d'un traité élémentaire des ordres modernes de chevalerie et de notions sur l'origine des noms de famille et des classes nobles, les anoblissements, les preuves et les titres de noblesse, les usurpateurs et la législation nobiliaire, etc., par M. Maigne. Nouvelle édition, remaniée et augmentée, illustrée.

1 volume in-8°......... **10 fr.**
Imprimé à 154 ex. num. sur papier de Hollande. **20 fr.**

SCIENCES MATHÉMATIQUES

Algèbre (Cours d') à l'usage des candidats au baccalauréat ès sciences et aux écoles du gouvernement, par M. A. Bezodis, professeur au lycée Henri IV.
Broché................ **6 fr.** ‖ 1 volume in-8°.

Arpentage (Traité pratique d'), par Poussart.
Le volume, broché...... **3 fr.** ‖ 2 volumes in-18 jésus illustrés de nombreuses gravures.

1re Partie : *Nivellements. — Levé de plans. — Notions de géométrie, plan de l'ouvrage. — Instruments. — Mesure des lignes. — Mesure des angles. — Reproduction du plan levé. — Partage des terres. — Bornage. — Levé au graphomètre. — Levé à la boussole et à la planchette. — Exemple d'un levé complet.*

2e Partie : *Opérations à grande portée. — Tachéométrie. — Forme de la terre. — Notions de physique. — Instruments. — Alignements. — Opérations sur le terrain. — Exercices pratiques. — Méthodes de nivellement,* etc.

Astronomie (Traité d') appliquée à la géographie et à la navigation, suivi de la géodésie pratique, par M. Emm. Liais, astronome à l'Observatoire national de Paris, auteur de l'*Espace céleste,* etc.
Broché............. **7 fr. 50** ‖ 1 fort volume grand in-8° cavalier.

Géométrie élémentaire (Cours de) à l'usage des aspirants au baccalauréat ès sciences et aux écoles du gouvernement, par M. Colas, professeur de mathématiques au lycée Henri IV.

1re Partie : *Géométrie plane.*
Broché................ **6 fr.** ‖ 1 volume in-8°.

2e Partie : *Géométrie dans l'espace, courbes usuelles*
Broché................ **3 fr.** ‖ 1 volume in-8°.

Géométrie descriptive (Cours de) à l'usage des candidats au baccalauréat ès sciences et aux écoles du gouvernement, par M. A. Bezodis.
Broché................ **5 fr.** ‖ 1 volume in-8°.

Racines carrées, cubiques et des logarithmes (Des) par Camille Sicre.
Relié toile souple élég.. **2 fr.** ‖ 1 volume.

Nouvelle table des Carrés. — Table des Logarithmes. — Tableau des dix premières puissances des dix premiers nombres. — Tableau des 4e et 5e puissances des 100 premiers nombres. — Table donnant la valeur de 1 franc plus ses intérêts composés.

SCIENCES OCCULTES

Les mystères de la main révélés et expliqués, chiromancie nouvelle en harmonie avec la phrénologie et la physiognomonie. Art de connaître la vie, le caractère, les aptitudes et la destinée de chacun d'après la seule inspection de la main, par A. Desbarolles, 23e édition, avec figures.
Broché................ **5 fr.** ‖ 1 fort volume grand in-18 de 324 pages.

(Voir pages 25-26 pour volumes divers).

SCIENCES PHYSIQUES ET NATURELLES

Géologie (Abrégé des éléments de), par sir Charles Lyell, traduit par M. Jules Ginestou. Ouvrage illustré de 644 gravures.
Broché .... 10 fr. || 1 fort volume grand in-18 jésus.

Histoire naturelle (Cours élémentaire d') à l'usage des lycées et des maisons d'éducation.
Chaque volume broché... 6 fr. || 2 forts volumes in-18, ornés de plus de 2.000 figures.

Comprend :

Botanique, par M. A. de Jussieu, de l'Institut, professeur au Jardin des Plantes.
Minéralogie et géologie, par M. F.-S. Beudant, de l'Institut, inspecteur général des études.
La géologie seule, broché. 4 fr. || 1 volume.

SPORTS

Armes (La science des), l'assaut et les assauts publics, le duel et la leçon de duel, par Georges Robert, professeur d'escrime au lycée Henri IV, notices sur Robert, par M. Ernest Legouvé, de l'Académie française.
Broché .... 8 fr.
1/2 chagrin plat toile tranches dorées..... 14 fr. || 1 volume grand in-8° jésus, avec 7 grands tableaux.

Boxe, lutte pratique et de canne (Manuel de), par M. E. André. Ouvrage contenant des chapitres complémentaires sur les principaux coups de lutte pratique et sur les ruses diverses utiles pour la défensive dans la rue.
Broché .... 2 fr. || 1 volume in-18 jésus, illustré de 73 gravures.

Danse (La). Comme on dansait, comme l'on danse, par Raoul Charbonnel. Technique de Mme Berthe Bernay, professeur à l'Opéra. Notation musicale de MM. F. Casadesus et Maugué. Ouvrage illustré de 8 aquarelles, 38 planches en noir et de 150 gravures d'après les dessins de Valverane.
Broché .... 12 fr.
Belle reliure, fers spéc. tranches dorées...... 16 fr. || 1 magnifique volume in-8° jésus.

Danse (Traité théorique et pratique de la), *Danses diverses et étrangères,* par Edmond Bourgeois.
Broché .... 8 fr. 50 || 1 volume in-18 jésus, illustré.

Danse (Théorie de l'art de la), par Mlle Berthe Bernay, de l'Opéra.
Broché .... 1 fr. || 1 volume in-18 de 60 pages.
Cet opuscule a le mérite de combler une lacune et renferme, sous une forme concrète, tous les principes indispensables aux professionnels de la danse.

Danse (Manuel pratique de la) (valse, polka, mazurka, cotillon, etc.), par Ajas, de l'Opéra, professeur de maintien et de danse.
Broché .... 2 fr. || 1 volume in-18 illustré.

Équitation à l'usage des deux sexes (Manuel pratique d'), par Ch. Le Brun-Renaud, ouvrage orné de 45 figures.
Le volume............. 2 fr. || 1 beau volume in-18.

Escrime (Manuel pratique d'), fleuret, épée, sabre, comprenant l'escrime moderne et l'historique de l'escrime ancienne, par M. Emile André, fondateur de la revue l'*Escrime française.* Dessins inédits d'après Mérignac, Pini, Hissard, adjudant Alessandri Chevillard.
Broché .... 3 fr. 50 || 1 volume in-18 jésus.

Massage sportif, par COSTE, masseur.
Broché .... 2 fr. || 1 volume in-18 illustré.

Natation (La) ou l'art de nager, appris seul en moins d'une heure, avec figures par BRISSET.
Cartonné .... 0 fr. 50 || 1 volume in-32.

Natation et de sauvetage (Traité pratique de), contenant toutes les nages nouvelles, les plongeons, la règle du water-polo, une nouvelle méthode de sauvetage avec indication des soins à donner aux asphyxiés, etc., par L. BLACHE, professeur de natation.
Broché .... 2 fr. || 1 volume in-18 jésus illustré de nombreuses figures.

Sports athlétiques, par Ern. WEBER, lauréat de l'Académie des Sports. Préface de Henri DESGRANGES, rédacteur en chef au journal l'*Auto*.
Broché .... 3 fr. 50
Relié toile soupl. élég. 4 fr. »
1 volume in-18 jésus illustré de nombreuses figures.
Entraînement. — Gymnastique. — Natation. — Water-polo. — Course à pied. — Marche. — Concours athlétiques. — Lancement du disque. — Lancement du poids. — Saut à la perche. — Saut en longueur. — Saut en hauteur. — Football Association. — Football Rubgy. — Tennis. — Longue Paume. — Pelote basque. — Hockey. — Croquet. — Règle des exempts. — Système des poules.

Sports et jeux de l'école, par E. WEBER. Ouvrage illustré de 325 figures, par O'GALOP, indiquant succinctement et clairement les règles de 115 jeux ou sports que peuvent pratiquer les écoliers. Une courte méthode de gymnastique suédoise y est donnée avec 125 dessins.
1 volume in-18...... 3 fr. 50
Relié toile.......... 4 fr. »

DIVERS

Voyageur et de l'expéditeur (Manuel pratique du). Voyages par chemin de fer, colis postaux, grande vitesse, petite vitesse, envois par poste, par PUCET.
Billets de voyageurs. — Billets dits « quarts de place », demi-place. — Contrôle des billets. — Billets d'aller et retour (durée de validité, prolongation de durée). — Wagons-restaurants. — Places de luxe. — Cartes à demi-tarif. — Abonnements. — Responsabilité des abonnés. — Abonnements hebdomadaires de famille, d'associés. — Cartes collectives et individuelles. — Bagages. — Correspondance des trains. — Responsabilité des Compagnies. — Voyages circulaires. — Colis postaux. — Grande vitesse. — Petite vitesse. — Envois par poste. — Index alphabétique.
Broché .... 2 fr. 50
Relié toile........... 3 fr. »
1 volume in-18.

Un million de Faits, aide-mémoire universel des sciences, des arts et des lettres, par MM. J. AICARD, L. LALANNE, etc.
Broché .... 3 fr. || 1 fort volume in-18, 1.720 colonnes, orné de gravures.

COLLECTION DE VOLUMES DIVERS IN-18 JÉSUS

SECRÉTAIRES DIVERS, ORACLES CARTOMANCIE, SONGES, ETC.

Nouvelles Couvertures illustrées en couleurs

1re SÉRIE. — Le volume broché........................ **2 fr.**

ASMODÉE. — **L'oracle complet et infaillible du beau sexe** (zodiaque magique). 1 volume.

BRANTOME. — **Vie des dames galantes.** Edition, revue et corrigée sur l'édition de 1740. 1 vol.

CAGLIOSTRO. — **Le grand interprète des songes,** par le dernier de ses descendants. 1 vol.

CHARLOTTE DE LATOUR. — **Langage des fleurs,** illustré de 12 gravures coloriées et de nombreuses vignettes dans le texte.

DUCRET. — **Le charlatanisme dévoilé** (ruses, trucs, supercheries, etc.). 1 volume.

— **Les passe-temps intellectuels. Récréations mathématiques, géométriques, physiques,** etc., suivis de l'art d'improviser les vers, jeux de mots et rébus. 1 volume in-18 illustré.

— **Pour rire en société,** recueil choisi de calembours, etc., 1 volume.

— **La Muse fantaisiste,** curiosités poétiques, etc., 1 volume.

— **Le Spiritisme dévoilé,** évocation des esprits, suggestion, télépathie, somnambulisme, transmission de la pensée, écriture spirite, apparition, tables tournantes.

— **Mots pour rire (Les).** Quolibets, facéties, combles, gasconnades, enfantillages, naïvetés, paysanneries, boutades, etc., etc.

DUNOIS (Armand). — **Le secrétaire des familles et des pensions.** 1 volume.

— **Le secrétaire des compliments,** lettres de bonne année, lettres de fête, compliments. 1 volume.

— **Le secrétaire universel,** modèles de lettres, modèles d'actes sous seing privé. 1 beau volume de 422 pages.

MAGUS. — **L'art de tirer les cartes.** 150 gravures. 1 volume.

MERLIN. — **Le grand livre des oracles,** 1 volume.

MULLER (E.). — **La politesse,** Manuel des bienséances et du savoir-vivre. 1 volume.

PETIT (E.). — **Le pâtissier-confiseur et le liquoriste,** etc. 1 volume in-18 illustré.

POUSSART. — **Cent patiences ou réussites,** 1 volume in-18.

PREVOST (L'abbé). — **Histoire de Manon Lescaut et du chevalier des Grieux.** Nouvelle édition. Notice historique, par Jules Janin. 1 volume.

SECRÉTAIRE DES AMANTS (Nouveau), Recueil complet de lettres à l'usage des amoureux. 1 volume.

SYBILLE MODERNE ou Trésor du beau sexe, comprenant : *Le lavater des dames* ou l'art de connaître les défauts des personnes d'après leur physionomie ; *Le langage des cartes* pour se dire à soi-même la bonne aventure ; *L'explication des songes, rêves, visions*, etc. 1 volume illustré.

2e SÉRIE. — Le volume broché........................ 1.50

ASMODÉE. — L'oracle infaillible du beau sexe. (Petit zodiaque magique), couverture en couleurs. 1 volume in-18.

BALSAMO. — Les petits mystères de la destinée, illustré. 1 volume.

BARÈME OU COMPTES FAITS en francs et centimes. 1 volume in-32 cartonné.

BIARS (Louis). — Règles simplifiées des jeux de salon : cartes, jacquet, lotos, dames, échecs, dominos, billard. 1 volume in-18 jésus.

BOCHET. — Le livre du Jour de l'An. Recueil de compliments et de lettres pour fêtes et anniversaires, à l'usage des enfants. 1 volume.

CAGLIOSTRO. — L'interprète des songes, par le dernier de ses descendants. 1 volume.

CRUDET. — Le jardin des appartements ou la culture des plantes et des fleurs dans les salons, sur les fenêtres, balcons et terrasses, en pots, en caisses, serres, étagères, jardinières, aquariums, etc. Conservation des bouquets. 1 volume illustré.

DUCRET. — Les secrets admirables du grand Albert, comprenant : les influences des astres, les vertus magiques des végétaux, minéraux et animaux. 1 volume.

— Le bréviaire du devin et du sorcier,
CONTENANT :

La bague divinatoire. — Le dragon rouge. — Les secrets du petit Albert. — L'Enchiridion du pape Léon III, avec de nombreux dessins fantastiques. 1 volume.

— Le manuel du magicien,
CONTENANT

La poule noire, le grand grimoire et la clavicule de Salomon avec l'indication des talismans, avec de nombreux dessins fantastiques. 1 volume.

— Les fourberies des charlatans démasquées. 1 volume in-18.

— Le gai Boute-en-Train, recueil choisi de calembours, jeux de mots, devinettes, charades. 1 vol.

— Récréations géométriques, physiques, chimiques, mécaniques, etc., 1 volume in-18.

— Récréations mathématiques. 1 volume.

— Les sciences occultes. 1 volume.

— Le secrétaire poétique, acrostiches, madrigaux, épithalames, épitaphes, compliments, sonnets. 1 volume.

— Les petits Secrets du Magnétisme.

DUNOIS. — Le petit secrétaire français. 1 volume.

— Le petit secrétaire des compliments, lettres de bonne année, lettres de fêtes. 1 volume.

ESMAEL. — Manuel de cartomancie, ou l'art de tirer les cartes mis à la portée de tous. 132 figures. 1 volume.

GILL (Mlle Berthe), pâtissière bourgeoise. — La pâtissière en chambre, contenant les meilleures recettes pour la confection sans four des entrées, hors-d'œuvre, entremets, desserts. 1 volume in-18 broché.

MARTIN (Mme Aimé). — Le langage des fleurs. 1 volume.

MERLIN (Albertus). — Le livre des oracles. 1 volume.

MULLER. — Petit traité de la politesse française. Code des bienséances et du savoir-vivre. 1 volume.

PÉRIGORD. — Le Trésor de la cuisinière et de la maîtresse de maison, édition revue, corrigée. 1 volume.

ROBERT (Gaston). — Les tours de cartes. 1 volume in-18, illustré de 50 gravures.

— Les gais et curieux tours d'escamotage anciens et modernes. 1 volume in-18, 74 figures explicatives.

— Tours de physique amusante, anciens et modernes. 1 volume in-18, 53 gravures explicatives.

ROBERT. — L'art de connaître les défauts et les qualités des gens. In-18 jésus, illustré de 145 gravures.

SECRÉTAIRE DES AMANTS (Petit). 1 volume.

COLLECTION D'ALBUMS HUMORISTIQUES

ÉDITIONS SIMONIS EMPIS

ALBUMS à............................ 15 fr.

Mich

A l'Hippique. 1 album in-folio.

P. de Lano

Les bals travestis et les tableaux vivants sous le second Empire. 1 volume album grand in-8°.

COLLECTIONS D'ALBUMS, FORMAT IN-4°...... 5 fr.

Bac (Ferdinand)

La Femme intime. 1 album.
— *Les fêtes galantes.* 1 album.
— *Les Alcôves.* 1 album.
— *Nos Femmes.* 1 album.
— *Nos Amoureuses.* 1 album.
— *Femmes de théâtre.* 1 album.
— *Modèles d'artistes.* 1 album.
— *Letriomphedelafemme.* 1 album.
— *Belles de nuit.* 1 album.

Gerbault (Henry)

Boum, voilà ! 1 album.

Guillaume (Albert)

Des Bonshommes (1re série). 1 album.
— *Des Bonshommes* (2e série). 1 album.
— *P'tites Femmes.* 1 album.
— *Mes Campagnes.* 1 album.
— *Mémoires d'une glace.* 1 album.
— *Faut voir.* 1 album.

Guillaume (Albert)

Mon sursis. 1 album.
— *Etoiles de mer.* 1 album.
— *Y a des Dames.* 1 album.
— *Madame est servie.* 1 album.
— *Mes 28 jours.* 1 album.
— *R'vue d'fin d'année.* 1 album.
— *Pour vos yeux beaux !* 1 album.

Hermann (Paul)

Alphabet pour les grands enfants. 1 album.

Lami (M.-G.)

Entre femmes. 1 album.

Léandre (Charles)

Nocturnes. 1 album.

Vebers (Les)

La joviale Comédie.
1 volume in-8°.

ALBUMS ILLUSTRÉS. — 3 Fr. 50

Darc (Jean)

Guillaume II. 1 album in-4°.

Gil Baer

Nos Parisiennes. — Celles qui aiment, par GIL BAER. 1 album, format in-4°.
— *Nos Parisiennes. — Celles qui dansent,* par GIL BAER. 1 album in-4°.

Préjelan

La Légende de Béguinette. 100 dessins, 1 vol, in-8°.
— *L'Amour en dentelles,* 100 dessins, 1 vol in-8°.
— *Les grands enterrements.* 1 volume grand in-8° avec illustrations.

X.

A la mer. — Nos baigneuses, 20 planches photographiques en couleurs. 1 album in-4°.

Mes campagnes, Mes 28 jours, Mon sursis,

par Albert GUILLAUME. 3 albums réunis en 1 volume.

Relié toile, plaque spéciale.. 10 fr.

Y'a des dames, Faut voir, Étoiles de mer.

3 albums réunis en 1 volume.

Relié toile, plaque spéciale. 10 fr.

SÉRIE DE 100 DESSINS

Volumes in-18 jésus brochés...................... 3 fr. 50

Gerbault (Henry)

Bonjour, Messieurs et Dames. 1 volume in-18.
— *Ach'tez-moi, joli blond.*

Willette

Œuvres choisies, par WILLETTE. 1 volume in-18.

ROMANS MODERNES

Anthero de Quental
Poèmes et Sonnets, 1 volume in-18 .... 2 fr.

Assis (Machado de)
Quelques contes. 1 volume in-18 jésus..... 3 fr.
— *Mémoires de Braz Cubas.* 1 volume in-18. 3 fr.
— *Son œuvre littéraire,* 1 volume in-18..... 3 fr.

Azevedo
Chemin faisant. 1 volume in-18......... 3 fr.

Crozière
Le sous-lieutenant « La Fille ». 1 volume in-18 .... 3 fr. 50
— *L'école des Pique-assiettes.* 1 vol. in-18 3 fr. 50

Etchegoyen
Les contes de ma giberne. 1 volume in-18, illustré.......................... 3 fr. 50

Gomez Carrillo (E.)
Terres lointaines. 1 volume in-18 jésus. 3 fr. 50

Gomez Carillo (E.)
Psychologie de la Mode. 1 volume in-18... 2 fr.
— *Fleurs de pénitence,* 1 volume in-18..... 3 fr.

Jho'pale
A coups de gaule. 1 volume in-16. jésus Hollande .... 7 fr. 50
— *Croquis parisien.* 1 volume in-8° carré... 5 fr.

Lucius (Cléa)
Inferna, roman. 1 volume in-18 broché 3 fr. 50

Rodet
Les papillons noirs. 1 volume in-18... 3 fr. 50

Sari-Flegier (Blanche)
L'humaine détresse. 1 volume........ 3 fr. 50

Trilby
Petites oies blanches. 1 volume in-18... 3 fr. 50

Willy et Curnonsky
Chaussettes pour dames, 1 vol. in-18... 3 fr. 50

ÉDITIONS SIMONIS EMPIS, VOLUMES IN-18 JÉSUS.. 3 fr. 50

Acker (Paul)
A côté de l'amour. 1 volume.

Alméras (Henry d')
Les sept maris de Suzanne. 1 volume.

Appray (Paul)
Par elle. 1 volume.

Ballieu (Jacques)
Contes aigrelets. 1 volume.
— *Pierline.* 1 volume.

Barde (André)
Au bord de la folie. 1 volume.

Beaubourg (Maurice)
La crise de Mme Dudragon. 1 volume.

Bertol-Graivil
Le Monsieur de Madame. 1 volume.
— *Main droite et main gauche.* 1 volume illustré.

Berton (Claude)
Ces messieurs du Tiers. 1 volume.

Bilhaud
Nous deux. 1 volume.

Comminges (Comte de)
La comtesse Panier. 1 volume.
— *Une demi-carrière.* 1 volume.

Corday (Michel)
— *Cœurs de soldats.* 1 volume illustré.
— *Mon petit mari, ma petite femme.* 1 vol. illust
— *Gentillane.* 1 volume.
— *Les Bléaux.* 1 volume.
— *Confession d'un enfant du siège.* 1 volume.

Crozière (Alphonse)
Le feune Marcheur. 1 volume.

Dubarry (Armand)
— *Etoile de Cirque.* 1 volume.

Fraycourt (Paul)
Philédonis. 1 volume.
— *Journal d'un Curé de campagne.* 1 volume.

Garches
Les secrets de beauté d'une parisienne. 1 volume.

Gavault (Paul)
Snob. 1 volume.
— *Le petit Guignol.* 1 volume.
— *Mon bon oncle.* 1 volume.

Germain (Auguste)
Bichette. 1 volume.
— *Nos princes.* 1 volume.
— *Carillon de Paris,* roman. 1 volume.
— *En fête.* 1 volume.
— *Théâtreuses,* 1 volume.
— *Famille.* 1 volume.

Guilbert (Yvette)
La vedette. 1 volume.

Guillain
Sous la toque. 1 volume illustré.

Héon (Paul)
Trois semaines d'amour. 1 volume.

Lano (Pierre de)
A confesse. 1 volume illustré.
— *La cour de Berlin.* 1 volume.
— *Après l'empire.* 1 volume.
— *Un drame aux Tuileries sous le second Empire.* 1 volume.
— *L'Amour à Paris.* 1 volume.
— *Carnet d'une femme.* 1 volume.
— *L'Enfant.* 1 volume.

Landay
La Grappe. 1 volume.

Lysle (de) et Ahrenberg
Les illuminés. 1 volume.

Montjoyeux
Le Baron Lecogne. 1 volume.

Mourville (de)
Laure de Pers. 1 volume.

Musany
Propos d'un écuyer. 1 volume.

Perdicas
Le Bréviaire des Courtisanes. 1 volume.
— *Le Métier d'amant.* 1 volume.

Pert (Camille)
— *Amour vengeur.* 1 volume.

Pommerol (Jean)
Le Crible. 1 volume.

Rabier
Rapport sur les Congrégations. 1 volume.

Rolland
L'Embâcle. 1 volume.

Saint-Marcet
Les aventures amoureuses de Jean de Saint-Lary. 1 volume.

Sermet
Le Baiser suprême. 1 volume.
— *La Voilette bleue.* 1 volume.

Téramond (Guy de)
Péchés d'amour. 1 volume illustré.
— *Schmam'ha.* 1 volume illustré.
— *La glorieuse Canaille.* 1 volume illustré.
— *Sur le chemin du bonheur.* 1 volume.
— *La volupté de vivre.* 1 volume.
— *L'adoration perpétuelle.* 1 volume.
— *La route amoureuse.* 1 volume.

Toulet
Monsieur du Paur. 1 volume.

Tusquets (F.)
Jusqu'à la mort. 1 volume.
— *Le justicier de la maison.* 1 volume.

Veber (Pierre)
Amour, amour... 1 volume.

Willy
A manger du foin. 1 volume illustré.

Yvel
Madame Flirt. 1 volume.

Zamacoïs
Articles de Paris. 1 volume illustré.

NOUVELLE COLLECTION .... 0 fr. 95

Brulat
Sous la fenêtre. 1 volume.

Germain (Auguste)
Les étoiles. 1 volume.

Pert (Camille)
Les Florifères. 1 volume.

Ugarte.
Contes de la Pampa. 1 volume.

CAUSES CÉLÈBRES DE TOUS LES PEUPLES

Par A. FOUQUIER

Illustrations de PAUQUET, JANET-LANGE, BEAUCÉ, DE BAR, BOCOURT, F. LIX, MORIN, *etc.*

Cette nouvelle édition est destinée à remplacer les collections de CAUSES CÉLÈBRES publiées au siècle dernier. Elle forme 10 volumes in-4°, ornés de nombreuses gravures, scènes, portraits et plans.

DIX VOLUMES SONT EN VENTE

Prix de chaque volume.................... 7 fr.
Le tome X............................. 3 fr.

Tous les volumes se vendent séparément (sauf les tomes I et VII)

Les CAUSES CÉLÈBRES se publient en outre par cahiers et par procès séparés.

Le prix de chaque cahier est de **1 fr. 50.**

Le prix des procès séparés est en raison du nombre de pages dont ils se composent.

Chaque procès a sa pagination propre et distincte et une couverture spéciale.

Liste des procès se vendant séparément :

TOME I. — CAHIERS 1 à 5

Cahier 2

Papavoine. — Henriette Cornier....... 0 fr. 30
Soufflard et Lesage. — Montcharmont.. 0 fr. 30

Cahier 3

Les régicides : Damiens. — Louvet... 0 fr. 30

Cahier 4

Le Frère Léotade : meurtre de Cécile Combettes........................ 0 fr. 90
Louis XVI (son procès devant la Convention)........................ 0 fr. 60

Cahier 5

Béranger (Procès des Chansons de)..... 0 fr. 30
Le curé Mingrat. — L'abbé Contrafatto. 0 fr. 30
Fieschi, Morey et Pepin : machine infernale de 1835..................... 0 fr. 90

TOME II. — CAHIERS 6 à 10

Cahier 6

Le capitaine Doineau : attentat de Tlemcen .... 0 fr. 90

Cahier 7

Benoît le parricide. — Donon-Cadot et Rousselet .... 0 fr. 60

Cahier 8

Calas. — Sirven. — Le chevalier de la Barre .... 0 fr. 60
Les faux Dauphins : Math. Bruneau, Naundorff, etc.................... 0 fr. 30
Duel Sirey-Durepaire. Duel Sirey-Caumartin .... 0 fr. 40

Cahier 9

Le Squelette de la rue de Vaugirard..... 0 fr. 30
Madame Lacoste : le Drame de Riguepeu 0 fr. 60

Cahier 10

Duel Dujarier-Beauvallon ; d'Ecquévilley .... 0 fr. 60

TOME III. — CAHIERS 11 à 15

Cahier 11

Affaire Marcellange : le Drame de Chamblas .... 1 fr. »
Les Crimes d'intention : Levaillant. Ve Morin......................... 0 fr. 50

Cahier 12

Institutrice Doudet : acquittement en cour d'assises, condamnation en police correctionnelle .... 1 fr. »

Cahier 13

Institutrice Doudet (*Suite* et *fin*)....... »
Le duc d'Enghien : Conspiration d'Etat. 0 fr. 90
L'enfant de la Villette : Eliçabide....... 0 fr. 30

Cahier 14

Dautun le fratricide et Girouard. — Saint-Clair .... 0 fr. 30

Cahier 15

La reine Caroline d'Angleterre : Adultère 0 fr. 60

TOME IV. — CAHIERS 16 à 20

Cahiers 16

Les assassins de Henri IV: Ravaillac, etc. 0 fr. 30
William Palmer, l'empoisonneur ...... 0 fr. 30

Cahier 17

Latude, le prisonnier de la Bastille...... 0 fr. 60
Les Assassins par amour : la Bergère d'Ivry, etc........................ 0 fr. 30
Charlotte Corday, l'assassin de Marat. — Mme Roland...................... 0 fr. 60

Cahier 18

Les Assassins de Saint-Cyr au Mont-d'Or 0 fr. 60
Les Associations de malfaiteurs : l'Auberge aux Tueurs ; les Assassins de Péchard, etc., etc.................. 0 fr. 75

Cahier 19

Alibaud : Attentat contre Louis-Philippe 0 fr. 30

TOME V. — CAHIERS 21 à 25

Cahier 21

Les Forçats innocents : Lesnier, Louarn et Baffet.......................... 0 fr. 75

Cahier 22

John Brown, l'Abolitionniste.......... 0 fr. 30
Le Testament du marquis de Villette... 1 fr. 20

TOME VI. — CAHIERS 27 à 31

Cahiers 27-28

Les Erreurs judiciaires (*Suite* et *fin*)....
Affaire Armand. — Maurice Roux : Simulation de coups et blessures..... 3 fr.

TOME VII. — CAHIERS 26, 32 à 35

Cahier 26

Le Maréchal Ney : Accusation de haute trahison.......................... 0 fr. 60
Les Erreurs judiciaires : d'Anglade. — Lebrun. — Montbailli. — Victoire Salmon. — Verdure.................. 0 fr. 60

Cahier 32

Billon : la première machine infernale... 0 fr. 30
Jeanne d'Arc, son procès, son exécution. 0 fr. 60

Cahier 33

Le faux Martin Guerre. — Le faux Caille. 0 fr. 30

Cahier 34

Lavallette et les complices de son évasion 0 fr. 60
Le Gueux de Vernon. — Le comte de Saint-Géran .... 0 fr. 30
Le curé Gotteland et Mme Dussablon... 0 fr. 60

Cahier 35

L'Enfant brûlé : Mme Lemoine et sa fille. 0 fr. 60
La belle Epicière et Le Noble. — Epoux Poisson.......................... 0 fr. 30

TOMES VIII et IX. — CAHIERS 36 à 45

LE MARÉCHAL BAZAINE. — Relation complète de son procès devant le Conseil de guerre de Trianon, rédigée d'après la sténographie : Rapport du général de Rivière ; Interrogatoire ; Témoignages ; Réquisitoire du général Pourcet ; Plaidoirie de Me Lachaud ; Répliques ; Jugement et Condamnation ; Commutation de peine. — 2 volumes in-4°, de 816 pages, avec le plancarte de *Metz et ses environs*, pour suivre les mouvements des armées et les opérations du siège.......... 14 fr.

TOME X...... 8 fr.

Cahier 46. — Emile Clément de la Roncière : Tentative de viol....... 1 fr. 50

Cahier 47. — Les assassins de Paul-Louis Courier.......... 0 fr. 60
Les erreurs judiciaires : Affaire Dehors, accusation d'incendie.......... 0 fr. 40

N. B. — *Par suite du nombre restreint des volumes complets des* **CAUSES CÉLÈBRES** *nous ne pouvons garantir la livraison des procès séparés.*

COLLECTION
OF
STANDARD BRITISH AUTHORS

Volumes in-8 brochés 1.50

Ainsworth's Novels. Chrichton. 1 vol.
— Miser's daughters. 1 vol.
— Old Saint Paul's. 1 vol.
— Rookwood. 1 vol.

Bulwer's. Poetical Works (The) consisting of O'Neill, or the Rebel, the Siamese, Twins, Milton, Eugène Aram A Tragedy, etc. 1 vol.

Bury's (Lady Charlotte). Novels.
— Love. 1 vol.

Byron's. Complète Works. 4 vol.

Cooper's (Fenimore). Works.
— Deerslayer. 1 vol.

D'Israeli's. Amenities of Litérature, 2 vol.

Dood's. Beauties of Shakespeare. 1 vol.

Edgeworth's. Belinda. 1 vol.
— Select tales of fashionable Life. 1 vol.

Howard's (Henri Morgan). Old Commodore. 1 vol.

Inchbald's. Simple Story. 1 vol.

Lamb's. Elia's essays with Letter and Rosamund Gray. 1 vol.

Lever (Ch.). The Knight of Gwynne. 2 vol.

Marryatt's (Capt.). Amusing novels.
— Jacob faithfull. 1 vol.
— Phantom Ship. 1 vol.
— Poor Jack. 1 vol.

Moore's (Th.). Select Works.
— The Fudges in England. 1 vol.
— Life or Letters at Journals of Lord Byron. 2 vol.

Olliffe. Waverley Sketch-book. 1 vol.

Scott's (Walter). Novels, etc.
— Antiquary. 1 vol.
— Chronicles of the Canongate. 1 vol.
— Guy Mannering. 1 vol.
— Kenilworth. 1 vol.
— Notices and anecdotes illustratives of the novels. 1 vol.
— The Pirate. 1 vol.
— Quentin Durward. 1 vol.
— Rob-Roy. 1 vol.
— St-Roman's Well. 1 vol.
— Waverley. 1 vol.

Smollett's. History of England. 4 vol.

Strawberry-Hill. By the author of Shakespeare and his Friends. 1 vol.

Trollope's. Adventures of Jonathan Jefferson. 1 vol.
— Travels and travellers. 1 vol.

Turner's. History of the Anglo-Saxons. 3 vol.

Warren. Nowand Then. 1 vol.

Volumes de formats divers à 0.75

Dodd. The beauties of Shakespeare. 1 vol. in-12.

Edgeworth. Helen a tale. 1 vol. in-12.

Scott. Black-Dwarf. 1 vol. g. in-8° à 2 col.
— Quentin Durward — — —
— Waverley. — — —

OUVRAGES CLASSIQUES AVEC NOTES

Plaquettes in-8 à 0.50

Milton's. Paradise lost. Les 2 premiers livres annotés par Witcomb.

Moore's. Fudges in England.

Shakespeare's. King Lear.
— Romeo et Juliette.

Quelques volumes à 0.25

Addison's. Cato, a tragedy. 1 vol. in-32.

Byron's. Island, poem, plaquette, in-8°.

Moores's. Alciphron. 1 vol. in-12.

Trimmer's. Easy lessons (gros caractères). 1 vol. in-32.

Volumes de formats in-12 et in-16, à 0.50

Goldsmith's. History of Grèce. 1 vol. in-12.
— History of Rome. 1 vol. in-12.

Irving's. Tour on the Prairie of America. 1 vol. in-16.

Markham. History of England. 2 vol. in-12.

Scott. Kenilworth. 3 vol. in-12.

JUVENILE LIBRARY

Volumes in-32 brochés, chaque volume 0.50

Aikin et Barbauld's. Evenings at Home. 3 vol.

Bloomfield's. History of Little Davy's new hat. 1 vol.

Blair's. Class Book. 2 vol.

British Story briefly told. 1 vol.

Children's own book. 3 vol. à **0** fr. **75** par exception.
I. Aladdin.
II. Philip. Quarl. etc.
III. White cat. etc.

Cooper's. History of England. 1 vol.
— Ned Myers. 1 vol.

Day's. Sandfort et Merton.

Edgeworth's. Almeria. 1 vol.
— Angelina. 1 vol.
— Baring Out. 1 vol.
— Basket Woman. 1 vol.
— Birth-Day present. 1 vol.
— Bracelets of the Mercants. 1 vol.
— Comic dramas. 1 vol.
— Contrast. 1 vol.
— Emilie de Coulanges. 1 vol.
— Early. 2 vol.

Edgeworth's. Good Aunt. 1 vol.
— Good French Governess. 1 vol.
— Grateful Negro. 1 vol.
— Harry and Lucy. 1 vol.
— Lame jervas. 1 vol.
— Lazy Lawrence. 1 vol.
— Limeric Gloves. 1 vol.
— Lottery. 1 vol.
— Modern Griselda. 1 vol.
— Murad the unlucky. 1 vol.
— Old Poz. 1 vol.
— Orlandino. 1 vol.

Goldsmith. Vicar of Wakefield. 1 vol.
— Vicaire de Wakefield, en anglais et en français. 2 vol.

Inchbald's. The Heiress. 1 vol.

Irving's. Christophus Columbus. 1 vol, **0** fr. **75** par exception.

Johnson's. Rasselas. 1 vol.

Montagu's. Letters. 1 vol.

Murray's. The English Reader. 1 vol.

Scott's. Tale of a Grandfather. 6 vol.

Shakespeare's. Macbeth (Witcomb). 1 vol.

BRISTISH CLASSICS

Petite Bibliothèque de poche in-32

Fox's. Select Speeches. 1 vol. **0.75**
Goldsmith's. The Poetical Works. 1 vol. **0.50**
Junius's. Letters. 2 vol. Chaque vol. .... **1. »**
Canning. Poetical Works. 1 vol. **0.50**
Pitt's. Select Speeches. 1 vol. **0.75**
Thomson's. Seasons **0.50**

LIVRES ALLEMANDS

Jean Paul's. Sammtliche Werke. 1 vol. in-8° 2 col. .... **5. »**

Fénelon. Telemachus. in-12. .... **1. »**

Gœthe. Egmont. Plaquette in-8°. **0.50**
— Goetz von Berlichingen, plaquette in-8°. **0.50**
— Hermann und Dorothea. **0.50**
— Iphigenie auf Tauris **0.50**

Hoffmann. Lebensansansichten des Katers Murr etc. 1 vol. in-8°. .... **2. »**

Lessing. Fabeln. 1 vol. in-12. .... **1. »**

Schiller. Dreizigjähriger Krieg in-12 .... **2.50**
— Wilhelm Tell. Long in-12. .... **0.40**
— Guillaume Tell. Texte allemand notices et notes de L. Schlesinger. 1 vol. in-12. .... **0.60**

LIVRES ITALIENS

Volumes de formats et de prix divers

Balbo. Quattro novelle. 1 vol. in-18...... 0.50
Botta. Storia d'Italia. 15 vol. in-18. Le vol 0.50
— Storia d'Italia. 10 vol. in-8°. Le vol.. 1.25
Brancia. Antologia italiana. 1 vol. in-18.. 3. »
Cantu. Margherita Pusteria. 2 vol. in-12. Le vol... 1. »
Colleta (Pietro). Storia del Reame di Napoli. 2 vol. Le vol... 1.25
Constantini. Scelte di Poesie. 2 vol. in-12. Le vol... 0.50
Giraud. Commédie scelte. 1 vol. in-12.... 1.50
Goldoni. Commédie scelte. 1 vol. in-12... 1.50
Grossi. Marco Visconti. 2 vol. in-12. Le vol... 0.75
Guarini. Il Pastor fido. 1 vol. in-18...... 0.50
Guerrazi. Isabella Orsini. 1 vol. in-12.. 1. »
Manzoni. Storia della colonna infame (Traduction)... 1. »
Maroncelli. Addizioni alle mie Prigioni. 1 vol. in-18... 1. »
Métastasio. Olimpiade. 1 vol. in-32, carré 0.25
— Opere sacre. 1 vol. in-32, carré...... 0.25
Nota. Commédie scelte. 1 vol. in-12...... 1.50
— Commédie en 5 vol. Le vol......... 1.50
Pellico. Dei Doveri degli Uomini. 1 vol. in-32 carré... 0.25
— Opera scelte. 1 vol. in-8°........... 1.25
— Le Mie Prigioni. 1 vol. in-8°........ 1.25
Piranesi. Scelta di Novelle. 1 vol. in-12.. 0.50
Rosini. Il Conte Ugolino. 1 vol. in-12.... 1. »
Soave. Novelle Morali. 1 vol. in-18...... 2. »
Tola. Nuovissima scelta di Prose Italiane. 0.75
Vergani. Nuova scelta. Prose et Poésie. 1 vol. in-18... 0.50
Zirardini. L'Italie littéraire et artistique. 1 vol. in-8°. Relié plaque spéciale...... 3.50

II. — BIBLIOTHECA POETICA ITALIANA.

Scelta e publicata da A. BUTTURA

Volumes in-32

Alferi. Tragédie scelte. 3 vol. Le vol..... 0.50
Ariosto. Orlando furioso. 8 vol. Le vol... 0.50
Casti. Opere scelte. 1 vol............... 0.75
Grossi. Novelle scelte. 1 vol............ 0.75
Manzoni. Opéra poetiche. 1 vol........ 0.50
Metastasio. Opere scelte. 3 vol. Le vol. 0.50
Monti. Opere scelte. 1 vol............. 1. »
Niccolini. Tragédie scelte. 1 vol......... 0.50
Parini. Il Giorno, odi, etc. 1 vol......... 1. »
Pellico. Poésie scelte. 1 vol............ 1. »
Rime scelte. Di Baldacchini, Borghi, etc. 1 vol... 0.50
— Di Carrer, Vittorrelli, etc. 1 vol.... 1. »
Ronna. Gemme o rime scelta di poetesse italiane. 1 vol... 1. »
Scelta di Poesie dell eta media. 1 vol. 1.25
Scelta di Prose d'autori antichi. 1 vol. 1. »
— d'autori dell'eta Media. 1 vol...... 1. »
Tasso Aminta e l'amore fugitivo. 1 vol. 0.75
— La sette giornate del mondo creato. 1 vol... 1. »

LIVRES POLYGLOTTES

Ouvrages en deux ou plusieurs Langues

Conversation d'une mère avec sa fille, dialogue en français et en italien. 1 vol. in-8. 1. »

Brunet. Maximes morales, du duc de La Rochefoucauld, traduites en grec et en anglais... 1.50

Edgeworth. Forester, en anglais et en français. 2 vol. in-18 brochés........ 2. »

Fénelon. Aventures de Télémaque, traduction en regard du texte.
— En anglais et en allemand. 2 vol. in-12... 2. »
— En anglais et en portugais. 2 vol. in-12, brochés... 2. »
— En français et en portugais. 2 vol. in-12, brochés... 2. »
— *Le même*, en portugais. 1 vol...... 2. »

L'Hermite. Clef de la correspondance commerciale, en anglais, en français et en espagnol, 9e édit. 1 vol. carré à 3 vol., percaline 3.50

Milton. Le Paradis perdu, en anglais et en français, traduction en prose. Mosneron, 5e édit. 1 vol. in-8° br.. 3. »

Pifferrer. Tableaux de la littérature espagnole. 1 vol. in-18 .... 3. »

Pellico. Mes prisons, en anglais et en italien. 1 vol. in-8° .... 2. »

— *Le même* ouvrage en trois langues, Italien, Français et Anglais. 1 gros volume in-8°.................... 3.50

MÉTHODES ET GRAMMAIRES A L'USAGE DES FRANÇAIS

I. — Pour apprendre l'anglais

Abécédaire anglais-français, cartonné 1.50

Blair (David). The Class-Book or 365 Reading Lessons. 1 vol. br. in-18......... 2. »

Levizac. Grammar of the French tongue. 1 vol. in-18...................... 1.50

Mavor. The English spelling book. 1 vol. in-18 cartonné................. 0.75

Murray. Abridged grammar. 1 vol. in-18 cartonné 0.75

Exercices anglais. 1 vol. in-18 cart...... 0.75

Siret. Grammaire anglaise. 1 vol. in-8 cart. 1.25

Le nouveau Siret, méthode simplifiée et pratique pour apprendre facilement l'anglais, par M. Witcomb. 1 vol. in-18 cartonné.................... 1.50

Tibbins. Le premier livre d'anglais, en 46 leçons. 1 vol. in-18, reliure percaline 1. »

Vergani. Grammaire anglaise, simplifiée en 21 leçons, revue, par Sadler, 1 vol. in-18, cartonné.................. 1. »

II. — Pour apprendre l'italien

Vergani. Scelta di Favol e Novelle Lettere e Poesie italiana, nueva editione, correcta ed aumentada da G. Zirardini. 1 vol. in-8° br.............. 0.75

Le nouveau Veneroni, ou grammaire italienne avec un cours de thèmes, par Zoti, 1 vol. in-18 br.......... 1. »

Zoti. Grammaire italienne. 2 vol. in-12.. 0.50

III. — Pour apprendre l'allemand

Ermeler. Deutsches Lesebuch für Franckreihs Schulen. 1 vol. in-18.......... 0.75

Abbé Martin. Éléments de la langue allemande. 1 vol. in-8° broché...... 0.50

Meidinger. Grammaire allemande, édition revue par Eichoff. 1 vol. in-8°, cart. 2. »

IV. — Pour apprendre l'espagnol

Aubouin et Orrit. Cours de thèmes espagnols, suivi d'un choix de versions et d'un traité de versification espagnole. Broché in-18.............. 1.50

Sotos Ochando. Grammaire complète de la langue espagnole, à l'usage des Français, approuvée par l'Université, nouvelle édition 1898, 1 vol. in-18, cartonné......................... 2. »

— Cours de thèmes de la langue espagnole, 1 vol. in-18 broché...... 2. »

— Abrégé de la grammaire espagnole. 1. »

Pifferrer. Tableau de la littérature espagnole, depuis le XIIe siècle, jusqu'à nos jours. 1 vol. in-18, broché .... 2. »

Ouvrages en langue italienne

Le Mie Prigioni par S. Pellico, texte italien,
Le volume...... 1 fr. 50 || 1 volume in-18.

Le Mie Prigioni par S. Pellico, texte italien suivi du *Devoir des hommes.*
Le volume......... 3 fr. || 1 volume in-18.

BROCHURES DIVERSES

Ollivier (Émile), de l'Académie française:
— Thiers à l'Académie. 1 vol. in-18.... 1. »
— Le Pape est-il libre à Rome. 1 vol. in-18 .... 1. »
— Le Concordat est-il respecté. 1 vol. in-18 .... 2. »
— Le Concordat et le Gallicanisme. 1 vol .... 1. »
— Le Féminisme. 1 vol.............. 1. »

Ollivier (Émile), Encyclique de Léon XIII. 1 vol.......................... 1. »
— La femme dans les luttes religieuses, 1 vol.......................... 1. »
— Lamartine. 1 vol................. 1. »

Galli (Henri). La République du peuple. 1 volume .... 1. »
— L'Internationalisme c'est la guerre.. 1. »
— La Politique de demain .... 1. »

HÉLIOGRAVURES

ALFRED DE MUSSET. — Suite de 26 héliogravures exécutées par Bréard, d'après les dessins de Maillart (Grand Prix de Rome). Illustration des œuvres complètes. **10** fr.

BAC (Ferdinand). — 4 héliogravures à **5** fr. :

La Soupeuse, fac-similé d'aquarelle, tiré à 300 exemplaires numérotés. **5** fr.
13 exemplaires de ce fac-similé à grandes marges à **25** fr.

Le Bal au château, lithographie originale en couleurs, tirée à 200 exemplaires numérotés et signés par l'auteur. **5** fr.
10 exemplaires de cette lithographie à grandes marges à **25** fr.

Dans les Coulisses, héliogravure en couleurs, tirée à 200 exemplaires. **5** fr.
15 exemplaires de cette héliogravure à grandes marges à **25** fr.

Bonne nuit, héliogravure en couleurs, tirée à 200 exemplaires. **5** fr.
15 exemplaires de cette héliogravure à grandes marges à **25** fr.

OUVRAGES SUR L'HYGIÈNE DE LA GÉNÉRATION

DOCTEUR GARNIER

10 volumes in-18 jésus, le volume broché.......................... **2** fr.

DOCTEUR JOZAN

3 volumes in-18, le volume broché.............................. **5** fr.

(*Envoi franco sur demande du catalogue spécial et détaillé*)

TABLE DES MATIÈRES

Pages		Prix
56	Anniversaires de 1870 (Les), par Galli, *1 vol. in-8°*	3.50
69	Anthologie de l'amour, par Quitard, *1 vol. in-18*	3. »
57	Antiquaire (L'), par W. Scott, *1 vol. in-8°*	3.50
81	Apologie de Socrate, de Platon, *1 vol. in-8°*	3. »
11	Arabe parlé (L'), par Bruce-Milliard, *1 vol. in-18*	3. »
15	Araucana (collect. Mérimée)	2. »
93	Arbres fruitiers (Conduite des), par Dubreuil, *1 vol. in-18*	2.50
94	Architecture (Traité d'), par Vignole, *1 vol. in-4°*	10. »
83	Architecture, par Vitruve (2 vol. Panckouke), *le vol.*	6. »
55	Armée (Notre), Histoire anecdotique de l'armée française, par Dick de Lonlay, *1 vol. grand in-8°*	12. »
55	Armée de la Loire (L'), par Grenest, *1 vol. grand in-8°*	12. »
56	*2 vol. in-8°, le vol*	3.50
55	Armée de l'Est (L'), par Grenest, *1 vol. grand in-8°*	12. »
56	*2 vol. in-8°, le vol*	3.50
56	Armées du Nord et de Normandie (Les), par Grenest, *1 vol. in-8°*	3.50
115	Armes (La science des), par Robert, *1 vol. in-8°*	8. »
114	Armoiries (Abrégé de la science des), par Maigne, *1 vol. in-8°*	10. »
114	Arpentage (Traité pratique d'), par Poussart, *2 vol. in-18, le vol*	3. »
107	Art appliqué à l'industrie (L'), par Broquelet, *2 vol. in-18, le vol*	3.50
64	Art d'aimer (L'), par Gentil Bernard, *1 vol. in-18*	3. »
66	Art et du beau (De l'), par Lamennais, *1 vol. in-18*	3. »
97	Arts féminins (Les), par de Brieuves, *1 vol. in-18*	2. »
73	Art poétique (L'), par Vauquelin de la Fresnaye	3. »
114	Astronomie (Traité d'), par Liais, *1 vol.*	7.50
97	Athéna, par Maillart	5. »
51	Atala, René, par Chateaubriand, *1 vol. in-8°*	6. »
61	*1 vol. in-18*	3. »
88	Atlas universel de Vast	35. »
99	Automobile (Comment on construit une), par Zérolo, *3 vol. in-18, le vol*	5. »
99	Automobilisme (Manuel pratique d'), par Zérolo, *1 vol. in-18*	5. »
18	Avent (Lectures pour le temps de l'), *1 vol*	2.50
62	Aventures burlesques, de Dassoucy, *1 vol. in-18*	3. »
87	*1 vol. in-16* (Edition Delahays)	5. »
57	Aventures de Nigel (Les), par Scott, *1 vol. in-8°*	3.50
24	Aventures de Télémaque, par Fénelon, *1 vol. in-8°*	5. »
75	*1 vol. in-8°* (Laplace)	5. »
63	*1 vol. in-18 illustré*	3. »
29	*1 vol. in-18*	2.50

B

Pages		Prix
99	Ballons et aéroplanes, par G. Besançon, *1 vol. in-18*	2. »
99	Banque (Traité élémentaire des opérations de) *1 vol. in-18*	7.50
100	Barème universel, par Doncker, *1 vol. in-8°*	8. »
100	— (Le livre de), par Pons, *1 vol. in-18*	2. »
100	— (Petit), *1 vol. in-32*	1.50
100	Barème des intérêts, par Sicre, *1 vol. in-8° toile*	7.50
105	Basse-cour (Animaux de), par Larbalétrier, *1 vol. in-18*	3.50
59	Béranger des familles, *1 vol. in-18.*	3. »
106	Bétail (Élevage du), par Bedel, *1 vol. in-18*	3.50
105	Bétail (Achat et vente du), par Larbalétrier, *1 vol*	2.50
105	Bétail (Eleveur du), par Pautet, *1 vol.*	4. »
17	Bible des enfants, par Sachet, *1 vol. in-18*	1. »
17	Biblia Sacra, *1 vol. in-18*	6. »
	Bible (Sainte), par de Sacy.	
17	*1 vol. in-8°*	25. »
17	*2 vol. in-18* (v. page 54)	3.50
63	Bijoux indiscrets (Les), par Diderot, *1 vol. in-18*	3. »
90	Biographie (Ma), par Béranger, *1 vol. in-8° cavalier*	12. »
58	*1 vol. in-18*	3. »
49	Bonaparte en Égypte, par Lacroix, *1 vol. in-18*	3.50
97	Bon goût (Le), Chez soi et sur soi, par E. Bayard, *1 vol. in-18* (v. page 103).	3.50
68	Bonhomme Jadis, par Murger	3. »
67	Bon sens du curé Meslier (Le), *1 vol. in-18*	3. »
108	Bourrellerie-Sellerie (Traité de), par Bray, *1 vol. in-18*	4.50
57	Bourreau de Berne (Le), par F. Cooper, *1 vol. in-8°*	3.50
100	Bourse (L'art de n'être pas volé à la), aux courses, au jeu, par Emile André, *1 vol. in-18*	2. »
100	Bourse et change (Traité des opérations de), par Courtois, *1 vol. in-18*	5. »
115	Botanique, de Jussieu, *1 vol. in-18*	6. »
101	Brasserie (Traité de la), par Bedel, *1 vol. in-18*	3.50
57	Bravo (Le), par F. Cooper, *1 vol. in-8°.*	3.50
102	Bréviaire de la femme, par la comtesse de Tramar, *1 vol. in-18*	3.50
118	Bréviaire du devin et du sorcier, par Ducret, *1 vol. in-18*	1.50
103	Bridge (L'art de gagner au), par Gizaguet, *1 vol. in-18*	2.50
129	Brochures diverses (Emile Ollivier-Galli, etc.)	
97	Broderie (La), par de Brieuves, *1 vol. in-18*	2. »
22	Buffon de Rabier, 1 *vol. in-4°*	15. »
24	Buffon des familles, *1 vol. in-8°*	7.50
28	— Petit illustré, *1 vol. in-18*	2.50

Pages		Prix
115	BOXE, LUTTE ET CANNE, par Emile André, *1 vol. in-18*	2. »
16	BURLADOR DE SÉVILLA (Mérimée)	2. »
	C	
63	CALEMBOURGS (Mille et un), par Donville, *1 vol. in-18*	3. »
27	CAMARADE DE VOYAGE (Le), par Andersen *1 vol. in-18*	2.50
100	CAPITALISTE (Manuel du), par Bonnet, *1 vol. in-8°*	6. »
100	— (Guide Manuel du), par Bonnet, *1 vol. in-18*	2. »
65	CARACTÈRES (Les), de La Bruyère, *1 vol. in-18*	3. »
65	*1 vol. in-18* (Laplace)	3. »
75	*1 vol. in-8°* (Laplace)	5. »
32	*2 vol. in-8°, le vol*	7.50
93	CARDÈRE (Monographie sur la), par A. E. Garnier	2. »
67	CARÊME, de Massillon, *1 vol. in-18*	3. »
19	CARÊME (Lectures spirituelles Massillon) *1 vol. in-18*	2.50
19	CARÊME (Lectures spirituelles Bossuet), *1 vol. in-18*	2.50
46	CARICATURE (Histoire de la), par Wright, *1 vol. in-8°*	3.50
95	CARTE ILLUSTRÉE (La) (Cuisine), par Garlin, *1 vol. in-4°*	4. »
89	CARTES DIVERSES.	
117	CARTES (Art de tirer les), par Magus, *1 vol. in-18*	2. »
119	CARTOMANCIE (Manuel de), par Esmaël, *1 vol. in-18*	1.50
58	CASE DE L'ONCLE TOM, par Beecher-Stowe, *1 vol. in-18 illustré*	3. »
27	*1 vol. in-18*	2.50
61	CATÉCHISME POSITIVISTE, par Aug. Comte, *1 vol. in-18*	3. »
97	CATHÉDRALES (Nos), *1 vol. illustré*	5. »
106	CAUSERIES CHEVALINES, par Gaume	3.50
53	CAUSERIES DU LUNDI, par Sainte-Beuve, *16 volumes in-18, le vol*	3.50
54	CAUSERIES DU LUNDI (Extraits Pichon), *1 vol*	3.50
54	— (Extraits Lanson), *1 vol*	3.50
123	CAUSES CÉLÈBRES, *11 vol. in-8°*	66. »
55	CAVALERIE FRANÇAISE (La), par Choppin, *1 vol. in-8°*	12. »
56	CAVALERIE FRANÇAISE A LA BATAILLE DE REZONVILLE (La), par Dick de Lonlay, *1 vol. in-18*	1. »
60	CENT NOUVELLES NOUVELLES, *1 vol. in-18*	3. »
30	CENT PETITS CONTES, par Loizeau du Bisot, *1 vol. in-18*	2.50
58	CHANSONS ANCIENNES DE BÉRANGER, *2 vol. in-18, le vol*	3. »
90	*2 vol. in-8°*	24. »
90	CHANSONS ANCIENNES ET POSTHUMES DE BÉRANGER, *1 vol. in-8°*	10. »
90	CHANSONS DE BÉRANGER avec musique et accompagnement (Casadesus), *1 vol. in-8°*	15. »
91	CHANSONS SÉPARÉES de Béranger, *chaque*	0.30

Pages		Prix
92	CHANSONS DE DESAUGIERS, *1 vol. in-32*	2. »
4	CHANSONS DE GESTE, traduction Cledat, *1 vol. in-18* (v. page 52)	3.50
4	CHANSON DE ROLAND	1.80
63	CHANSONS DE P. DUPONT, *1 vol. in-18*	3. »
92	*1 vol. in-16*	2. »
22	CHANSONS ET RONDES ENFANTINES, *1 vol. in-8°*	8. »
22	CHANSONS (Nouvelles), *1 vol. in-8°*	8. »
22	CHANSONS DES PROVINCES DE FRANCE, *1 vol. in-8°*	8. »
91	CHANSONS ET DERNIÈRES CHANSONS DE BÉRANGER, *2 vol. in-32, le vol*	2. »
58	CHANSONS POSTHUMES de Béranger, *1 vol. in-18*	3. »
90	*1 vol. in-8°*	12. »
90	CHANSONS GRIVOISES ET BACHIQUES DE BÉRANGER, suivies des CHANSONS DE BÉRAT (Casadesus), *1 vol. grand in-8°*	5. »
90	CHANTS ET CHANSONS POPULAIRES DE LA FRANCE, *3 vol. grand in-8°, le vol*	12. »
90	CHANTS ET CHANSONS POPULAIRES DES PROVINCES DE FRANCE, *1 vol. grand in-8°*	12. »
90	CHANSONS NATIONALES ET POPULAIRES, *2 vol. in-8°*	20. »
90	CHANSONS POPULAIRES EN FRANCE (Anciennes), par Veckerlin	3.50
92	CHANSONS POPULAIRES DE LA FRANCE, *1 vol. in-32*	2. »
91	CHANTRE (Manuel du), *1 vol. in-18*	2.50
117	CHARLATANISME DÉVOILÉ (Le), par Ducret, *1 vol. in-18*	2. »
118	CHARLATANS (Les fourberies des Charlatans démasquées), par Ducret, *1 vol. in-18*	1.50
30	CHARLEMAGNE (Histoire de), par A. P. de Roncey, *1 vol*	2.50
57	CHARLES LE TÉMÉRAIRE, par W. Scott, *1 vol. in-8°*	3.50
94	CHARPENTIER (Guide du), par François, *1 vol. in-18*	3.50
71	CHARTREUSE DE PARME, de Stendhal, *1 vol. in-18*	3. »
102	CHASSES ET PÊCHES ANGLAISES, *1 vol. in-8°*	3. »
101	CHASSEUR (Guide du), par Cassassoles, *1 vol. in-18*	3.50
101	CHASSEUR AU CHIEN COURANT (Le), par Blaze, *1 vol. in-18*	3.50
101	CHASSEUR AU CHIEN D'ARRÊT (Le), par Blaze, *1 vol. in-18*	3.50
101	CHASSEUR AUX FILETS (Le), par Blaze, *1 vol. in-18*	3.50
59	CHATEAUBRIAND (Dernières années de), par E. Biré, *1 vol. in-18*	3. »
51	*1 vol. in-8°*	6. »
54	CHATEAUBRIAND (Lectures choisies de), par Nollet, *1 vol. in-18*	4. »
57	CHATEAU PÉRILLEUX (Le), par W. Scott, *1 vol. in-8°*	3.50
99	CHAUFFEUR D'AUTOMOBILE (Guide du), par Zérolo, *1 vol. in-18*	3. »
110	CHAUFFEUR (Guide du), par Coudert, *1 vol. in-18*	2. »

Pages		Prix
113	Chausser (L'art de bien), par Sauzat, *1 vol. in-8°*	3.50
121	Chaussettes pour dames, par Willy. *1 vol. in-18*	3.50
59	Chefs-d'œuvre oratoires de Bourdaloue, *1 vol. in-18*	3. »
121	Chemin faisant, par C. de Azevedo, *1 vol. in-18*	3. »
106	Cheval (Le), par un homme de cheval, *1 vol. in-18*	2. »
106	Cheval (Le), par Santini, *1 vol. in-18*	3.50
106	Chien d'appartement (Le), par Robert, *1 vol. in-18*	2. »
106	Chiens (Manuel de l'amateur de), par Larbalétrier, *1 vol. in-18*	2. »
93	Chimie agricole (Traité pratique de), par Larbalétrier, *1 vol. in-18*	2. »
114	Chiromancie (Voir Mystères de la main, par Desbarolles)	5. »
91	Chœurs (Dix) de Laurent de Rillé, *chaque*	0.50
4	Chrestomathie du moyen age, par Clédat, *1 vol*	3.50
57	Chronique de la Canongate, par W. Scott, *1 vol. in-8°*	3.50
73	Chronique de la Pucelle, par Vallet de Viriville, *1 vol. in-18*	3. »
87	— Edition Delahays	5. »
50-73	Chroniques de l'Œil de bœuf, par Touchard-Lafosse, *5 vol. in-18, le vol.*	3. »
4	Chroniqueurs français (Analyse et extraits), par Vast	2. »
101	Cidre (Fabrication du), par Tritschler, *1 vol. in-18*	3.50
111	Cinématique (Voir Les Mécanismes, par Leblanc)	5. »
78	Cité de Dieu (La), par Saint Augustin, *3 vol. in-18, le vol*	3. »
109	Code civil (Répétitions sur le), par Mourlon, *3 vol. in-8°, le vol*	12.50
27	Coffre volant (Le), par Andersen, *1 vol. in-18*	2.50
74	Collection Selecta	5. »
125	Collection Baudry.	
56	Combats du général Négrier au Tonkin (Les), par Dick de Lonlay, *1 vol. in-18*	1. »
73	Comédies, de Térence, *1 vol. in-18*	4.50
15	Comedia nueva (Merimée), *1 vol.*	1.50
76	Commentaires sur la guerre des Gaules, de Jules César, *2 vol. in-18, le vol*	3. »
103	Commerçant (Guide du), par Roger, *1 vol. in-18*	3. »
103	Commerce et Comptabilité, par Lejeune	5. »
110	Commis et employés (Guide des), par Guignard, *1 vol*	2. »
97	Composition (La), par Bellanger (3e partie de l'Art du peintre), *1 vol. in-18.*	2.50
103	Comptabilité (Voir A. B. C. de la Comptabilité et voir Tenue des livres).	2. »
59	Concupiscence (Traité de la), par Bossuet, *1 vol. in-18*	3. »
65-13	Conférences de Notre-Dame de Paris, par Lacordaire, 5 *vol. in*-18	3. »

Pages		Prix
63	Conférences et discours de Jules Favre, *1 vol. in-18*	3. »
78	Confessions (Les), de Saint Augustin, *1 vol. in-18*	3. »
46	Confessions (Les), par J.-J. Rousseau, *1 vol. grand in-8°*	15. »
70	*1 vol. in-18*	3. »
59	Connaissance de Dieu (De la), par Bossuet, *1 vol. in-18*	3. »
57	Connétable de Chester, par W. Scott, *1 vol. in-8°*	3.50
28	Conseils a ma fille, par Bouilly, *1 vol. in-18*	2.50
110	Conseillers municipaux (Voir Guide des Maires par Durand de Nancy)	7.50
95	Conserve alimentaire (La), par Corthays, *1 vol. in-8°*	10. »
95	Conservateur (Le) ou livre de tous les ménages, par Krebs, *1 vol. in-18*	3.50
113	Conserver et naturaliser les animaux (Art de), par Blanchon, *1 vol. in-18*	3.50
94	Construction moderne (La), par Guedy, *1 vol. in-18*	3.50
55	Consulat et Empire (Souvenirs du), *1 vol. in-8°*	12. »
21	Contes de Mme d'Aulnoy, *1 vol. in-4°*	4.25
23	Contes danois, par Andersen, *1 vol. in-8°*	5. »
23	Contes danois (Nouveaux), par le même, *1 vol. in-8°*	5. »
25	Contes, de Schmid, *2 vol. in-8°, le vol.*	5. »
31	*4 vol. in-18, le vol*	2.50
20	*7 vol. in-32, le vol*	0.50
44	Contes de Boccace, *1 vol. in-8°*	15. »
59	*1 vol. in-18*	3. »
64	Contes de la reine de Navarre (L'Heptameron), *1 vol. in-18*	3. »
121	Contes de ma giberne, par Etchegoyen, *1 vol. in-18*	3.50
	Contes des fées de Perrault.	
30	*1 vol. in-18*	2.50
21	*1 album in-4°*	4.25
30	Contes des fées, par Leprince de Beaumont, 1 *vol. in*-18	2.50
44	Contes drolatiques (Les), par H. de Balzac, *1 vol. in-8°*	7. »
29	Contes de Grimm, *1 vol. in-18*	2.50
73	Contes et poésies, de Voisenon, *1 vol. in-18*	3. »
65	Contes et nouvelles, de La Fontaine, *1 vol. in-18*	3. »
43	*1 vol. grand in-8°*	12. »
29	Contes et scènes de la vie de famille, par Desbordes-Valmore, *2 vol. in-18, le vol*	2.50
28	Contes familiers, par Belloc, *1 vol. in-18*	2.50
65	Contes fantastiques, par Hoffmann, *1 vol. in-18*	3. »
23	Contes, par un papa, *1 vol. in-18*	2.50
28	Contes pour le premier age, par Belloc, *1 vol. in-18*	2.50
66	Contes (Quelques), par C. de Azevedo, *1 vol. in-18* (v. page 121)	3. »

Pages		Prix
64	Contes, récits et nouvelles, par Hoffmann, *1 vol. in-18*	3. »
70	Contrat social (Le), par J.-J. Rousseau, *1 vol. in-18*	3. »
24	Contrée merveilleuse, par Cozzens, *1 vol. in-8°*	5. »
78	Controverses et suasoires, de Sénèque, *2 vol. in-18, le vol.*	3. »
112	Cordonnier (Manuel du), par Charlies, *1 vol. in-18*	3.50
71	Corinne, de Staël, *1 vol. in-18*	3. »
14	Correspondant commercial français-anglais (Nouveau), par Laughlin, *1 vol. in-18*	3.50
36	Correspondance littéraire philosophique et critique, par Grimm, Diderot, Raynal et Meister, *16 vol. in-8°, le vol*	7. »
90	Correspondance, de Béranger, *4 vol. in-8° cavalier*	24. »
18	Correspondance, de Lamennais, *2 vol. in-8°*	10. »
104	Correspondance commerciale (Nouveau guide de la), par H. Page, *1 vol. in-8°* (Voir Secrétaire)	6. »
14	Correspondance Commerciale (Portugais), *1 vol*	5. »
14	— (Espagnol), *1 vol*	2.70
57	Corsaire rouge (Le), par F. Cooper, *1 vol. in-8°*	3.50
	Coupe (Méthode de), par Dessault.	
112	— pour hommes et enfants, *1 vol. in-18*	3.50
112	— pour dames et enfants, *1 vol. in-18*	3.50
112	— Chemises, *1 vol. in-18*	3.50
112	Coupe et essayages, *2 vol. in-18, le vol.*	3.50
63	Cousins (Les), par Du Puget, *1 vol. in-18*	3. »
94	Couverture (Traité de), par Magne, *1 vol. in-18*	3.50
57	Cratère (Le), par F. Cooper, *1 vol. in-8°*	3.50
97	Crochet (Le) et le tricot, par de Brieuves, *1 vol. in-18*	2. »
100	Cubage des bois (Tarif de), par Francon, *1 vol. in-18*	3.50
121	Croquis parisiens, par Jho Pale, *1 vol. in-18*	5. »
101	Cubage des bois (Tarif pour le), par Prugneaux, *1 vol. in-18*	2. »
107	Cuir (L'art du), par Broquelet, *1 vol. in-18*	3.50
95	Cuisine ancienne (La), par Garlin, *1 vol. in-8°*	4. »
95	Cuisine (La bonne), par Garlin, *1 vol. in-18*	4. »
96	Cuisinier Durand (Le), *1 vol. in-18*	3.50
96	Cuisinier européen (Le), par Breteuil, *1 vol. in-18*	3.50
96	Cuisinier moderne (Le), par Garlin, *2 vol. in-4°*	36. »
96	Cuisinier moderne (Le petit), par Garlin, *1 vol. in-8°*	8. »
96	Cuisinière (Trésor de la), par Périgord, *1 vol. in-18* (v. page 119)	1.50
63	Cultes (Abrégé de l'origine des), *1 vol. in-18*	3. »

Pages		Prix
65	Curiosités des sciences occultes, par Jacob, *1 vol. in-18*	3. »
65	Curiosités infernales, par Jacob, *1 vol. in-18*	3. »
74	Curiosités judiciaires, par Warée, *1 vol. in-18*	3. »
64	Curiosités théâtrales, par Fournel, *1 vol. in-18*	3. »
65	Curiosités théologiques, par Jacob, *1 vol. in-18*	3. »
59	Cymbalum Mundi (Le), par Bonaventure des Périers, *1 vol. in-18*	3. »
81	Cyropédie, de Xénophon, *1 vol. in-18*	3. »

D

Pages		Prix
60	Dames galantes (Vies des), par Brantôme, *1 vol. in-18*	3. »
117	— *1 vol. in-18*	2. »
60	Dames illustres (Vie des), par Brantôme, *1 vol. in-18*	3. »
115	Danse (La), par Charbonnel, *1 vol. in-8°*	12. »
115	Danse (Théorie de l'art de la), par Bernay, *1 vol. in-18*	1. »
115	Danse (Traité de la), par Ajas, *1 vol. in-18*	2. »
115	Danse (Traité de la), par Bourgeois, *1 vol. in-18*	3.50
28	Découverte de l'Amérique (Histoire de la), par Campe, *1 vol. in-18*	2.50
119	Défauts et qualités des gens (L'art de connaître les), par Robert, *1 vol. in-18*	1.50
63	Défense et illustration de la langue française, par Du Bellay	3. »
56	Défense de Saint-Privat (La), par Dick de Lonlay, *1 vol. in-18*	1. »
71	Delphine, de Staël, *1 vol. in-18*	3. »
57	Démonologie (La), par W. Scott *1 vol. in-8°*	3.50
97	Dentelle (La), par de Brieuves, *1 vol. in-18*	2. »
102	Dentiste du Foyer (Le), par Richer, *1 vol. in-18*	2. »
48	Derniers moments de Napoléon, par Antommarchi, *2 vol. in-18, le vol*	3.50
57	Deux amiraux (Les), par F. Cooper, *1 vol. in-8°*	3.50
93	Dessin (Le), par Bellanger, 1 *vol. in-4°*	1.50
97	Dessin (Le), par Bellanger (1re partie de l'art du peintre), *1 vol. in-18*	2.50
54	Diable boiteux (Le), par Le Sage, *1 vol. in-8°*	3.50
66	*1 vol. in-18*	3. »
63	Dialogues sur l'éloquence, par Fénelon, *1 vol. in-18*	3. »

DICTIONNAIRES

Pages		Prix
6	Dictionnaire (Tout petit) des mots usuels	1. »
3	Communes (Des), par Gindre de Mancy, *1 vol. in-32*	5. »
2	Etymologique, par Bergerol, *1 vol. in-32*	5. »
1	Français (Nouveau), par Bescherelle, *4 vol. in-4°*	100. »

Pages		Prix
1	Français, par Bescherelle, *1 vol. in-8°*.	12. »
1	Français, par Bescherelle et Bourguignon, *1 vol. in-18*	6. »
2	Français, encyclopédique, illustré (Nouveau), par Commelin et Rittier, *1 vol. in-18*	3. »
2	Français (Petit), de Rittier, *1 vol. in-32*.	2. »
2	— *1 vol. in-32 sur papier bible*	4. »
2	Français (Petit), par Martin et Vanier, *1 vol. in-32*	1.20
2	Histoire (D'), par L. Grégoire, *1 vol. in-18*	5. »
2	Histoire (D'), Biographie (de), Mythologie (de), Géographie (de), par Whal, *1 vol. grand in-8°*	20. »
2	Histoire (D'), Géographie (de), Mythologie (de) (Petit), par Quitard, *1 vol. in-32*	2. »
8	Italien, par Melzi, *1 vol. in-16*	6. »
3	Marine (Des termes de), par Poussart, *1 vol. in-32*	3.50
3	Monnaies (Des), par Méliot, *1 vol. in-8°*	10. »
8	Portugais, par Castro de La Fayette, *1 vol in-32*	6. »
3	Rimes (De), par Quitard, *1 vol. in-32*.	2. »
2	Sciences (Général des), par Privat-Deschanel et Focillon, *2 vol. grand in-8°*	40. »
8	Slang (De), Expressions familières anglaises, par Legras, *1 vol. in-16*	3. »
2	Synonymes (Des), par Bourguignon et Bergerol, *1 vol. in-32*	5. »
3	Termes commerciaux Français-Anglais	3.50
2	Verbes français (Des), par Bescherelle, *2 vol. in-8°*	12. »

DICTIONNAIRES
en 2 Langues

Pages		Prix
5	Français-allemand et allemand-français, par Birmann, *2 vol. in-8°, le vol*	10. »
7	Français-allemand et allemand-français, par Rotteck et Kister, *1 vol. in-18*	6. ›
8	*1 vol. in-32*	5. »
5	Français-anglais et anglais-français, par Clifton et Grimaux, *2 vol. grand in-8°, le vol*	10. »
7	— par Clifton et Laughlin, *1 vol. in-18*.	6. »
8	— par Clifton et Fenard, *1 vol. in-32*	5. »
5	Français-espagnol et espagnol-français, par Salva, *1 vol. grand in-8°*	16. »
7	*1 vol. in-18*	6. »
8	*1 vol. in-32*	5. »
8	Français-grec moderne et grec moderne-français, par Legrand, *2 vol. in-32, le vol*	6. »
6	Français-grec, par D. Courtaud Diverneresse, *2 vol. grand in-8°, 3 col*	25. »
6	Français-grec (abrégé), par Courtaud-Diverneresse, *1 vol. grand in-8°, 3 colonnes*	12. »
7	Français-hollandais, par Janssen. *1 vol. in-18*	5. »
5	Français-italien et italien-français, par Ferrari et Caccia, *1 vol. grand in-8°*	20. »
7	— par Lacombe et Rouède, *1 vol. in-18*	6. »
8	— par Ferrari, *1 vol. in-32*	5. »
5	Français-latin, par Gœlzer, *1 vol. in-8°*	10. »
8	— par Benoist, *1 vol. in-32*	5. »
5	Français-latin (Lexique), par H. Gœlzer, *1 vol. in-8°*	6. »
5	Français-portugais et portugais-français, par Valdez, *2 vol. in-8° reliés*	19. »
7	— par Fonseca, *1 vol. in-18*	6. »
8	— par S. Pinto, *1 vol. in-32*	5. »
7	Français-russe et russe-français, par Veys-Chabot, *1 vol. in-18*	12. »
8	— par Sokoloff, *2 vol. in-32, le vol*	5. »
7	Allemand-russe et russe-allemand, par Lurje, *1 vol. in-18*	12. »
5	Anglais-espagnol et espagnol-anglais, par Lopez et Binsley, *1 vol. in-8°*	20. »
7	— par Arturo Angeli et J. Mc Laughlin, *1 vol. in-18*	6. »
8	— par F. Corona Bustamente, *2 vol. in-32*	6. »
7	Anglais-hollandais et hollandais-anglais, par Kesler, *1 vol. in-18 (Préparation)*	
7	Anglais-italien et italien-anglais, par Birmingham, Enenkel et Laughlin, *1 vol. in-18*	6. »
5	Anglais-italien et italien-anglais, par Birmingham, *1 vol. in-32*	5. »
5	Anglais-portugais et portugais-anglais, par Valdez, *2 vol. in-16*	12. »
8	— par Castro de Lafayette, *1 vol. in-32*	6. »
8	Espagnol-allemand et allemand-espagnol, par Enenkel, *1 vol. in-32*.	6: »
7	Espagnol-italien et italien-espagnol, par Salva et Arturo-Angeli, *1 vol. in-18*	6. »
8	— par Caccia, *1 vol. in-32*	5. »
8	Espagnol-russe et russe-espagnol, par J.-D. Lewsky, *1 vol. in-32*	12. »
6	Grec-français, par Chassang, *1 vol. in-8°*	12. »
8	*1 vol. in-32*	6. »
6	Grec-français (lexique), par A. Chassang et Durand, *1 vol. grand in-8°*	7.50
8	Italien-allemand et allemand-italien, par Enenkel, *1 vol. in-32*	6. »
5	Latin-français, par Benoist et Gœlzer, *1 vol. in-8°*	10. »
8	— par Suckau, *1 vol. in-32*	5. »
6	— (Lexique), par H. Gœlzer et L. Martel, *1 vo.. in-8°*	6. »
8	Portugais-allemand et allemand-portugais, par Enenkel et S. Pinto, *1 vol. in-32*	6. »
8	Portugais-espagnol et espagnol-portugais, par Wildick, *2 vol. in-32*.	6. »
8	Portugais-italien et italien-portugais, par Rozzol, *1 vol. in-32*	6. »
7	Russe-anglais et anglais-russe, par Golowinski, *1 vol. in-18*	12. »

F

Pages		Prix
69	Facéties (Les), de Pogge, *1 vol. in-18*	3. »
29	Fables, de Florian, *1 vol. in-18 illustré*	2.50
63	*1 vol. in-18*	3. »
25	*1 vol. in-8°, illustré*	5. »
30	Fables de La Fontaine, *1 vol. in-18*	2.50
65	*1 vol. in-18*	3. »
53	*1 vol. in-18 (Grandville)*	3.50
45	*1 vol. in-8°* —	12. »
21	*1 album in-4°*	4.25
65	Fables et comédies, de La Fontaine, *1 vol. in-18*	3. »
77	Fables, de Phèdre, *1 vol. in-18*	3. »
82	— Panckoucke, *1 vol. in-8°*	3.50
26	Fabiola, par Wiseman, *1 vol. in-8°*	5. »
31	*1 vol. in-18*	2.50
98	Faiences et porcelaines, par Auscher, 1 *vol*	10. »
116	Faits (Un million de), *1 vol. in-18*	3. »
16	Fabulas Escogidas (Merimée)	1.50
65	Farces (Recueil de), par Jacob, *1 vol. in-18*	3. »
77	Fastes (Les), Les Tristes, d'Ovide, *1 vol. in-18*	3. »
64	Faust et Le second Faust, de Gœthe, *1 vol. in-18*	3. »
43	Femme jugée (La), par Larcher, *1 vol. grand in-8°*	12. »
17-43	Femmes de la Bible (Les), par Mgr Darboy, *2 vol. grand in-8°, le vol*	12. »
17	*1 vol. in-18* (v. page 52)	3.50
19	Fêtes de la T. S. Vierge, par Saint Louis de Grenade, *1 vol. in-18*	2.50
68	Fêtes et Naissances, par Molière, *1 vol. in-32*	3. »
57	Feu follet (Le), par F. Cooper, *1 vol. in-8°*	3.50
57	Fiancée de Lamermoor, par W. Scott, *1 vol. in-8°*	3.50
67	Fiancés (Les), par Manzoni, *1 vol. in-18*	3. »
30	*1 vol. in-18*	2.50
45	*1 vol. in-8°*	10. »
63	Filles du Président (Les), par Du Puget, *1 vol. in-18*	3. »
19	Fins dernières (Sur les), par Saint Alphonse de Liguori, *1 vol. in-18*	2.50
121	Fleurs de pénitence, par G. Carillo	3. »
45	Fleurs animées (Les), par Grandville, *2 vol, grand in-8°*	25. »
52	*2 vol. in-18, le vol*	3.50
93	Flore française, par Gillet et Magne, *1 vol. in-18*	8. »
23	Fond du sac (Le), par Belloc, *1 vol. in-8°*	5. »
112	Formes (Traité de la construction des), par Mermet, *1 vol. in-18*	3.50
63	Foyer domestique (Le), par Du Puget, *1 vol. in-18*	3. »
88	France (La), par Wahl, *1 vol. in-8°*	20. »
88	France (La plus grande), *1 vol. in-8°*	6. »
55	Français et Allemands, par Dick de Lonlay, *4 vol. grand in-8°, le vol*	12. »
56	*6 vol. in-8°, le vol*	3.50
29	France guerrière (La), par Héricault *4 vol. in-18, le vol*	2.50
101	Fruits de pressoir (L'art de reconnaître les), par Truelle, *1 vol. in-18*	3.50

G

Pages		Prix
118	Gai boute-en-train (Le), par Ducret, *1 vol. in-18*	1.50
43	Galerie de portraits littéraires, par Sainte-Beuve, *1 grand vol in-8°*	12. »
43	Galerie d'histoire naturelle, tirée de Buffon, *1 vol. grand in-8°*	12. »
43	— Nouvelle Galerie d'histoire naturelle, *1 vol. grand in-8°*	12. »
43	Galerie de portraits historiques, par Sainte-Beuve, *1 vol. grand in-8°*	12. »
43	Galerie des femmes célèbres, par Sainte-Beuve, *1 vol. grand in-8°*	12. »
43	— (Nouvelle), *1 vol. grand in-8°*	12. »
43	Galerie des grands ecrivains, par Sainte-Beuve, *1 vol. grand in-8°*	12. »
43	— (Nouvelle), *1 vol. grand in-8°*	12. »
105	Galvanoplastie (Traité de), par Soulier, *1 vol. in-18*	2. »
16	Garcia del Castañar (Mérimée)	2. »
113	Garçon limonadier (Manuel du), par Catusse, *1 vol. in-18*	3.50
110	Gardes champêtres (Guide des), par Grégoire, *1 vol. in-18*	2. »
92	Gaudriole (La), *1 vol. in-32*	2. »
25	Génie Bonhomme (Le), par Nodier, *1 vol. in-8°*	7.50
51	Génie du christianisme, par Chateaubriand, *1 vol. in-8°*	6. »
60	*2 vol. in-18, le vol*	3. »
88	Géographie générale de la France et des colonies, par Wahl, *2 vol. in-8° à*	15. »
115	Géologie (Abrégé des éléments de), par Lyell, *1 vol. in-8°*	10. »
115	Géologie, par Beudant, *in-vol in-18*	4. »
114	Géométrie descriptive (Cours de), par Bezodis, *1 vol. in-8°*	5. »
114	Géométrie élémentaire (Cours de), par Colas, *2 vol. in-8°*	9. »
109	Gérance pour tous, par Sicre	4. »
50	Geste (La) de Jehanne d'Arc, par A. P. Garnier, 1 *vol*	2. »
	Gil Blas de Santillane, par Le Sage,	
54	*2 vol. in-8°* (Bibl. amusante), *le vol*	3.50
39	*1 vol. grand in-8°* (Laplace)	12. »
66	*1 vol. in-18*	3. »
4	Glossaire du vieux français, par Clédat, *1 vol*	1. »
92	Goguette (La), *1 vol. in-32*	2. »
118	Grand Albert (Secrets admirables du), par Ducret, *1 vol. in-18*	1.50
4	Grammaire nationale, par Bescherelle, *1 vol. in-8°*	10. »
4	Grammaire élémentaire de la vieille langue française, par Clédat, *1 vol.*	3.50
4	Grammaire historique du français (Nouvelle), par Clédat, *1 vol*	3.50
4	Grammaire de la langue d'oil, par Bourguignon, *1 vol. in-18*	2. »
11	Grammaire allemande, par Birmann, *1 vol. in-18*	2. »
11	Grammaire anglaise, par Clifton et Mervoyer, *1 vol. in-18*	2. »

Pages		Prix
13	Gramatica espanola-inglesa, par Timoteo Cemborain, *1 vol.*	4. »
11	Grammaire espagnole a l'usage des Français, par Galban, *1 vol. in-18*	2. »
11	Grammaire espagnole a l'usage des Français, par Sobrino, *1 vol. in-8°*	4. »
11	Grammaire synthétique de la langue espagnole, par Toro y Gomez.	2. »
13	Grammaire espagnole a l'usage des Russes, par J. de Lewsky, *1 vol. in-18*	3.50
12	Gramatica de la langua francesa, par Chantereau, *1 vol.*	4. »
13	Grammaire française a l'usage des Italiens, par Goudar, *1 vol. in-18*	2. »
13	Grammaire française a l'usage des Portugais, par Sévène, *2 vol.*	4. »
13	Grammaire française a l'usage des Russes, par Lewsky, *1 vol. in-18*	3.50
11	Grammaire grec-moderne, par Pernot, *1 vol*	5. »
12	Grammaire italienne, par Vergani, *1 vol. in-18*	2. »
12	Grammaire portugaise, par P. de Souza, *1 vol. in-18*	6. »
12	— Abrégé, par le même, *1 vol. in-18.*	3. »
12	Grammaire russe a l'usage des Français, par Sokoloff, *1 vol. in-18*	3.50
68	Grandeur et décadence des Romains, par Montesquieu, *1 vol. in-18*	3. »
28	Grave et gai, rose et gris, par Belloc, *1 vol. in-18*	2.50
37	Gravures (Suite de), des œuvres de Voltaire, 2 séries, *chaque*	30. »
55	Guerre a Madagascar (La), par Galli, *2 vol. grand in-8°, le vol*	8. »
55	Guerre en Extrême-Orient (La), Russes et Japonais, par Galli, *2 vol. grand in-8°, le vol*	12. »
49	Guerre franco-allemande (Histoire de la), par Le Faure, *4 vol. in-18, le vol*	3.50
56	Guerre Turco-Grecque, par Vaulabelle	1. »
15	Guerra de Grenada (Merimée), *1 vol.*	1.50
49	Guerre des Vendéens, par Lacroix, *1 vol.*	3.50
89	Guide a Fontainebleau, *1 vol. in-16*	0.60
89	Guide de l'étranger a Paris (Paris, Versailles, Saint-Denis), *1 vol. in-16*	4. »
109	Guide en affaires, par Durand de Nancy, *1 vol. in-18*	4.50
10	Guides polyglottes (Manuels de conversation), *1 vol. in-32, le vol*	2. »
10	Guides polyglottes (Manuels de conversation avec prononciation), *1 vol. in-16, le vol*	3. »
6	Guides (Tout petits)	0.75
57	Guy Mannering, par W. Scott, *1 vol. in-8°*	3.50
54	Guzman d'Alfarache, par Le Sage, *1 vol. in-8°*	3.50
66	*1 vol. in-18*	3. »

H

Pages		Prix
57	Heidenmauer (L'), par F. Cooper, *1 vol. in-8°*	3.50
129	Héliogravures diverses.	
73	Henriade (La), par Voltaire, *1 vol. in-18*	3. »
64	Hermann et Dorothée, par Gœthe (Voir Werther)	3. »
93	Herborisations (Traité des), par Duval, *1 vol. in-18*	1.50
77	Héroïdes (Les), d'Ovide, *1 vol. in-18.*	3. »
60	Histoire amoureuse des Gaules, par Bussy-Rabutin, *2 vol. in-18, le vol*	3. »
55	Histoire anecdotique de l'Armée française (Voir Notre Armée, par Dick de Lonlay).	
55	Histoire anecdotique de la Guerre de *1870-71* (Voir Français et Allemands, par Dick de Lonlay).	
82	Histoire Auguste, *3 vol. in-8° à*	5. »
23	Histoire de Bayard, *1 vol. in-8°*	5. »
27	*2 vol. in-18, le vol*	2.50
27	Histoire de Bertoldo, par Bartolomé, *1 vol. in-18*	2.50
73	Histoire de Charles XII, par Voltaire, *1 vol. in-18*	3. »
71	Histoire comique de Francion, par Sorel, *1 vol. in-18*	3. »
87	Edition Delahays, *1 vol.*	5. »
72	Histoire de la Conquête d'Angleterre, par Aug. Thierry, *4 vol. in-18 le vol*	3. »
57	Histoire d'Écosse, par W. Scott, *3 vol. in-8°, le vol*	3.50
51	Histoire de France, par Chateaubriand, *1 vol. in-8°*	6. »
61	*1 vol. in-18*	3. »
67	Histoire de France, par Mennechet, *2 vol. in-18, le vol*	3. »
28	Histoire de la Grand'mère, par Belloc, *1 vol. in-18*	2.50
80	Histoire d'Hérodote, *2 vol. in-18, le vol.*	3. »
62	Histoire de la Lune et du Soleil, par Cyrano de Bergerac, *1 vol. in-18.*	3. »
67	Histoire macaronique, de Merlin Coccaie, *1 vol. in-18*	3. »
49	Histoire de Napoléon, par D. Lacroix, *1 vol. in-18*	3.50
47	*1 vol. in-8°*	6. »
42	Histoire naturelle, par Pline l'ancien, 20 *vol. in-8°*	6. »
43	Histoire Naturelle (Voir Galerie d'histoire naturelle).	
	Histoire de la Révolution de 1848, par Lamartine.	
51	*2 vol. in-8°, le vol*	6. »
79	Histoire romaine, par Velleius Paterculus, *1 vol. in-18*	3. »
82	Histoire romaine, par Florus, *1 vol. in-8°*	6. »
77	Histoire des Royaumes, par Jornandès, *1 vol. in-18*	3. »
72	Histoire des temps mérovingiens, par Aug. Thierry, *2 vol. in-18, le vol*	3. »

Pages		Prix
81	Histoire de Thucydide, *1 vol. in-18*..	3. »
72	Histoire du Tiers-État, par Aug. Thierry, *1 vol. in-18*,...............	3. »
60	Histoire Universelle (Abrégé de l'). par César Cantu, *2 vol. in-18, le vol*...	3. »
16	Historia conquista de Mejico (Merimée), *1 vol*.....................	2. »
50	Historiettes, de Tallemant des Réaux, *5 vol. in-18, le vol.* (v. page 72)........	3. »
24	Homme (L') depuis 5.000 ans, par Berthoud, *1 vol. in-8°*..............	5. »
27	Homme de neige (L'), par Andersen, *1 vol. in-18*......................	2.50
121	Humaine détresse (L'), par Sari Flégier, *1 vol. in-18*................	3.50
129	Hygiène de la Génération, par le Dr Garnier, *10 vol. in-18, le vol*...... (*Demander le catalogue spécial*).	2. »
103	Hygiène des gens du monde, par le Dr Carvalho, *1 vol. in-18*...........	2. »
102	Hygiène pour le premier age, par Dufaux, *1 vol. in-18*...............	3.50
	I	
81	Idylles, de Théocrite, *1 vol. in-18*.....	3. »
75	Ile des rêves (L'), par Ulbach, *1 vol, in-8°*	5. »
80	Iliade (L'), par Homère, *1 vol. in-18*....	3. »
18	Imitation de Jésus-Christ (L'), Traduction Lamennais, *1 v. in-18* (v. p. 53)	3.50
18	*1 vol. in-8°* (v. page 32)............	7.50
18	*1 vol. grand in-8°*..................	15. »
107	Imprimeur lithographe (Manuel complet de l'), par Broquelet et Brégeaut, *1 vol. in-18*......................	5. »
66	Indifférence (Essais sur l'), par Lamennais, *4 vol. in-18, le vol*.........	3. »
18	*4 vol. in-8°, le vol*.................	5. »
121	Inferna, Roman, par Clea Lucius, *1 vol. in-18*......................	3.50
105	Installations électriques, par Soulier, *1 vol. in-18*..................	2. »
101	Intérets simples et composés, par Sicre, *1 vol*.......................	2. »
30	Inventeurs et Inventions, par Sachot, *1 vol. in-18*................	2.50
51	Itinéraire de Paris a Jérusalem, par Chateaubriand, *1 vol. in-8°*.........	6. »
61	*1 vol. in-18*........................	3. »
57	Ivanhoé, par W. Scott, *1 vol. in-8°*.....	3.50
	J	
63	Jacques le fataliste, par Diderot, *1 vol. in-18*......................	3. »
67	Jardin ensoleillé, par Martinez Sierra, *1 vol. in-18*...............	3. »
93	Jardinage (Traité pratique de), par Ysabeau, *1 vol*...................	2. »
93	Jardinier de tout le monde (Nouveau), par Batillat, *1 vol. in-18*......	4.50
94	Jardinier-fleuriste (Le nouveau), par Langlois, *1 vol. in-18*...........	3.50
93	Jardins d'agrément (Tracé et ornementation des), par Bona, *1 vol. in-18*	3.50

Pages		Prix
94	Jardins d'appartements, par Crudet, *1 vol. in-18* (v. page 118)...........	1.50
103	Jeune femme chez elle (La), par la comtesse de Tramar, *1 vol. in-18*....	3.50
72	Jérusalem délivrée (La), par Le Tasse, *1 vol. in-18*................	3. »
108	Jeu des échecs (Analyse du), par Philidor, *1 vol. in-18*..............	3.50
108	Jeux (Académie des), *1 vol. in-32*......	2. »
108	— (Nouvelle académie des), par Quinola, *1 vol. in-18*..................	2. »
108	Jeux de salon, par Biars, *1 vol. in-18* (v. page 118)....................	1.50
108	Jeux de société, par Valaincourt, *1 vol. in-18*......................	3.50
57	Jolie fille de Perth (La), par W. Scott, *1 vol. in-8°*................	3.50
49	Joubert (Du nouveau sur), par Pailhès, *1 vol. in-18*......................	3.50
15	Juanito (Mérimée), *1 vol*..............	2. »
46	Julie ou la nouvelle Héloise, de J.-J. Rousseau, *1 vol. grand in-8°*....	15. »
70	*1 vol. in-18*......................	3. »
	K	
57	Kenilworth, par W. Scott, *1 vol. in-8°*	3.50
66	Koran (Le), par Mahomet, *1 vol. in-18*.	3. »
	L	
57	Lac Ontario (Le), par F. Cooper, *1 vol. in-8°*	3.50
107	Laiterie (Traité pratique de), par Larbalétrier, *1 vol. in-18*.............	2. »
53	La Jonquière et le Canada (De), *1 vol. in-18*......................	3.50
129	Lamartine, par E. Ollivier, *1 vol. in-18*.	1. »
117	Langage des fleurs, par Charlotte de la Tour, *1 vol. in-18*............	2. »
119	*1 vol. in-18*......................	1.50
106	Lapins (L'éleveur de), par Devaux, *1 vol. in-18*......................	1.50
30	Lectures de l'Enfance, par Mme Lambert, *1 vol. in-18*................	2.50
28	Lectures enfantines, par Belloc, *1 vol. in-18*......................	2.50
15	Lectures espagnoles, par Gavelle, *1 vol*........................	2. »
18	Lectures spirituelles, par le P. Gœdert, *12 vol. in-18, le vol*........	2.50
19	Légende dorée (La), de Voragine, *2 vol. in-18, le vol*................	3. »
70	Lettres a d'Alembert, par J.-J. Rousseau, *1 vol. in-18*.................	3. »
62	Lettres a Émilie sur la mythologie, par Demoustier, *1 vol. in-18*.......	3. »
44	Lettres choisies, de Mme de Sévigné, *1 vol. grand in-8°*................	12. »
31	*1 vol. in-18*......................	2.50
71	*1 vol. in-18*......................	3. »
73	Lettres choisies, de Voltaire, *2 vol. in-18, le vol*......	3. »
44	*1 vol. grand in-8°*..................	12. »

Pages		Prix
58	LETTRES D'ABÉLARD ET HÉLOÏSE, en français, *1 vol. in-18*	3. »
76	— en latin-français, *1 vol. in-18*	4.50
76	— en latin-français, *1 vol. in-8°*	6. »
92	LETTRES D'AMOUR, *1 vol. in-32*	2. »
68	LETTRES D'AMOUR, de Mirabeau, *1 vol. in-18*	3. »
66	LETTRES DE Mlle DE LESPINASSE, *1 vol. in-18*	3. »
47	LETTRES DE NAPOLÉON A JOSÉPHINE, *1 vol. in-8°*	6. »
49	*1 vol. in-18*	3.50
69	LETTRES DE NINON DE LENCLOS, *1 vol. in-18*	3. »
77	LETTRES DE PLINE LE JEUNE, *1 vol. in-18*	3. »
82	Panckouke, *3 vol. in-8°*	6. »
70	LETTRES DE SAINT FRANÇOIS DE SALES, *1 vol. in-18*	3. »
78	LETTRES DE SAINT JÉROME, *1 vol. in-18*	4.50
34	LETTRES ÉCRITES A UN PROVINCIAL, par B. Pascal, *2 vol. in-8°, le vol*	7.50
69	*1 vol. in-18*	3. »
47	LETTRES ET SOUVENIRS, de A. de Pontmartin, *1 vol. in-8°*	6. »
52	LETTRES FAMILIÈRES ÉCRITES D'ITALIE, par De Brosses, *2 vol. in-18, le vol*	3.50
68	LETTRES PERSANES, par Montesquieu, *1 vol. in-18*	3. »
72	LETTRES SUR L'HISTOIRE DE FRANCE, par Aug. Thierry, *1 vol. in-18*	3. »
5	LEXIQUE FRANÇAIS-LATIN, par Gœlzer, *1 vol. in-8°*	6. »
6	LEXIQUE GREC-FRANÇAIS, par Chassang et Durand, *1 vol. in-8°*	7.50
6	LEXIQUE LATIN-FRANÇAIS, par Gœlzer et Martel, *1 vol. in-8°*	6. »
65	LIAISONS DANGEREUSES (Les), par De Laclos, *1 vol. in-18*	3. »
31	LIGNY-WATERLOO, par Vaulabelle, *1 vol. in-18*	2.50
57	LIONEL LINCOLN, par F. Cooper, *1 vol. in-8°*	3.50
57	LIONS DE MER (Les), par F. Cooper, *1 vol. in-8°*	3.50
53	LITTERATURE BRÉZILIENNE, par Orban	3.50
52	LITTÉRATURE FRANÇAISE (Essai de), par Gérusez, *2 vol. in-18, le vol*	3.50
107	LITHOGRAPHIE. Traité pratique de l'art lithographique, par Maurou et Broquelet, *1 vol. in-18*	5. »
107	— Manuel pratique de l'Imprimeur-lithographe, par Broquelet et Bregeaut, *1 vol. in-18*	5. »
118	LIVRE DU JOUR DE L'AN, par Bochet, *1 vol. in-18*	1.50
110	LOCOMOTIVES A VAPEUR, par Hegelbacher, 1 *vol. in*-18	3.50
110	LOI MUNICIPALE DU 5 AVRIL 1884, *1 vol. in-18*	1.25
67	LOIS DE MANOU (Les), par Manava-Dharma-Sastra, *1 vol. in-18*	3. »
57	LUCIE HARDINGE, par F. Cooper, *1 vol. in-8°*	3.50

Pages		Prix
60	LUSIADES (Les), par Camoëns, *1 vol. in-18*	3. »
81	LYRIQUES GRECS, *1 vol*	3. »

M

Pages		Prix
110	MACHINES A VAPEUR, par Poussart, *1 vol. in-18*	3.50
94	MAÇON, TERRASSIER, PAVEUR ET CONDUCTEUR DE TRAVAUX (Traité pratique du), par Bousquet, *1 vol. in-18.*	4.50
25	MAGASIN DES ENFANTS, par Leprince de Beaumont, *1 vol. in-8°*	5. »
30	*2 vol. in-18, le vol*	2.50
118	MAGNÉTISME (Petits secrets du), par Ducret, *1 vol. in-18*	1.50
118	MAGICIEN (Manuel du), par Ducret, *1 vol. in-18*	1.50
110	MAIRES (Guides des), par Durand de Nancy, *1 vol. in-18*	7.50
59	MAITRES DE LA CRITIQUE (Les), par Bourgoin, *1 vol. in-18*	3. »
97	MAITRES DE L'ART (Les Grands), par Émile-Bayard, *1 vol. in-18*	5. »
103	MAITRES ET DOMESTIQUES (Ce que maîtres et domestiques doivent savoir), par Dufaux, *1 vol. in-18*	3.50
117	MANON LESCAUT (Histoire de), par l'abbé Prévost, *1 vol. in-18*	2. »
53	*1 vol. in-18 illustré*	3.50
80	MANUEL D'ÉPICTÈTE	3. »
19	MANUEL ECCLÉSIASTIQUE, *1 vol. in-4°*	6. »
14	MANUEL ÉPISTOLAIRE FRANÇAIS-ANGLAIS (Nouveau), par Laughlin, *1 vol. in-18.*	3.50
49	MARÉCHAUX DE NAPOLÉON (Les), par Lacroix, *1 vol. in-18*	3.50
47	*1 vol. in-8°*	6. »
18	MARIE-MADELEINE (Sainte), de Lacordaire, *1 vol. in-18* (v. page 65)	3. »
53	MARIE-MAGDELEINE, par E. Ollivier, *1 vol. in-18*	3.50
56	MARINE FRANÇAISE EN CHINE (La), par Dick de Lonlay, *1 vol. in-18*	1. »
107	MAROQUINERIE (Voir l'Art du cuir, par Broquelet)	3.50
107	MARQUETERIE (Voir Traité pratique d'ébénisterie, par Fournier)	3.50
51	MARTYRS (Les), par Chateaubriand, *1 vol. in-8°*	6. »
60	*1 vol. in-18*	3. »
116	MASSAGE SPORTIF, par Coste, *1 vol. in-18.*	2. »
67	MATINÉES LITTÉRAIRES (Les), par Mennechet, *4 vol. in-18, le vol*	3. »
110	MÉCANIQUE (Traité de), par Poussart, *2 vol. in-18, le vol*	3.50
111	MÉCANISMES (Les). Traité élémentaire de cinématique, par Leblanc, *1 vol. in-18*	5. »
103	MÉDECIN (En attendant le), par Mendoza, *1 vol. in-18*	2. »
103	MÉDECIN DU FOYER (Le), par Ysabeau, *1 vol. in-18*	2. »
106	MÉDECINE VÉTÉRINAIRE (Traité pratique de), par Villiers et Larbalétrier, *1 vol. in-18*	3.50

Pages		Prix
17	MÉDITATIONS SUR L'ÉVANGILE, par Bossuet, *1 vol. in-8°*	12. »
59	*1 vol. in-18*	3. »
61	MÉLANGES HISTORIQUES, par Chateaubriand, *1 vol. in-18*	3. »
121	MÉMOIRES DE BRAZ-CUBAS, par M. de Assis, *1 vol. in-18* (v. page 66)	3. »
58	MÉMOIRES DE BEAUMARCHAIS, *1 vol. in-18*	3. »
64	MÉMOIRES DE GRAMONT, par Hamilton, *1 vol. in-18*	3. »
47	MÉMOIRES DE LA DUCHESSE D'ABRANTÈS, *10 vol. in-8°, le vol*	6. »
48	*10 vol. in-18, le vol*	3.50
47	MÉMOIRES DE Mlle AVRILLON, *2 vol. in-8°, le vol*	6. »
48	*2 vol. in-18, le vol*	3.50
49	MÉMOIRES DE NAPOLÉON, par D. Lacroix, *5 vol. in-18, le vol*	3.50
50	MÉMOIRES DU DUC DE ROVIGO, par D. Lacroix, *5 vol. in-18, le vol*	3.50
47	MÉMOIRES DU GÉNÉRAL RAPP, *1 vol. in-8°*	6. »
49	*1 vol. in-18*	3.50
51	MÉMOIRES DE J. CASANOVA, *8 vol. in-8°, le vol*	6. »
60	*8 vol. in-18, le vol*	3. »
52	*8 vol. in-18 illustrés, le vol*	3.50
51	MÉMOIRES D'OUTRE-TOMBE, par Chateaubriand, *6 vol. in-8°, le vol*	6. »
52	*6 vol. in-18, le vol*	3.50
50	MÉMOIRES MILITAIRES DU BARON SERUZIER, *1 vol. in-18*	3.50
48	MÉMOIRES POLITIQUES ET MILITAIRES DU GÉNÉRAL DOPPET, *1 vol. in-18*	3.50
58	MÉMOIRES SECRETS DE BACHAUMONT, *1 vol. in-18*	3. »
47	MÉMOIRES SUR LA VIE PRIVÉE DE NAPOLÉON, SA FAMILLE ET SA COUR, par Constant, *4 vol. in-8°, le vol*	6. »
48	*4 vol. in-18, le vol*	3.50
48	MÉMOIRES SUR NAPOLÉON, LE CONSULAT, L'EMPIRE ET LA RESTAURATION, par Bourrienne, *5 vol. in-18, le vol*	3.50
73	MÉMOIRES DE VIDOCQ, *2 vol. in-18*	3. »
55	MÉMORIAL DE SAINTE-HÉLÈNE (Le), par le comte de Las Cases, *2 vol. grand in-8°, le vol*	12. »
49	*4 vol. in-18, le vol*	3.50
102	MÉNAGES (Guide pratique des), par Elget, *1 vol. in-18*	3.50
94	MENUISERIE (Traité de), par Poussart, *2 vol. in-18, le vol*	3.50
57	MERCÉDÈS DE CASTILLE, par F. Cooper, *1 vol. in-8°*	3.50
25	MES PRISONS, par S. Pellico, *1 vol. in-8°*	5. »
69	*1 vol. in-18*	3. »
30	*1 vol. in-18*	2.50
45	MÉTAMORPHOSES DU JOUR (Les), par Grandville, *1 vol. in-8°*	18. »
77	MÉTAMORPHOSES (Les), d'Ovide, *1 vol. in-18*	4.50
95	MÉTAUX (Manuel du poids des), par Arnould, *1 vol. in-18* (v. page 101)	2.50
11	MÉTHODES DE LANGUES ÉTRANGÈRES.	
91	MÉTHODE WILHEM	4.50

Pages		Prix
107	MEUNERIE ET BOULANGERIE (Traité pratique de), par Hendoux, *1 vol. in-18*	5. »
53	MICHEL-ANGE, par E. Ollivier, *1 vol. in-18*	3.50
129	MIE PRIGIONI, par S. Pellico, *1 vol. in-18*	1.50
129	*1 vol. in-18*	3. »
68	MILLE ET UN JOURS (Les), *1 vol. in-18*	3. »
45	MILLE ET UNE NUITS (Les), *1 vol. grand in-8°*	15. »
68	*3 vol. in-18, le vol*	3. »
25	— DES FAMILLES, *1 vol. in-8°*	5. »
29	*2 vol. in-18, le vol*	2.50
29	— DE LA JEUNESSE, *1 vol. in-18*	2.50
102	MILLE TRUCS, par Poussart, *1 vol. in-18*	3.50
102	— (Nouveaux), par Poussart, *1 vol. in-18*	3.50
115	MINÉRALOGIE ET GÉOLOGIE, par Beudant, *1 vol. in-18*	6. »
15	MOCEDADES DEL CID (Mérimée), *1 vol.*	1.50
103	MODE (La) ET L'ÉLÉGANCE, par la comtesse de Tramar, *1 vol. in-18*	3.50
57	MŒURS DU JOUR (Les), par F. Cooper, *1 vol. in-8°*	3.50
57	MOHICANS (Les), par F. Cooper, *1 vol. in-8°*	3.50
57	MONASTÈRE (Le), par W. Scott, *1 vol. in-8°*	3.50
57	MONIKINS (Les), par F. Cooper, *1 vol. in-8°*	3.50
48	MONTAGNARDS (Histoire des), par Esquiros, *1 vol. in-18*	3.50
40	MORALISTES FRANÇAIS (Les), *1 vol. grand in-8°*	12.50
15	MORCEAUX CHOISIS D'ESPAGNOL, par Pitollet (Mérimée), *1 vol. in-18*	1.50
105	MOTEURS ÉLECTRIQUES (Les), par Soulier, *1 vol. in-18*	2. »
99	MOTOCYCLETTES ET TRICARS, par Zerolo, *1 vol. in-18*	3. »
117	MOTS POUR RIRE (Les), par Ducret, *1 vol. in-18*	2. »
59	MOYEN DE PARVENIR (Le), par Beroalde de Verville, *1 vol. in-18*	3. »
117	MUSE FANTAISISTE (La), par Ducret, *1 vol. in-18*	2. »
74	MUSICIANA, par Weckerlin, *1 vol. in-18*	3. »
74	— (Nouveau), *1 vol. in-18*	3. »
74	— (Dernier), *1 vol. in-18*	3. »
90	MUSIQUE DES CHANSONS ANCIENNES ET POSTHUMES de Béranger, *1 vol. in-8°*	10. »
90	MUSIQUE DES CHANSONS de Béranger, *1 vol. in-8° cavalier*	10. »
90	*1 vol. in-8° sans gravures*	6. »
114	MYSTÈRES DE LA MAIN (Les), par Desbarolles, *1 vol. in-18*	5. »
118	MYSTÈRES DE LA DESTINÉE (Petits), *1 vol. in-18*	1.50
52	MYTHOLOGIE GRECQUE ET ROMAINE, par Commelin, *1 vol. in-18*	3.50
44	MYTHOLOGIE DE LA GRÈCE ANTIQUE, par Decharme, *1 vol. in-8°*	12. »

N

Pages		Prix
57	NAIN NOIR (Le), par W. Scott, *1 vol. in-8°*	3.50
47	NAPOLÉON A JOSÉPHINE (Lettres de), *1 vol. in-8°*	6. »
49	*1 vol. in-18*	3.50
48	NAPOLÉON (Derniers moments de), par Antommarchi, *2 vol. in-18, le vol.*	3.50
48	NAPOLÉON EN EXIL, par O'Meara, *2 vol. in-18, le vol.*	3.50
49	NAPOLÉON (Histoire de), par D. Lacroix, *1 vol. in-18*	3.50
47	*1 vol. in-8°*	6. »
49	NAPOLÉON (Mémoires de), par D. Lacroix, *5 vol. in-18, le vol.*	3.50
116	NATATION ET SAUVETAGE (Traité de), par Blache, *1 vol. in-18*	2. »
116	NATATION (La), par Brisset, *1 vol. in-32*	0.50
113	NATURALISER LES ANIMAUX (l'Art de conserver et de), par Blanchon, *1 vol. in-18*	3.50
58	NÉMÉSIS, par Barthélemy, *1 vol. in-18*	3. »
30	NEUVAINE DE CHANDELEUR (La), par Nodier, *1 vol. in-18*	2.50
18	NOËL ET DE L'ÉPIPHANIE, de Saint-Augustin, *1 vol. in-18*	2.50
65-18	NOTICES ET PANEGYRIQUES, par Lacordaire, 1 *vol. in-*18	3. »
31	NOUVELLES GENEVOISES, par Töpffer. *1 vol. in-18*	2.50
72	*1 vol. in-18*	3. »
46	*1 vol. in-8°*	10. »
15	NOVELAS EJEMPLARES (Mérimée)	1.50

O

ŒUVRES

AUTEURS FRANÇAIS ET ÉTRANGERS

Pages		Prix
54	BEAUMONT (Mme Elie DE), *1 vol. in-8°*	3.50
52	BENVENUTO CELLINI, *2 vol. in-18, le vol.*	3.50
38	BOILEAU, *1 vol. grand in-8°* (Compactes Garnier)	12.50
38	*1 vol. grand in-8°* (Compactes Laplace)	18. »
32	*4 vol. in-8° cav., le vol.*	7.50
59	*1 vol. in-18* (Classiques Garnier)	3. »
59	*1 vol. in-18* (Laplace)	3. »
17	BOSSUET (Collection Migne), *11 vol. in-8°*	60. »
18	— (Œuvres oratoires), *4 vol. in-8°*	20. »
35	BUFFON, *12 vol. in-8°, le vol.*	12.50
60	BYRON, *4 vol. in-18, le vol.*	3. »
51	CHATEAUBRIAND, *12 vol. in-8°, le vol.*	6. »
60	*11 vol. in-18, le vol.*	3. »
61	CHÉNIER (André), *1 vol. in-18*	3. »
62	COURIER (P.-L.), *1 vol. in-18*	3. »
35	CUVIER et LACÉPÈDE, *4 vol. grand in-8°, le vol.*	12.50
62	CYRANO DE BERGERAC, *1 vol. in-18*	3. »
39	DELAVIGNE (Casimir), *1 vol. grand in-8°*	12.50
62	*3 vol. in-18, le vol.*	3. »
62	DESCARTES, *1 vol. in-18*	3. »
87	DESPORTES, *1 vol. in-16* (Delahays)	5. »
35	DIDEROT, *20 vol. in-8°, le vol.*	7. »
63	— (Choisies), *2 vol. in-18, le vol.*	3. »
63	DU BELLAY (Œuvres), 3 *vol.*	3. »
54	FONTANES et TENÇIN (Mme), *1 vol. in-8°*	3.50
44	GAVARNI, *1 vol. in-8°*	10. »
64	GILBERT (Œuvres de), *1 vol. in-18*	3. »
32	LA BRUYÈRE, *2 vol. in-8°, le vol.*	7.50
39	LA FONTAINE, *1 vol. in-8°* (Comp. Garnier)	12.50
32	*7 vol. in-8°, le vol.*	7.50
65	*1 vol. in-18* (Laplace)	3. »
	(Voir Fables).	
33	LA ROCHEFOUCAULD, *2 vol. in-8°, le vol.*	7.50
39	LE SAGE, *1 vol. grand in-8°*	12.50
66	MAISTRE (Xavier DE), *1 vol. in-18*	3. »
30	*1 vol. in-18*	2.50
33	MAROT (Clément), *1 vol. in-8°*	7.50
67	*2 vol. in-18, le vol.*	3. »
53	— (Choisies), *1 vol. in-18*	3.50
33	MASSILLON, *2 vol. in-8°, le vol.*	7.50
67	*1 vol. in-18*	3. »
34	MONTESQUIEU, *7 vol. in-8°, le vol.*	7.50
68	MOREAU (Hégésippe), *1 vol. in-18*	3. »
40	MUSSET (Alfred DE), *1 vol. grand in-8°*	15. »
51	*8 vol. in-8°, le vol.*	6. »
68	*9 vol. in-18, le vol.*	3. »
53	*9 vol. in-18 illustrés, le vol.*	3.50
69	RABELAIS, *1 vol. in-18*	3. »
45	*2 vol. in-4°*	70. »
45	*2 vol. in-folio*	200 »
34	ROUSSEAU (J.-B.), *1 vol. in-8°*	7.50
70	ROUSSEAU (J.-J.), *6 vol. in-18, le vol.*	3. »
70	SAINT-EVREMOND, *1 vol. in-18*	3. »
51	SHAKESPEARE, *8 vol. in-8°, le vol.*	6. »
71	*8 vol. in-18, le vol.*	3. »
54	SOUZA (Mme DE), *1 vol. in-8°*	3.50
71	SPINOZA, *2 vol. in-18, le vol.*	3. »
72	TABARIN, *1 vol. in-18*	3. »
73	VAUQUELIN DE LA FRESNAYE, *1 vol. in-18*	3. »
36	VOLTAIRE, *52 vol. in-8°, le vol.*	7. »

AUTEURS GRECS ET LATINS

Pages		Prix
76	APULÉE, *2 vol. in-18, le vol.*	3. »
82	*4 vol. in-8°* (Panckoucke)	24. »
76	AULU-GELLE, *2 vol. in-18, le vol.*	3. »
82	*3 vol. in-8°* (Panckoucke)	21. »
76	CATULLE, TIBURCE et PROPERCE, *1 vol. in-18*	3. »
82	CÉSAR, *3 vol. in-8°* (Panckoucke), *le vol.*	6. »
76	CICÉRON, *20 vol. in-18, le vol.*	3. »
82	*36 vol. in-8°* (Panckoucke), *le vol.*	6. »
77	CLAUDIEN, *1 vol. in-18*	4.50
82	*2 vol.* (Panckoucke), *le vol.*	6. »
77	CORNÉLIUS NEPOS, *1 vol. in-18*	3. »
82	*1 vol. in-8°* (Panckoucke)	6. »
82	EUTROPE, *1 vol. in-8°* (Panckoucke)	5. »
82	FESTUS AVIENUS, *1 vol. in-8°* (Panckoucke)	5. »
80	HOMÈRE. Odyssée, *1 vol. in-18*	3. »
80	— Iliade, *1 vol. in-18*	3. »
77	HORACE, *1 vol. in-18*	3. »
82	*2 vol. in-8°* (Panckoucke), *le vol.*	6. »

Pages		Prix
77	JORNANDÈS, *1 vol. in-18*	3. »
82	*1 vol. in-8°* (Panckoucke)	5. »
77	JUSTIN, *1 vol. in-18*	3. »
82	*2 vol. in-8°* (Panckoucke), *le vol.*	6. »
77	JUVÉNAL et PERSE, *1 vol. in-18*	3. »
82	*2 vol. in-8°* (Panckoucke) le *vol.*	6. »
80	LUCIEN, *2 vol. in-18, le vol.*	3. »
77	LUCRÈCE, *1 vol. in-18*	3. »
82	*2 vol. in-8°* (Panckoucke), *le vol.*	6. »
77	MARTIAL, *2 vol. in-18, le vol.*	3. »
82	*4 vol. in-8°* (Panckoucke), *le vol.*	7. »
82	OVIDE, *10 vol. in-8°* (Panckoucke), *le vol.*	7. »
82	PALLADIUS, *1 vol. in-8°* (Panckoucke)	5. »
82	PERSE, *1 vol. in-8°* (Panckoucke)	7. »
69	PÉTRARQUE, *1 vol. in-18*	3. »
77	PÉTRONE, *1 vol. in-18*	3. »
82	*2 vol. in-8°* (Panckoucke), *le vol.*	7. »
81	PINDARE, *1 vol. in-18*	3. »
82	POMPEIUS FESTUS, *2 vol. in-8°* (Panckoucke), *le vol.*	5. »
82	POMPONIUS MELA, *1 vol. in-8°* (Panckoucke)	5. »
78	QUINTE-CURCE, *1 vol. in-18*	3. »
82	*3 vol. in-8°* (Panckoucke), *le vol.*	6. »
78	QUINTILIEN, *3 vol. in-18, le vol.*	3. »
83	*6 vol. in-8°* (Panckoucke), *le vol.*	3.50
78	SALLUSTE, *1 vol. in-18*	3. »
78	SÉNÈQUE, *4 vol. in-18, le vol.*	3. »
83	SENSORINUS, *1 vol. in-8°* (Panckoucke)	5. »
83	SEXTUS AURELIUS VICTOR, *1 vol. in-8°* (Panckoucke)	5. »
83	STACE, *4 vol. in-8°* (Panckoucke), *le vol.*	3.50
78	SUETONE, *1 vol. in-18*	3. »
83	*3 vol. in-8°* (Panckoucke), *le vol.*	6. »
78	TACITE, *2 vol.* (Burnouf), *le vol.*	3. »
78	*2 vol.* (Loiseau), *le vol.*	3. »
83	*7 vol. in-8°* (Panckoucke), *le vol.*	6. »
83	TÉRENCE, *3 vol. in-8°* (Panckoucke), *le vol.*	6. »
81	THÉOCRITE, *1 vol. in-18*	3. »
79	TITE-LIVE, *6 vol. in-18, le vol.*	3. »
83	*17 vol. in-8°* (Panckoucke), *le vol.*	6. »
79	VALÈRE MAXIME, *2 vol. in-18, le vol.*	3. »
83	*3 vol. in-8°* (Panckoucke), *le vol.*	3.50
83	VALÉRIUS FLACCUS, *1 vol. in-8°* (Panckoucke)	3.50
79	VELLEIUS PATERCULUS, *1 vol. in-18*	3. »
83	*1 vol. in-8°* (Panckoucke)	3.50
79	VIRGILE, *2 vol. in-18, le vol.*	3. »
83	VITRUVE, *2 vol. in-8°* (Panckoucke), *le vol.*	6. »

Pages		Prix
121	ŒUVRE LITTÉRAIRE DE MACHADO DE ASSIS, 1 *vol. in*-18	3. »
96	OFFICE (Traité de l'), par Berthe, *1 vol. in-18*	3.50
57	OFFICIER DE FORTUNE (L'), par W. Scott *1 vol. in-8°*	3.50
106	OISEAUX (L'art d'élever et d'instruire les), par Champaime, *1 vol. in-18*	3.50
51	OLIVIER DE MAGNY, étude biographique, *1 vol. in-8°*	6. »
117	ORACLE complet et infaillible du beau sexe, par Asmodée, *1 vol. in-18*	2. »
118	ORACLE (Petit) du beau sexe, par LE MÊME, *1 vol. in-18*	1.50
117	ORACLES (Le grand livre des), par Merlin, *1 vol. in-18*	2. »
119	— (Le livre des), *1 vol. in-18*	1.50
59	ORAISONS (Chefs-d'œuvre oratoires), de Bourdaloue, *1 vol. in-18*	3. »
17	ORAISONS FUNÈBRES, par Bossuet, *1 vol. in-8°*	12. »
59	*1 vol. in-18*	3. »
67	ORAISONS FUNÈBRES, par Massillon, Fléchier, *1 vol. in-18*	3. »
110	ORATEUR POPULAIRE (L'), par Filippi, *1 vol. in-18*	3.50
63	ORIGINE DES CULTES, par Dupuis, *1 vol. in-18*	3. »
4	ORTHOGRAPHE (Manuel d'), par Clédat, *1 vol.*	1.80
84	OUVRAGES SUR PAPIER DE LUXE.	

P

Pages		Prix
65	PAGÉNYRIQUES DE LACORDAIRE, 1 *vol. in*-18	3. »
66	PAPE (Du), par J. de Maistre, *1 vol. in-18*	3. »
121	PAPILLONS NOIRS (Les), par Rodet	3.50
65	PAPILHOTOS (Los), par Jasmin, *2 vol. in-18, le vol.*	3. »
57	PAQUEBOT (Le), par F. Cooper, *1 vol. in-8°*	3.50
51	PARADIS PERDU, par Chateaubriand, *1 vol. in-8°*	6. »
61	*1 vol. in-18*	3. »
102	PARFUMS (Voir savons et parfums)	2.50
87	PARIS, poème par Pommier, *1 vol. in-16*	3.50
65	PARIS RIDICULE, par Jacob, *1 vol. in-18*.	3. »
44	PARIS SOUTERRAIN, par Gérards, *1 vol. in-8°*	12. »
45	PARIS SOUS LOUIS XIV, par Maquet, *1 vol. in-4°*	15. »
66	PAROLES D'UN CROYANT, par Lamennais, *1 vol. in-18*	3. »
59	PASTEUR ET SES ÉLÈVES, par Boutet, *1 vol. in-18*	3. »
117	PASSE-TEMPS INTELLECTUELS (Les), par Ducret, *1 vol. in-18*	2. »
19	PASSION DE N.-S. JÉSUS-CHRIST (La), par P. Ventura, *1 vol. in-18*	2.50
108	PATIENCES ET RÉUSSITES, par Poussart.	2. »
96	PATISSERIE (Traité pratique de), par Guerre, *1 vol. in-8°*	4. »
96	PATISSIER MODERNE (Le), par Garlin, *1 vol. in-8°*	20. »
96	PATISSIER, CONFISEUR ET LIQUORISTE (Le), par Petit, *1 vol. in-18* (v. p. 117).	2. »
96	PATISSIÈRE EN CHAMBRE (La), par Gill, *1 vol. in-18* (v. page 119)	1.50
96	PATISSIER NATIONAL PARISIEN (Le), par Carême, *2 vol. in-18*	8. »
19	PATROLOGIES GRECQUE ET LATINE.	
24	PAUL ET VIRGINIE, par Bernardin de Saint-Pierre, *1 vol. in-8°*	5. »

Pages		Prix
28	Paul et Virginie, 1 vol. in-18	2.50
59	— 1 vol. in-18	3. »
68	Pays (Le) latin, par Murger, 1 vol. in-18	3. »
67	Paysan (Le) parvenu, par Marivaux, 1 vol. in-18	3. »
102	Pêche a toutes lignes des poissons d'eau douce (La), par J. Fischer, 1 vol. in-18	2. »
102	Pêche en mer (La), par Larbalétrier, 1 vol. in-18	3.50
102	Pêcheur a la mouche artificielle (Le), par De Massas, 1 vol. in-18	2. »
113	Peintre-Décorateur (Traité classique du), par Fleury, 1 vol. in-18	3.50
97	Peintre (L'art du), par Bellanger, 1re partie : le Dessin, 1 vol. in-18	2.50
97	2e partie : Procédés et genres, 1 vol. in-18	2.50
97	3e partie : la Composition, 1 vol. in-18	2.50
97	4e partie : La peinture et les peintres depuis les temps les plus reculés jusqu'à nos jours, 1 vol.	3.50
97	5e partie : La Peinture française, 1 vol. in-18	3.50
98	Peinture a l'eau, par Serignan, 1 vol. in-18	3.50
95	Peinture au blanc de zinc, par Fleury, 1 vol. in-18	2.50
95	Peinture en batiment (La), par P. Fleury, 1 vol. in-18	3.50
107	Peinture industrielle (Traité encyclopédique de la), par Fleury, 1 vol. in-18	3.50
98	Peinture (Traité usuel de), par Bellanger, 1 vol. in-18	*5. »
81	Pensées de Marc-Aurèle, 1 vol. in-18	3. »
69	Pensées de Pascal, 1 vol. in-18	3. »
19	Pentecote (Lectures pour la), par saint Thomas d'Aquin, 1 vol. in-18	2.50
28	Petit Grandisson (Le), par Berquin, 1 vol. in-18	2.50
30	Petites histoires, par Mme E. Ollivier, 1 vol. in-18	2.50
45	Petites misères de la vie humaine (Les), par Grandville, 1 vol. in-8°	10. »
121	Petites oies blanches, par Trilby, 1 vol. in-18	3.50
57	Peveril du Pic, par Scott, 1 vol. in-8°	3.50
77	Pharsale (La), de Lucain, 1 vol. in-18	3. »
82	2 vol. in-8° (Panckoucke), le vol	7. »
52	Philosophie positive, par Aug. Comte, 1 vol. in-18	3.50
111	Photographie (Traité élémentaire de), par Niewenglowski, 1 vol. in-18	3. »
111	— (Traité complémentaire de), par Niewenglowski, 1 vol. in-18	3. »
111	— (Applications de la), par Niewenglowski, 1 vol. in-18	3. »
111	— des couleurs, par Niewenglowski, 1 vol. in-18	3. »
66	Physiognomonie, par Lavater et Gall, 1 vol. in-18	3. »
60	Physiologie du gout, par Brillat-Savarin, 1 vol. in-18	3. »
98	Pianiste (Guide du), par Poussart, 1 vol. in-18	3.50

Pages		Prix
106	Pigeons (Les), par Renaudet	2.50
19	Piété (Sur la), par saint François de Sales, 1 vol. in-18	2.50
57	Pilote (Le), par Cooper, 1 vol. in-8°	3.50
57	Pirate (Le), par W. Scott, 1 vol. in-8°	3.50
89	Plan d'Alger	1. »
89	Plan de Lyon monumental	1. »
89	Plan de Menton	1. »
89	Plan de Nice	1. »
89	Nice-Cannes-Menton	2. »
89	Plan d'Oran	1. »
89	Plan de Toulon	1. »
89	Plan de Paris à l'échelle de 1/200.000e	1. »
89	— Paris monumental	1. »
75	Plutarque de la jeunesse (Le), par Blanchard, 1 vol. in-8°	5. »
121	Poèmes et sonnets, par Anthero de Quental, 1 vol.	2. »

POÉSIE

Pages		Prix
58	Barthélemy. Némésis, 1 vol. in-18	3. »
58	Basselin. Vaux de Vire, 1 vol. in-18	3. »
87	1 vol. in-16 (Delahays)	5. »
	Béranger (Voir Chansons).	
	Boileau (Voir Œuvres).	
60	Brizeux, 4 vol. in-18	3. »
52	4 vol. in-18 illustrés, le vol	3.50
61	Chénier. Œuvres poétiques, 2 vol. in-18	3. »
32	2 vol. in-8° à	7.50
43	1 vol. grand in-8°	10. »
62	Delavigne. Poésies, 1 vol. in-18	3. »
39	1 vol. grand in-8°	12.50
92	Desaugiers, 1 vol. in-32	2. »
29	Desbordes-Valmore. Poésies de l'enfance, 1 vol. in-18	2.50
87	Desportes, 1 vol. in-16 (Delahays)	5. »
92	Droleries poétiques, 1 vol. in-32	2. »
63	Dupont. Muse populaire, 1 vol. in-18	3. »
92	1 vol. in-16	2. »
25	Florian. Fables, 1 vol. in-8°	5. »
29	1 vol. in-18	2.50
63	1 vol. in-18	3. »
92	Gaudriole (La), 1 vol. in-32	2. »
92	Goguette (La), 1 vol. in-32	2. »
64	Gresset, 1 vol. in-18	3. »
65	Jasmin. Las Papilhotos, 2 vol. in-18	3. »
	La Fontaine (Voir Œuvres et Fables).	
67	Malherbe, 1 vol. in-18	3. »
67	Marot, 2 vol. in-18	3. »
33	1 vol. in-8°	7.50
53	1 vol. in-18 (Extraits Voizard)	3.50
63	Millevoye, 1 vol. in-18	3. »
92	Million de rimes gauloises (Un), 1 vol. in-32	2. »
63	Moreau, 1 vol. in-18	3. »
68	Musset. Poésies, 2 vol. in-18	3. »
53	2 vol. in-18 illustrés à	3.50
51	2 vol. in-8° cavalier à	6. »
69	Parny, 1 vol. in-18	3. »
57	Pionniers (Les), par F. Cooper, 1 vol. in-8°	3.50
69	Piron, 1 vol. in-18	3. »
92	Poètes de l'amour, 1 vol. in-32	2. »
87	Pommier. Paris, 1 vol. in-16	3.50

Pages		Prix
70	Régnier, *1 vol. in-18*	3. »
70	Ronsard, *1 vol. in-18*	3. »
53	*1 vol. in-18* (Voizard)	3.50
34	*1 vol. in-8°*	7.50
34	Rousseau (J.-B.), *1 vol. in-8°*	7.50
70	Scarron. Virgile travesti, *1 vol. in-18*	3. »
73	Vadé, *1 vol. in-18*	3. »
73	Vauquelin de la Fresnaye, *1 vol. in-18*	3. »
73	Villon, *1 vol. in-18*	3. »
73	Voisenon, *1 vol. in-18*	3. »
	Voltaire (Voir Œuvres).	
92	Poètes de l'amour, *1 vol. in-32*	2. »
73	Poetœ Minores, *1 vol. in-18*	3. »
82	*1 vol. in-8°* (Panckoucke)	6. »
81	Poètes moralistes de la Grèce (Les), *1 vol. in-18*	3. »
80	Poétique et rhétorique, par Aristote, *1 vol. in-18*	3. »
101	Poids et métaux (Manuel des), par Arnould, *1 vol. in-18* (v. page 95)	2.50
103	Politesse française (La), par Muller, *1 vol. in-18* (v. page 117)	2. »
103	(Petit traité de), par Muller, *1 vol. in-18* (v. page 119)	1.50
80	Politique (La), par Aristote, *1 vol. in-18*	3. »
106	Porc (Elevage du), par Valessert, *1 vol. in-18*	3.50
53	Portraits de femmes, par Sainte-Beuve, *1 vol. in-18*	3.50
53	Portraits littéraires, par Sainte-Beuve, *3 vol. in-18, le vol*	3.50
117	Pour rire en société, par Ducret, *1 vol. in-18*	2. »
110	Pour se marier, par Clair, *1 vol. in-18*	2. »
57	Porte-chaine (Le), par F. Cooper, *1 vol. in-8°*	3.50
57	Prairie (La), par F. Cooper, *1 vol. in-8°*.	3.50
106	Prairie et élevage du bétail, par Bedel, *1 vol. in-18*	3.50
57	Précaution, par F. Cooper, *1 vol. in-8°*	3.50
25	Premier livre des enfants, par Bochet, *1 vol. in-18*	2.50
72	Presbytère (Le), par Töpffer, *1 vol. in-18*	3. »
66	Prince (Le), par Machiavel, *1 vol. in-18*	3. »
53	Principes et conduite, par E. Ollivier, *1 vol. in-18*	3.50
56	Prise de Tananarive (La), par Galli, *1 vol. in-18*	1. »
57	Prison d'Édimbourg (La), par W. Scott, *1 vol. in-8°*	3.50
97	Procédés et genres, par Bellanger (2e partie de l'Art du peintre), *1 vol. in-18*	2.50
112	Profession (Guide pour le choix d'une), par Donville. Hommes, *1 vol. in-18*	3.50
112	Dames, *1 vol. in-18*	3.50
112	Projections lumineuses (Les), par Niewenglowski, *1 vol. in-18*	3. »
112	— spéciales, *1 vol. in-18*	3. »
110	Propriétaires, locataires (Guide pratique des), par Deglos, *1 vol. in-18*	4.50

Pages		Prix
45	Proverbes (Cent), par Grandville, *1 vol. in-8°*	10. »
67	Proverbes français (Recueil de), par Martel, *1 vol. in-18*	3. »
69	Proverbes sur les femmes, par Quitard, *1 vol. in-18*	3. »
121	Psychologie de la mode, par G. Carillo, *1 vol. in-18*	2. »
73	Pucelle d'Orléans, de Voltaire, *1 vol. in-18*	3. »
57	Puritains (Les), par F. Cooper, *1 vol. in-8°*	3.50
57	Puritains d'Écosse (Les), par W. Scott, *1 vo. in-8°*	3.50

Q

Pages		Prix
48	Quinze ans de haute police, par Desmarest, *1 vol. in-18*	3.50
69	Quinze joyes du mariage (Les), *1 vol. in-18*	3. »
57	Quentin Durward, par W. Scott, *1 vol. in-8°*	3.50
51	Quo Vadis, par Sienkiewicz, *1 vol. in-8°*	6. »
54	*1 vol. in-18*	3.50

R

Pages		Prix
106	Races chevalines (Les), par Magne, *1 vol. in-18*	8. »
101 / 114	Racines carrées et cubiques et des logarithmes (Des), *1 vol. in-16 toile*	2. »
51	Raphaël, par Lamartine, *1 vol. in-8°*	5. »
57	Ravensnest, par F. Cooper, *1 vol. in-8°*	3.50
66	Recherches sur la vérité, par Malebranche, *2 vol. in-18, le vol*	3.
72	Récits des temps mérovingiens, par Thierry, *2 vol. in-18, le vol*	3. »
54	Récits, scènes, paysages, de Chateaubriand, *1 vol. in-18*	3. »
4	Récits du moyen age, par Clédat	1.50
118	Récréations mathématiques, par Ducret, *1 vol. in-18*	1.50
118	Récréations physiques, chimiques, par Ducret, *1 vol. in-18*	1.50
57	Redgaundet, par W. Scott, *1 vol. in-8°*.	3.50
66	Réflexions, Sentences et Maximes morales de La Rochefoucauld, *1 vol. in-18*	3. »
113	Relieur (Manuel du), par Chanat	2.50
113	Restaurateur, Marchand de vins (Voir Garçon limonadier, par Catusse).	3.50
70	Rêveries d'un promeneur solitaire, par J.-J. Rousseau, *1 vol. in-18*	3. »
53	Révolution (La), par E. Ollivier, *1 vol. in-18*	3.50
	Révolution de 1848, par Lamartine (Voir Histoire).	
80	Rhétorique d'Aristote (Voir Poétique).	3. »
57	Richard en Palestine, par W. Scott, *1 vol. in-8°*	3.50
92	Rimes gauloises (Un million de), *1 vol. in-32*	2. »

Pages		Prix
57	ROB-ROY, par W. Scott, *1 vol. in-8°*	3.50
57	ROBERT DE PARIS, par W. Scott, *1 vol. in-8°*	3.50
29	ROBINSON CRUSOÉ, par De Foé, *1 vol. in-18 illustré*	2.50
25	*1 vol. in-8°*	5. »
75	*1 vol. in-8°* (Laplace)	5. »
21	*1 album in-4°*	4.25
26	ROBINSON SUISSE, par Wiss, *1 vol. in-8°*	5. »
31	*2 vol. in-18, le vol*	2.50
49	ROI DE ROME ET DUC DE REISCHSTADT, par D. Lacroix, *1 vol. in-18*	3.50
30	ROI FIALAR (Le), par Runeberg, *1 vol. in-18*	2.50
58	ROLAND FURIEUX, par Arioste, *2 vol. in-18, le vol*	3. »
64	ROMAN BOURGEOIS (Le), par Furetière, *1 vol. in-18*	3. »
70	ROMAN COMIQUE (Le), de Scarron, *1 vol. in-18*	3. »
16	ROMANCES ESCOGIDAS (Mérimée), *1 vol. in-18*	1.50
73	ROMANS ET CONTES, de Voltaire, *1 vol. in-18*	3. »
65	ROMANS ET NOUVELLES, de Mme de La Fayette, *1 vol. in-18*	3. »
81	ROMANS GRECS (Les), *1 vol. in-18*	3. »
57	ROMANS POÉTIQUES, de W. Scott, *2 vol. in-8°, le vol*	3.50
121	ROMANS SIMONIS-EMPIS (v. page 122).	
72	ROSA ET GERTRUDE, par Töpffer, *1 vol. in-18*	3. »
71	ROUGE (Le) ET LE NOIR, de Stendhal, *1 vol. in-18*	3. »
73	RUINES (Les), de Volney, *1 vol. in-18*	3. »

S

Pages		Prix
19	SACREMENTS D'AUTELS, par saint Thomas d'Aquin, *1 vol. in-18*	2.50
43	SAINTES FEMMES (Les), par Mgr Darboy, *1 vol. grand in-8°* (v. page 19)	12. »
19	SAINTE-VIERGE (Lectures sur les fêtes de la), par de Grenade, *1 vol. in-18*	2.50
47	SALONS DE PARIS (Histoire des), par la duchesse d'Abrantès, *4 vol. in-8°, le vol*	6. »
48	*4 vol. in-18, le vol*	3.50
24	SANDFORT ET MERTON, par Berquin, *1 vol. in-8°*	5. »
28	*1 vol. in-18*	2.50
57	SATANSTOÉ, par F. Cooper, *1 vol. in-8°*	3.50
70	SATIRE MÉNIPPÉE, *1 vol. in-18*	3. »
77	SATYRICON, de Pétrone, *1 vol. in-18*	3. »
116	SAUVETAGE (Voir Natation et Sauvetage, par Blache)	2. »
103	SAVOIR-VIVRE (Le), par Dufaux, *1 vol. in-18*	2. »
102	SAVONS ET PARFUMS, par Larbalétrier, *1 vol. in-18*	2.50
68	SCÈNES DE LA VIE DE BOHÈME, par Murger, *1 vol. in-18*	3. »
118	SCIENCES OCCULTES, par Ducret, *1 vol. in-18*	1.50
65	SCIENCES OCCULTES (Curiosités des), par Jacob, *1 vol. in-18*	3. »
113	SCULPTEUR SUR BOIS, par Poussart, *1 vol. in-18*	3.50
104	SECRÉTAIRE COMMERCIAL (Le), par H. Page, *1 vol. in-18*	2. »
104	SECRÉTAIRE COMMERCIAL (Le nouveau), par Capon, Fabre, Lemercier, *1 vol. in-18*	3.50
14	SECRÉTAIRE COMMERCIAL FRANÇAIS-ALLEMAND (Le), par Mensch, *1 vol. in-18*	3.50
118	SECRÉTAIRE DES AMANTS (Nouveau), par Robert, *1 vol. in-18*	2. »
119	— (Petit), par Robert, *1 vol. in-18*	1.50
118	SECRÉTAIRE FRANÇAIS (Petit), par Dunois, *1 vol. in-18*	1.50
15	SECRÉTAIRE FRANÇAIS-ITALIEN, par Enenkel, *1 vol. in-18*	2. »
117	SECRÉTAIRE DES COMPLIMENTS, par Dunois, *1 vol. in-18*	2. »
118	— (Petit), par Dunois, *1 vol. in-18*	1.50
117	SECRÉTAIRE DES FAMILLES ET PENSIONS, par Dunois, *1 vol. in-18*	2. »
118	SECRÉTAIRE POÉTIQUE (Le), par Ducret, *1 vol. in-18*	1.50
117	SECRÉTAIRE UNIVERSEL (Le), par Dunois, *1 vol. in-18*	2. »
115	SECRÉTAIRES EN LANGUES ÉTRANGÈRES.	
118	SECRETS DU GRAND-ALBERT, 1 *vol.*	1.50
108	SELLERIE (Voir Traité de Bourrellerie, par Bray)	4.50
59	SERMONS CHOISIS de Bossuet, *1 vol. in-18*	3. »
59	SERMONS de Bossuet, *4 vol. in-18, le vol.*	3. »
67	SERMONS, PETIT CARÊME de Massillon, *1 vol. in-18*	3. »
95	SERRURIER (Manuel du), par Husson, *1 vol. in-18*	3.50
74	SIÈCLE DE LOUIS XIV, par Voltaire, *1 vol. in-18*	3. »
73	SIÈCLE DE LOUIS XV, par Voltaire, *1 vol. in-18*	3. »
56	SIÈGE DE TUYEN-QUAN (Le), par Dick de Lonlay, *1 vol. in-18*	1. »
24	SOIRÉES DU Dr SAM, par Berthoud, *1 vol. in-8°*	5. »
66	SOIRÉES DE SAINT-PÉTERSBOURG (Les), par J. de Maistre, *2 vol. in-18, le vol.*	3. »
91	SOLFÈGE POPULAIRE DE L'ORPHÉON, par Collet, 3 parties, *chaque*	0.60
95	SONDEUR (Guide du), par Degousée, *2 vol. et atlas*	30. »
117	SONGES (Le grand interprète des), *1 vol. in-18*	2. »
118	— (Le petit interprète des), *1 vol. in-18*	1.50
74	SOTTISIER (Le), de Voltaire, *1 vol. in-18*	3. »
23	SOULIERS ROUGES (Les), par Andersen, *1 vol. in-8°*	5. »
121	SOUS-LIEUTENANT « LA FILLE » (Le), par Crozière, *1 vol. in-18*	3.50
56	SOUVENIRS DE FRÉDÉRIC III, par Dick de Lonlay, *1 vol. in-18*	1. »

Pages		Prix
50	SOUVENIRS de la Marquise de Créquy, *5 vol. in-18, le vol* (v. page 62)	3. »
48	SOUVENIRS D'UN SEXAGÉNAIRE, par Arnault, *4 vol. in-18, le vol*	3.50
117	SPIRITISME DÉVOILÉ (Le), par Ducret, *1 vol. in-18*	2. »
116	SPORTS ATHLÉTIQUES, par Weber, *1 vol. in-18*	3.50
116	SPORTS ET JEUX A L'ÉCOLE, par Weber, *1 vol. in-18*	3.50
104	STÉNOGRAPHIE (Traité de), par Lejeune, *1 vol. in-18*	2.50
104	— Corrigé des exercices	3. »
98	STYLES (L'art de reconnaître les), par Émile-Bayard, *1 vol. in-18*	5. »
98	STYLE EMPIRE (Le), par Émile-Bayard, *1 vol. in-18*	2.50
98	STYLE LOUIS XVI (Le), par Émile-Bayard, *1 vol. in-18*	2.50
98	STYLE RÉGENCE ET LOUIS XV, *1 vol. in-18*	2.50
98	STYLE LOUIS XIV, par E. Bayard	2.50
99	STYLE LOUIS XIII, par E. Bayard	2.50
118	SYBILLE MODERNE (La) OU LE TRÉSOR DU BEAU SEXE, *1 vol. in-18*	2. »

T

Pages		Prix
94	TAILLEUR DE PIERRES (Traité du), *1 vol. in-18*	3.50
97	TAPISSERIE (La), par de Brieuvres, *1 vol. in-18*	2. »
108	TEINTURE ET DU NETTOYAGE (Manuel des industries de la), par Gouillon, *1 vol. in-18*	4.50
105	TÉLÉGRAPHIE SANS FIL, *1 vol. in-18*	3. »
105	TÉLÉPHONIE PRIVÉE, par Soulier	2. »
18	TEMPS DE L'AVENT, par Bourdaloue, *1 vol. in-18*	2.50
104	TENUE DES LIVRES (La), rendue facile, par un ancien négociant, *1 vol. in-18*	2. »
104	TENUE DES LIVRES (La), par Deplanque, *1 vol. in-8°*	7.50
104	TENUE DES LIVRES (La), par Degrange, *1 vol. in-8°*	5. »
103	TENUE DES LIVRES (Voir A. B. C. de la Comptabilité, par Brisset)	2. »
121	TERRES LOINTAINES, par G. Carillo, *1 vol. in-18*	3.50

THÉATRE

Pages		Prix
41	THÉATRE FRANÇAIS AUX XVIe ET XVIIe SIÈCLES (Le), par Fournier, *1 vol. grand in-8°*	18. »
64	*2 vol. in-18, le vol*	3. »
64	THÉATRE AU XVIIIe SIÈCLE, 2 *vol. in*-18	3. »
64	THÉATRE AU XIXe SIÈCLE, 2 *vol. in*-18	3. »
42	THÉATRE FRANÇAIS AVANT LA RENAISSANCE, *1 vol. grand in-8° relié*	24. »

Page	THÉATRE.	Prix
80	— Aristophane, *2 vol. in-18, le vol*	3. »
58	— Beaumarchais, *1 vol. in-18*	3. »
58	*1 vol. in-18* (Laplace)	3. »
38	*1 vol. in-8°* (Garnier)	12.50
38	*1 vol. in-8°* (Laplace)	18. »
28	— Berquin, *1 vol. in-18*	2.50
60	— Boursault, *1 vol. in-18* (Laplace)	3. »
61	— Collin d'Harleville, *1 vol. in-18*	3. »
61	*1 vol. in-18* (Laplace)	3. »
38	— P. Corneille, *1 vol. grand in-8°*	12.50
38	*1 vol. grand in-8°* (Laplace)	18. »
75	*3 vol. in-18* (Laplace), *le vol*	3.50
61	*2 vol. in-18* (Garnier), *le vol*	3. »
61	*1 vol. in-18*	3. »
61	*1 vol. in-18* (Laplace)	3. »
39	— Th. Corneille, *1 vol. in-8°*	18. »
62	— Crébillon, *1 vol. in-18*	3. »
62	— Dancourt, *1 vol. in-18*	3. »
62	— Delavigne (Casimir), *2 vol. in-18, le vol*	3. »
62	— Desaugiers, *1 vol. in-18*	3. »
62	— Destouches, *1 vol. in-18*	3. »
72	— Espagnol, par Dubois, *1 vol. in-18*	3. »
72	— Espagnol par Rochel, *2 vol. in-18, le vol*	3. »
80	— Eschyle, *1 vol. in-18*	3. »
80	— Euripide, *2 vol. in-18, le vol*	3. »
66	— Lesage, *1 vol. in-18*	3. »
67	— Marivaux, *2 vol. in-18, le vol*	3. »
67	*1 vol. in-18* (Laplace)	3. »
39	*1 vol. grand in-8°* (Laplace)	18. »
33	— Molière, *12 vol. in-8°, le vol*	7.50
40	*1 vol. grand in-8°* (Compactes)	12.50
40	*1 vol. grand in-8°* (Laplace)	18. »
68	*3 vol. in-18, le vol*	3. »
75	*2 vol. in-18* (Laplace), *le vol*	3.50
68	— Musset. Comédies et proverbes, *2 vol. in-18, le vol*	3. »
53	*2 vol. in-18 illustrés, le vol*	3.50
51	*2 vol. in-8° caval. le vol*	6. »
77	— Plaute, *4 vol. in-18, le vol*	3. »
69	— Picard, *2 vol. in-18, le vol*	3. »
69	*1 vol. in-18* (Laplace)	3. »
40	*1 vol. in-8°* (Laplace)	18. »
69	— Quinault, *1 vol. in-18*	3. »
34	— Racine, *8 vol. in-8°*, le *vol*	7.50
41	*1 vol. grand in-8°*	12.50
41	*1 vol. grand in-8°* (Laplace)	18. »
69	*1 vol. in-18*	3. »
75	*1 vol. in-18* (Laplace)	3.50
41	— Regnard, *1 vol. grand in-8°*	18. »
70	*1 vol. in-18*	3. »
70	*2 vol. in-18* (Laplace), *le vol*	3. »
70	— Rotrou, *1 vol. in-18*	3. »
71	— Scarron, *1 vol. in-18*	3. »
51	— Schiller, *3 vol. in-8°, le vol*	6. »
71	*3 vol. in-18, le vol*	3. »
71	— Shakespeare, *8 vol. in-18, le vol*	3. »
51	*8 vol. in-8°, le vol*	6. »
71	— Sedaine, *1 vol. in-18*	3. »
81	— Sophocle, *1 vol. in-18*	3. »
73	— Voltaire, *1 vol. in-18*	3. »
73	*1 vol. in-18* (Laplace)	3. »
42	*1 vol. in-8°* (Laplace)	18. »

Pages		Prix
23	TIRELIRE AUX HISTOIRES (La), par Belloc, *1 vol. in-8°*	5. »
28	*2 vol. in-18, le vol*	2.50
119	TOURS DE CARTES (Les), par Robert, *1 vol. in-18* (v. page 108)	1.50
119	TOURS D'ESCAMOTAGE (Les), par Robert, *1 vol. in-18* (v. page 108)	1.50
119	TOURS DE PHYSIQUE AMUSANTE (Les), par Robert, *1 vol. in-18* (v. page 108)	1.50
113	TOURNEUR (L'art du), par Poussart, *2 vol. in-18, le vol*	3.50
78	TRAGÉDIES, de Sénèque, *1 vol. in-18*	3. »
48	TROIS HÉROS, par le Général Canonge, *1 vol. in-18*	3.50
97	TRICOT (Le) (Voir Le Crochet, par de Brieuves)	2. »
57	TUEUR DE DAIMS (Le), par F. Cooper, *1 vol. in-8°*	3.50
107	TYPOGRAPHIE (Traité de), par Fournier, *1 vol. in-18*	3.50

V

Pages		Prix
27	VACANCES DE NOEL (Les), par Armor, *1 vol. in-18*	2.50
106	VACHES LAITIÈRES (Les), par Larbalétrier, *1 vol. in-18*	3.50
27	VALDEMAR DAAE (Histoire de), par Andersen, *1 vol. in-18*	2.50
59	VARIATIONS DES ÉGLISES PROTESTANTES (Histoire des), par Bossuet, *2 vol. in-18, le vol*	3. »
58	VAUX-DE-VIRE, d'Olivier Basselin, *1 vol. in-18*	3. »
87	*1 vol. in-16* (Delahays)	5. »
25	VEILLÉES DU CHATEAU (Les), par Mme de Genlis, *1 vol. in-8°*	5. »
29	*2 vol. in-18, le vol*	2.50
15	VERDAD SOSPECHOSA (Mérimée), *1 vol.*	1.50
108	VERNIS (Traité pratique de la fabrication des), par Gouillon, *1 vol. in-18*	3.50
19	VERTUS CHRÉTIENNES (Les), par saint Chrysostome, *1 vol. in-18*	2.50
64	VICAIRE DE WAKEFIELD (Le), par Goldsmith, *1 vol. in-18*	3. »
15	VIDA ES SUENO (Mérimée), *1 vol*	1.50
15	VIDAS DE LOS ESPANOLES (Mérimée), *1 vol, in-18*	1.50
19	VIE CHRÉTIENNE (Sur la), par saint Bernard, *1 vol. in-18*	2.50
24	VIE DE DUGUESCLIN, *1 vol. in-8°*	5. »
29	*2 vol. in-18, le vol*	2.50
20	VIE DE L'ENFANT-JÉSUS (La plus belle des histoires). *Album in-4°*, par Nettement	4. »
67	VIE DE MARIANNE, par Marivaux, *1 vol. in-18*	3. »
68	VIE DE MOLIÈRE, par Moland, *1 vol. in-18*	3. »
41	VIE DES HOMMES ILLUSTRES, de Plutarque, *1 vol. in-8°*	12.50
81	*4 vol. in-18, le vol*	3. »
19	VIE DES SAINTS (La), par Jacquet, *1 vol. in-8° toile* (v. page 25)	7.50
19	*4 vol. in-8°*	25. »
65	VIE DE SAINT DOMINIQUE, par Lacordaire, *1 vol. in-18*. (Voir page 18)	3. »
19	VIE INTÉRIEURE (La), par Fénelon, *1 vol. in-18*	2.50
48	VIE MILITAIRE SOUS LE 1er EMPIRE (La), par Blaze, *1 vol. in-18*	3.50
27	VIERGE DES GLACIERS, par Andersen, *1 vol. in-18*	2.50
70	VIRGILE TRAVESTI, de Scarron, *1 vol. in-18*	3. »
94	VITICULTURE (pratique), par Duchein	3.50
9	VOCABULAIRES GARNIER.	
63	VOISINS (Les), par Du Puget, *1 vol. in-18*	3. »
28	VOYAGE AU NOUVEAU-MEXIQUE, par Cozzens, *1 vol. in-18*	2.50
24	VOYAGE AUX MERS POLAIRES, par Bellot, *1 vol. in-8°*	5. »
28	VOYAGE DANS L'ARIZONA, par Cozzens, *1 vol in-18*	2.50
31	VOYAGES DE GULLIVER, par Swift, *1 vol. in-18*	2.50
26	*1 vol. in-8°*	5. »
75	*1 vol. in-8°* (Laplace)	5. »
22	*1 album in-4°*	4.25
25	VOYAGE EN AFRIQUE, par Levaillant, *1 vol. in-8°*	5. »
51	VOYAGES EN AMÉRIQUE, par Chateaubriand, *1 vol. in-8°*	6. »
61	*1 vol. in-18*	3. »
31	VOYAGES EN ZIGZAG (Premiers), par Töpffer, *2 vol. in-18, le vol*	2.50
72	*2 vol. in-18, le vol*	3. »
46	*1 vol. in-8°*	10. »
31	— (Nouveaux), par Töpffer, *2 vol. in-18, le vol*	2.50
72	*2 vol. in-18, le vol*	3. »
46	*1 vol. in-8°*	10. »
72	VOYAGE SENTIMENTAL, par Sterne, *2 vol. in-18, le vol*	3. »
116	VOYAGEUR ET EXPÉDITEUR (Manuel du), par Pucet, *1 vol*	2.50

W

Pages		Prix
57	WAVERLEY, par W. Scott, *1 vol. in-8°*	3.50
64	WERTHER, suivi de Hermann et Dorothée, par Gœthe, *1 vol. in-18*	3. »
57	WOODSTOCK, par W. Scott, *1 vol. in-8°*	3.50
57	WYANDOTTÉ, par F. Cooper, *1 vol. in-8°*	3.50

Z

Pages		Prix
29	ZIZI, par Demesse, *1 vol. in-18*	2.50
105	ZOOTECHNIE (Voir Éleveur de bétail, par Pautet), *1 vol. in-18*	4. »
56	ZOUAVES A L'ARMÉE DU RHIN (Les), par Dick de Lonlay, *1 vol. in-18*	1. »

TABLE ALPHABÉTIQUE

Pages		Prix
38	**Beaumarchais.** Œuvres complètes. 1 vol. grand in-8 (Compactes Garnier)	12.50
38	— Œuvres. 1 vol. in-8 (Compactes Laplace)	18. »
54	**Beaumont** (Mme Élie de). Œuvres. 1 vol. in-8	3.50
101	**Bedel.** Brasserie. 1 vol. in-18	3.50
106	— Élevage du bétail	3.50
93	— Traité pratique des engrais. 1 vol. in-18	3.50
27	**Beecher Stowe.** La Case de l'Oncle Tom. 1 vol. in-18	2.50
58	1 vol. in-18	3. »
98	**Bellanger.** Traité usuel de peinture. 1 vol. in-18	5. »
97	— L'Art du peintre, 1re partie (*Le Dessin*). — 2e partie (*Procédés et genres*). — 3e partie (*La Composition*)	2.50
	— 4e partie (*La peinture et les peintres depuis les temps les plus reculés jusqu'à nos jours*). — 5e partie (*La peinture française*)	3.50
98	— Le Dessin. 1 vol. in-4°	1.50
21	**Bellet.** Dernières merveilles de la Science. Album in-4°	4.25
23	**Belloc.** La tirelire aux histoires. 1 vol. in-8	5. »
28	— 2 vol. in-18 à	2.50
28	— Contes familiers. 1 vol. in-18	2.50
23	— Le Fond du sac. 1 vol. in-8	5. »
28	— Histoire de la grand'mère. 1 vol. in-18	2.50
28	— Grave et gai, rose et gris. 1 vol. in-18	2.50
23	— Lectures enfantines. 1 vol. in-18 jésus	2.50
28	— Contes pour le premier âge. 1 vol. in-18	2.50
24	**Bellot.** Voyages aux mers polaires. 1 vol. in-8	5. »
53	**Benjamin Constant.** Adolphe. 1 vol. in-18	3. »
3	**Benoît.** Dictionnaire français-latin, 1 vol. in-32	5. »
5	**Benoîst et Goelzer.** Dictionnaire latin-français. 1 vol. in-8°	10. »
52	**Benvenuto Cellini.** 2 vol. in-18 à	3.50
91	**Béranger.** Chansons. 1 vol. in-32	2. »
91	— Dernières chansons. 1 vol. in-32	2. »
90	— Les œuvres anciennes. 2 vol. in-8 cavalier	24. »
90	— Les œuvres posthumes. 1 vol. in-8 cavalier	12. »
90	— Ma biographie. 1 vol. in-8 caval.	12. »
90	— Musique des chansons. 1 vol. in-8 cavalier	10. »
90	— Musique des chansons (sans gravures), 1 vol	6. »
90	— Correspondance. 4 vol.	24. »

Pages		Prix
90	**Béranger.** Chansons avec musique et accompagnement (Casadesus). 1 vol. grand in-8	15. »
90	— Chansons grivoises et bachiques, suivies des chansons de Bérat (Casadesus). 1 vol. grand in-8	5. »
90	— Chansons anciennes et posthumes 1 vol. grand in-8	10. »
90	— Musique. 1 vol. grand in-8	10. »
58	— Chansons anciennes. 2 vol. in-18 à	3. »
58	— Œuvres posthumes. 1 vol. in-18	3. »
58	— Ma biographie. 1 vol. in-18	3. »
59	— Béranger des familles. 1 vol. in-18	3. »
91	— Chansons séparées sans accompagnement	0.30
	Bérat (*Voir Béranger*).	
2	**Bergerol.** Dictionnaire étymologique. 1 vol. in-32	5. »
59	**Bernardin de Saint-Pierre.** Paul et Virginie. 1 vol. in-18	3. »
24	1 vol. in-8 raisin, illustré	5. »
28	1 vol. in-18	2.50
115	**Bernay.** Théorie de l'Art et de la Danse	1. »
59	**Béroalde de Verville.** Moyen de parvenir. In-18	3. »
28	**Berquin.** L'Ami des enfants. 1 vol. in-18	2.50
24	— 1 vol. in-8	5. »
28	— Sandfort et Merton. 1 vol. in-18	2.50
24	— 1 vol. in-8	5. »
28	— Le Petit Grandisson. 1 vol. in-18	2.50
28	— Théâtre choisi. 1 vol. in-18	2.50
96	**Berthe.** Traité de l'office. 1 vol. in-18	3.50
24	**Berthoud.** L'Homme depuis 5.000 ans. In-8	5. »
24	— Soirées du Docteur Sam. 1 vol. in-8	5. »
[illegible]	**Besançon.** Ballons et aéroplanes. 1 vol. in-18	2. »
1	**Bescherelle.** Nouveau dictionnaire national. 4 vol. in-4°	100 »
1	— Dictionnaire classique de la langue française. 1 vol. in-8	12. »
2	— Dictionnaire usuel de tous les verbes français. 2 vol. in-8	12. »
4	— Grammaire nationale. 1 vol. in-8.	10. »
1	**Bescherelle et Bourguignon.** Dictionnaire usuel de la langue française In-18	6. »
118	**Beudant.** Minéralogie et géologie	6. »
115	— Géologie seule. 1 vol. in-18	4. »
114	**Bezodis.** Cours d'algèbre. 1 vol. in-8.	6. »
114	— Cours de géométrie descriptive.	5. »
118	**Biars.** Jeux de salon. 1 vol. in-18. (v. p. 108).	1.50
17	**Biblia sacra.** 1 vol. in 8	6. »
51	**Biré.** Les dernières années de Chateaubriand. 1 vol. in-8	6. »
59	1 vol. in-18	3. »

Pages		Prix
5	**Birmann.** Dictionnaire français-allemand et allemand-français. 2 vol. in-8 à	10. »
11	— Grammaire allemande. 1 v. in-18.	2. »
8	**Birmingham.** New Dictionary of the english and italian languages. 1 vol. in-32	5. »
7	**Birmingham, Enenkel et Mc Laughlin.** Nouveau Dictionnaire anglais-italien. In-18.	6. »
116	**Blache.** Traité de natation et de sauvetage. 1 vol. in-18.	2. »
75	**Blanchard.** Le Plutarque de la Jeunesse. 1 vol. in-8.	5. »
113	**Blanchon.** Art de conserver et de naturaliser les animaux. 1 vol.	3.50
101	**Blaze.** Chasseur au chien d'arrêt. 1 vol.	3.50
101	— Chasseur au chien courant. 1 vol..	3.50
101	— Chasseur aux filets. 1 vol. in-18..	3.50
48	**Blaze.** Vie Militaire. 1 vol. in-18.	3.50
59	**Boccace.** Contes. 1 vol. in-18	3. »
44	— 1 vol. grand in-8 illustré	15. »
28	**Bochet** (Mlle L.). Premier livre des enfants. 1 vol. in-18.	2.50
118	— Le livre du jour de l'an. 1 vol. in-18.	1.50
38	**Boileau.** Œuvres complètes. 1 vol. grand in-8 (Compactes Garnier)	12.50
32	— Œuvres complètes, 4 v. in-8 cav. à	7.50
59	— Œuvres (Gidel). 1 vol. in-18.	3. »
38	— Œuvres (Compactes Laplace), gravures coloriées. 1 vol. gr. in-8..	18. »
59	— 1 vol. in-18 (Laplace).	3. »
93	**Bona.** Tracé et ornementation des jardins. In-18	3.50
59	**Bonaventure des Périers.** Le Cymbalum mundi. 1 vol. in-18	3. »
100	**Bonnet.** Manuel du capitaliste. 1 vol. in-8	6. »
100	— Guide du capitaliste. 1 vol. in-18.	2. »
17	**Bossuet.** Méditations sur l'Évangile. 1 vol. grand in-8.	12. »
59	— 1 vol. in-18	3. »
18	— Élévations. 1 vol. grand in-8.	12. »
59	— 1 vol. in-18.	3. »
17	— Oraisons funèbres. 1 vol. gr. in-8.	12. »
59	— 1 vol. in-18.	3. »
17	— Discours sur l'Histoire universelle. 1 vol. in-8.	12. »
59	— 1 vol. in-18.	3. »
18	— Œuvres oratoires. 4 vol. in-8.	20. »
17	— Œuvres complètes. 11 vol. grand in-8 (collection Migne).	60. »
59	— Sermons choisis. 1 vol. in-18.	3. »
59	— Sermons. 4 vol. in-18 à.	3. »
59	— De la connaissance de Dieu. 1 vol. in-18	3. »
59	— Traité de la Concupiscence. 1 vol. in-18	3. »
59	— Histoire des variations des Églises protestantes. 2 vol. in-18 à.	3. »
19	— Préparation au carême. 1 vol. in-18	2.50

Pages		Prix
23	**Bouilly.** Conseils à ma fille. 1 vol. in-18 broché.	2.50
59	**Bourdaloue.** Oraisons. 1 vol. in-18...	3. »
18	— Temps de l'Avent. 1 vol. in-18...	2.50
59	**Bourgoin.** Maîtres de la critique. 1 vol. in-18	3. »
115	**Bourgeois.** Traité de la Danse. 1 vol. in-18	3.50
4	**Bourguignon.** Grammaire de la langue d'oil. 1 vol. in-18	2. »
2	**Bourguignon et Bergerol.** Dictionnaire étymologique. 1 vol. in-32	5. »
2	— Dictionnaire des Synonymes. 1 vol. in-32.	5. »
48	**Bourrienne.** Mémoires. 5 vol. in-18 à	3.50
60	**Boursault.** Théâtre choisi. 1 vol. in-18 (Laplace).	3. »
94	**Bousquet.** Traité pratique du maçon. 1 vol. in-18.	4.50
94	— Tailleur de pierres. 1 vol. in-18..	3.50
59	**Boutet.** Pasteur et ses élèves. 1 v. in-18.	3. »
117	**Brantôme.** Vies des Dames galantes. 1 vol. in-18.	2. »
60	— 1 vol. in-18.	3. »
60	— Vies des Dames illustres. 1 vol. in-18	3. »
108	**Bray.** Traité de bourrellerie-sellerie...	4.50
96	**Breteuil.** Cuisinier européen. 1 vol. in-18, toile	3.50
97	**Brieuves** (Mme de). La Dentelle. 1 vol. in-18.	2. »
97	— La Broderie. 1 vol. in-18.	2. »
97	— La Tapisserie. 1 vol. in-18	2. »
97	— Le Crochet, le Tricot. 1 v. in-18	2. »
97	— Les Arts féminins. 1 vol. in-18...	2. »
60	**Brillat-Savarin.** Physiologie du goût. 1 vol. in-18	3. »
103	**Brisset.** A. B. C. de la Comptabilité. 1 vol. in-18	2. »
116	**Brisset.** La Natation. 1 vol. in-32.	0.50
60	**Brizeux.** Œuvres. 4 vol. in-18 à.	3. »
52	4 vol. in-18 illustrés à	3.50
107	**Broquelet.** Art du cuir. 1 vol. in-18..	3.50
107	— L'art appliqué à l'industrie. 2 vol. in-18 à.	3.50
107	**Broquelet.** Traité pratique de l'art lithographique. 1 vol. in-18, toile	5. »
97	— Nos cathédrales. 1 vol. in-18.	5. »
98	— Nos Eglises. 1 vol. in-18.	5. »
89	— Guide à Paris. 1 vol. in-32.	4. »
107	**Broquelet et Brégeaut.** Imprimeur-lithographe. 1 vol. in-18	5. »
	Brosses (De). Voir *De Brosses*.	
11	**Bruce Milliard.** Arabe parlé. 1 vol. in-18.	3. »
24	**Buffon.** 1 vol. in-8, toile.	7.50

Pages		Prix
35	**Buffon.** Œuvres complètes. 12 vol. gr. in-8 à	12.50
28	— (Le Petit) illustré. 1 vol. in-18	2.50
43	— Galerie illustrée d'histoire naturelle. 1 vol. in-8	12. »
43	— Nouvelle galerie d'histoire naturelle. 1 vol. in-8	12. »
22	— Illustré par Rabier. in-4°	15. »
60	**Bussy-Rabutin.** Histoire amoureuse des Gaules. 2 vol. in-18 à	3. »
8	**Bustamente.** Dictionnaire espagnol-ingles. 2 vol. in-32	6. »
60	**Byron** (Lord). 4 vol. in-18 à	3. »
	C	
8	**Caccia.** Dictionnaire espagnol-italiano 1 vol. in-32	5. »
117	**Cagliostro.** Le Grand interprète des songes. 1 vol. in-18	2. »
118	— L'interprète des songes. 1 vol.	1.50
15	**Calderon de la Barca.** La Vida es Sueño	1.50
60	**Camoëns.** Les Lusiades. 1 vol. in-18	3. »
28	**Campe.** Histoire de la Découverte de l'Amérique. In-18	2.50
48	**Canonge.** Trois héros. 1 vol. in-18	3.50
60	**Cantu.** Abrégé d'Histoire universelle. 2 vol. in-18 à	3. »
104	**Capon.** Nouveau secrétaire commercial. 1 vol. in-18	3.50
96	**Carême.** Le Pâtissier national parisien. 2 vol. in-18	8. »
121	**Carillo** (G.) Terres lointaines. 1 vol. in-18	3.50
121	— Psychologie de la mode. 1 vol. in-18	2. »
121	— Fleurs de pénitence	3. »
89	**Cartes géographiques.**	
103	**Carvalho** (Dr). Hygiène des gens du monde. 1 vol. in-18	2. »
51	**Casanova** (J.). Mémoires. 8 vol. in-8 à	6. »
60	— 8 vol. in-18 à	3. »
52	— Édition illustrée. 8 vol. in-18 à	3.50
101	**Cassassoles.** Guide du Chasseur	3.50
8	**Castro de Lafayette.** Vocabulario da lingua portugueza	6. »
8	— Dictionnaire anglais-portugais. 1 vol. in-32	6. »
76	**Catulle, Tibulle et Properce.** 1 vol. in-18	3. »
113	**Catusse.** Manuel du garçon limonadier. 1 vol. in-18	3.50
60	**Cent nouvelles nouvelles.** 1 vol. in-18	3. »
60	**Cervantès.** Don Quichotte. Traduction Delaunay. 2 vol. in-18 à	3. »
28	— Don Quichotte. Traduction Florian. 1 vol. in-18	2.50

Pages		Prix
24	**Cervantès.** Don-Quichotte. 1 vol. in-8	5. »
21	— Album in-4° bradel	4.25
15	— Don Quichotte (Mérimée). 1 vol. in-18	2. »
15	— Novelas ejemplares	1.50
76	**César.** Guerre des Gaules. 2 vol. in-18 à	3. »
82	— 3 vol. in-8 (Panckoucke) à	6. »
106	**Champaime.** L'art d'élever les oiseaux	3.50
113	**Chanat.** Manuel de l'ouvrier relieur	2.50
12	**Chantreau.** Gramatica francesa. 1 vol. in-18	4. »
90	**Chants et chansons populaires.** 3 vol. grand in-8 à	12. »
90	**Chansons populaires des Provinces.** 1 vol. grand in-8	12. »
92	**Chansons nationales et populaires.** 1 vol. in-32	2. »
115	**Charbonnel.** La Danse. 1 vol. in-8	12. »
112	**Charlies.** Manuel du cordonnier. 1 vol. in-18	3.50
8	**Chassang.** Nouveau dictionnaire grec-français. 1 vol. in-32	6. »
6	— Dictionnaire grec-français. 1 vol. in-8	12. »
6	**Chassang et Durand.** Lexique grec-français. 1 vol. in-8	7.50
102	**Chasses et pêches** anglaises. 1 vol. in-8	3. »
51	**Chateaubriand.** Œuvres complètes. 12 vol. in-8 à	6. »
51	— Mémoires d'outre-tombe. 6 vol. in-8 à	6. »
52	— 6 vol. in-18 jésus à	3.50
60	— Génie du christianisme. 2 vol. in-18 à	3. »
60	— Les Martyrs. 1 vol. in-18	3. »
61	— Itinéraire de Paris à Jérusalem. 1 vol. in-18	3. »
61	— Atala, René. 1 vol. in-18	3. »
54	— Lectures choisies (Nollet) 1 vol. in-18	4. »
54	— Récits, scènes, paysages, 1 vol. in-18	3. »
61	— Voyages en Amérique. 1 vol. in-18	3. »
61	— Paradis perdu. 1 vol. in-18	3. »
61	— Études historiques. 1 vol. in-18	3. »
61	— Histoire de France. 1 vol. in-18	3. »
61	— Mélanges historiques. 1 vol. in-18	3. »
59	— Dernières années. 1 vol. in-18	3. »
51	— 1 vol. in-8	6. »
61	**Chénier** (A.). Œuvres poétiques. 2 vol. in-18 à	3. »
61	— Œuvres en prose. 1 vol. in-18	3. »
43	— Poésies. 1 vol. grand in-8	10. »
32	— Œuvres poétiques (Chefs-d'œuvre). 2 vol. in-8 à	7.50
106	**Cheval** (Le), par un homme de cheval. 1 vol. in-18	2. »

Pages		Prix
55	**Choppin.** Cavalerie française. 1 vol. in-8	12. »
76	**Cicéron.** Œuvres complètes. 20 vol. in-18 à	3. »
82	— 36 vol. in-8 (Panckoucke) à	6. »
110	**Clair.** Pour se marier. 1 vol. in-18	2. »
77	**Claudien.** Œuvres. 1 vol. in-18	4.50
82	— 2 vol. in-8 (Panckoucke) à	6. »
4	**Clédat.** Grammaire élémentaire. 1 vol.	3.50
4	— Grammaire historique. 1 vol.	3.50
52	— Chansons de geste. 1 vol. (v. p. 4).	3.50
4	— Chrestomathie du moyen âge. 1 v.	3.50
4	— Manuel de l'orthographe. 1 vol.	1.80
4	— Petit glossaire du vieux français. 1 vol.	1. »
4	— Chanson de Roland. 1 vol	1.80
4	— Récits du moyen âge. 1 vol.	1.50
5	**Clifton et Grimaux.** Dictionnaire français-anglais et anglais-français. 2 vol. in-8 à	10. »
8	**Clifton.** Dictionnaire français-anglais et anglais-français. In-32	5. »
7	**Clifton et Laughlin.** Dictionnaire anglais-français et français-anglais. 1 vol. in-18 jésus	6. »
11	**Clifton et Mervoyer.** Grammaire anglaise	2. »
114	**Colas.** Cours de Géométrie élémentaire. 2 vol. in-8	9. »
125	**Collection Baudry**	
91	**Collet.** Solfège populaire de l'Orphéon, trois parties à	0.60
61	**Collin d'Harleville.** Théâtre. 1 vol. in-18	3. »
61	— Théâtre complet. 1 vol. in-18 (Laplace)	3. »
52	**Commelin.** Mythologie grecque et romaine. 1 vol. in-18	3.50
2	**Commelin et Rittier.** Nouveau Dictionnaire encyclopédique illustré. 1 vol. in-18	3. »
2	Petit Dictionnaire français. 1 vol. in-32	2. »
2	— *le même* papier bible indien, relié mouton	4. »
61	**Comte** (Aug.). Catéchisme positiviste. 1 vol. in-18	3. »
52	— Philosophie positive. 1 vol. in-18.	3.50
61	**Confucius.** 1 vol. in-18 à	3. »
47	**Constant.** Mémoires. 4 vol. in-8 à	6. »
48	4 vol. in-18 à	3.50
28	**Contes et historiettes,** par un papa. 1 vol. in-18	2.50
57	**Cooper** (Œuvres de J. Fenimore). 30 vol. in-8 cavalier à	5. »
57	30 vol. in-8 carré à	3.50
38	**Corneille** (P. et T.). Œuvres. 1 vol. grand in-8	12.50
38	**Corneille** (P.). Théâtre complet. 1 vol. in-8 (Laplace)	18. »
61	**Corneille** (P.). Théâtre choisi. 1 vol. in-18 (Laplace)	3. »
75	— Théâtre complet. 3 vol. in-18 (Laplace) à	3.50
61	— Théâtre. 2 vol. in-18	3. »
61	— 1 vol. in-18	3. »
39	**Corneille** (T.). Théâtre complet. 1 vol. in-8° (Laplace)	18. »
77	**Cornelius Nepos.** 1 vol. in-18	3. »
82	1 vol. in-8 (Panckoucke)	6. »
95	**Corthays.** La conserve alimentaire. 1 vol. in-8	10. »
116	**Coste.** Massage sportif. 1 vol. in-18	2. »
110	**Coudert.** Le Guide du Chauffeur	2. »
62	**Courier** (Paul-Louis). Œuvres. 1 vol.	3. »
6	**Courtaud-Diverneresse.** Dictionnaire français-grec. 2 vol. in-8.	25. »
6	— (Abrégé). 1 vol. in-8	12. »
100	**Courtois** (A.). Opérations de Bourse. 1 vol. in-18	5. »
109	— Différends et procès entre locataires. 1 vol. in-18	3.50
24	**Cozzens.** La Contrée merveilleuse. 1 vol. in-8	5. »
28	— Voyage dans l'Arizona. 1 v. in-18.	2.50
28	— Voyage au Nouveau-Mexique. 1 vol. in-18	2.50
62	**Crébillon.** Théâtre choisi. 1 vol. in-18 (Laplace)	3. »
50	**Créquy** (Marquise de). Souvenirs. 5 vol. in-18 à (voir page 62)	3. »
121	**Crozière.** Le Sous-Lieutenant « La Fille ». 1 vol. in-18	3.50
121	— L'École des Pique-Assiettes. 1 vol. in-18	3.50
20	— Robinson malgré lui. Album in-4°.	4. »
20	— Le Tambour de Saragosse. Album in-4°	4. »
94	**Crudet.** Jardins d'appartements. 1 vol. in-18 (voir page 118)	1.50
24	**Cuvellier.** Vie de Dugesclin. 1 vol. in-8	5. »
29	— 2 vol. in-18 à	2.50
35	**Cuvier et Lacépède.** Œuvres. 4 vol. in-8 à	12.50
62	**Cyrano de Bergerac.** Histoire de la lune et du soleil	3. »
62	— Œuvres comiques	3. »

D

Pages		Prix
62	**Dancourt.** Théâtre choisi. 1 vol. in-18 (Laplace)	3. »
62	**Dante.** La Divine Comédie. 1 vol. in-18.	3. »
43	— Même ouvrage. In-8, illustré par Yan'Dargent	12. »
44	— La Divine Comédie, par Méliot. 1 vol. in-8	7.50
43	**Darboy.** Les Femmes de la Bible. 2 vol. in-8 à (v. page 17)	12. »

Pages		Prix
17	**Darboy.** Même ouvrage, 1 vol. in-18 illustré (voir page 52)	3.50
19	— Les Saintes Femmes. 1 vol. in-8. (voir page 43)	12. »
62	**Dassoucy.** Aventures burlesques. 1 vol. in-18	3. »
87	1 vol. in-16 (Delahays)	5. »
52	**De Brosses.** Lettres familières. 2 vol. in-18 à	3.50
44	**Decharme.** Mythologie de la Grèce antique. In-8	12. »
44	— Euripide. 1 vol. in-8	7.50
110	**Deglos** (A.). Guide propriétaires, locataires. 1 vol. in-18	4.50
95	**Degousée.** Guide du Sondeur. 2 vol. in-8 et atlas	30. »
104	**Degrange.** Tenue des livres. 1 vol. in-8	5. »
39	**Delavigne** (Casimir). Œuvres. 1 v. in-8.	12.50
62	— Théâtre. 2 vol. in-18 à	3. »
62	— Poésies. 1 vol. in-18	3. »
29	**Demesse** (Henri). Zizi. 1 vol. in-18	2.50
80	**Démosthène.** Discours politiques. 1 vol.	3. »
80	— Discours judiciaires. 1 vol.	3. »
62	**Demoustier.** Lettres à Émilie. 1 vol. in-18	3. »
104	**Deplanque.** Tenue de livres. 1 vol. in-8	7.50
92	**Désaugiers.** Chansons. 1 vol. in-32	2. »
62	— Théâtre choisi. 1 vol. in-18	3. »
114	**Desbarolles** (A.). Chiromancie nouvelle. 1 vol. in-18	5. »
29	**Desbordes-Valmore** (Mme). Contes et scènes de la vie de famille. 2 vol. in-18 à	2.50
29	— Poésies de l'enfance. 1 vol.	2.50
62	**Descartes.** Œuvres choisies. 1 v. in-18.	3. »
43	**Desmarets.** 15 ans de haute police. 1 vol. in-18	3.50
37	**Desportes.** Œuvres poétiques. 1 vol. in-16 (Delahays)	5. »
112	**Dessault.** Ouvrages de coupe : Hommes et enfants. 1 vol. — Dames et enfants. 1 vol. — Coupe de chemises. 1 vol. — Coupe et essayages. 1 vol. — Essayage, retouches. 1 vol. *Chaque vol.*	3.50
62	**Destouches.** Théâtre choisi. 1 vol. in-18 (Laplace)	3. »
106	**Devaux.** Éleveur de lapins. 1 vol. in-18	1.50
35	**Diderot.** Œuvres complètes. 20 vol. in-8 à	7. »
63	— Œuvres choisies. 2 vol. in-18 à	3. »
63	— Bijoux indiscrets. In-18	3. »
63	— Jacques le Fataliste. 1 vol. in-18.	3. »
15	**Diego de Mendonza.** Guerra de Grenada. 1 vol.	1.50
113	**Domont.** L'Épicier Moderne. 1 vol. in-18	3.50
100	**Doncker.** Barème universel. 1 vol. in-8	8. »

Pages		Prix
63	**Donville.** Mille et un calembours. 1 vol. in-18	3. »
112	— Guide pour le choix d'une profession : Hommes, 1 vol.	3.50
112	— Dames. 1 vol.	3.50
48	**Doppet** (Général). Mémoires. 1 vol. in-18	3.50
	Doré (Gustave) (Voir Rabelais).	
21	— La légende du Juif Errant. Album in-4° bradel	4.25
92	**Drôleries poétiques** (Les). 1 vol. in-32	2. »
63	**Du Bellay** (J.). Œuvres. 2 vol.	3. »
63	— Défense et illustration de la langue Française. 1 vol.	3. »
72	**Dubois.** Théâtre espagnol. 1 vol. in-18	3. »
14	— Secretario de las felicitaciones. 1 vol.	1.50
93	**Dubreuil.** Conduite des arbres fruitiers. 1 vol.	2.50
94	**Duchein.** La viticulture pratique	3.50
117	**Ducret.** Le charlatanisme dévoilé. 1 vol. in-18	2. »
118	— Les fourberies des charlatans démasquées	1.50
117	— Les passe-temps intellectuels. 1 vol. in-18	2. »
118	— Récréations mathématiques, 1 vol. in-18	1.50
118	— Récréations géométriques, physiques, chimiques. 1 vol. in-18	1.50
117	— Pour rire en société. 1 vol. in-18	2. »
118	— Le gai boute-en-train. 1 vol. in-18	1.50
117	— La muse fantaisiste. 1 vol. in-18.	2. »
118	— Le secrétaire poétique. 1 vol. in-18	1.50
117	— Les mots pour rire. 1 vol. in-18	2. »
118	— Manuel du Magicien. 1 vol. in-18.	1.50
118	— Bréviaire du Devin et du Sorcier. 1 vol. in-18	1.50
118	— Secrets admirables du Grand Albert. 1 vol. in-18	1.50
118	— Sciences occultes. 1 vol. in-18	1.50
117	— Le spiritisme dévoilé. 1 vol. in-18.	2. »
118	— Les petits secrets du magnétisme. 1 vol. in-18	1.50
103	**Dufaux** (Ermance). Le Savoir-vivre. 1 vol. in-18	2. »
102	**Dufaux.** L'Enfant. Hygiène pour le premier âge	3.50
103	— Ce que les Maîtres et les Domestiques doivent savoir. 1 vol. in-18	3.50
90	**Dumersan.** Chansons. 2 vol. in-8	20. »
117	**Dunois** (A.). Le Secrétaire universel. 1 vol. in-18	2. »
117	— Secrétaire des compliments. 1 vol. in-18	2. »
117	— Secrétaire des familles. 1 vol. in-18	2. »
118	— Le petit Secrétaire français. 1 vol. in-18	1.50

Pages		Prix
118	**Dunois.** Petit Secrétaire des compliments. In-18	1.50
92	**Dupont** (Pierre). Chansons. 1 vol. in-16	2. »
63	— Muse populaire. 1 vol. in-18	3. »
63	**Du Pujet** (Mlle). Les Voisins. 1 vol.	3. »
63	— Le Foyer domestique. 1 vol.	3. »
63	— Les filles du Président. 1 vol.	3. »
63	— Les Cousins. 1 vol.	3. »
63	**Dupuis.** Origine des Cultes. 1 vol. in-18	3. »
12	**Durand.** Méthode hova. 3 vol. in-18 à	4. »
109	**Durand de Nancy.** Nouveau Guide en affaires	4.50
110	— Nouveau Guide des Maires. 1 vol. in-18	7.50
96	**Durand.** Cuisinier Durand	3.50
93	**Duval.** Traité des herborisations. 1 vol. in-18	1.50
	E	
102	**Elget.** Guide pratique des Ménages. 1 vol. in-18	3.50
15	**Enenkel.** Il segratario francese-italiano. In-18	2. »
8	— Dictionnaire espagnol-allemand. In-32	6. »
8	— Dictionnaire italien-allemand. In-32	6. »
13	— Méthode allemande à l'usage des italiens	2. »
8	**Enenkel et S. Pinto.** Dictionnaire portugais-allemand. In-32	6. »
7	**Enenkel, Laughlin, etc.** Dictionnaire anglais-italien. In-18	6. »
80	**Epictète** (Voir Marc-Aurèle). 1 vol. in-18	3. »
15	**Ercilla.** Araucana (Mérimée). 1 vol.	2. »
80	**Eschyle.** Théâtre. 1 vol. in-18	3. »
119	**Esmaël.** Manuel de cartomancie. 1 vol. in-18	1.50
48	**Esquiros.** Les Montagnards. 1 vol. in-18	3.50
121	**Etchegoyen.** Contes de ma giberne. 1 vol. in-18	3.50
80	**Euripide.** Théâtre. 2 vol. in-18 à	3. »
82	**Eutrope.** 1 vol. in-8 (Panckoucke)	5. »
	F	
63	**Favre** (Jules). Conférences et Discours. 1 vol. in-18	3. »
51	— Olivier de Magny. 1 vol. in-8	6. »
24	**Fénelon.** Télémaque. 1 vol. in-8 illustré	5. »
75	— 1 vol. in-8 illustré (Laplace)	5. »
29	— 1 vol. in-18	2.50
63	— 1 vol. in-18	3. »
63	— L'existence de Dieu. 1 vol. in-18	3. »
63	— Dialogue sur l'éloquence. Éducation des filles. 1 vol.	3. »
19	— La Vie intérieure. 1 vol. in-18	2.50

Pages		Prix
8	**Ferrari.** Dictionnaire français-italien. 1 vol. in-32	5. »
5	**Ferrari et Caccia.** Dictionnaire italien-français et français-italien. 1 vol. grand in-8	20. »
11	**Ferrer.** Espagnol pratique. 1 vol.	4. »
82	**Festus Avenius, etc.** 1 vol. in-8 (Panckoucke)	5. »
110	**Filippi.** L'Orateur populaire. 1 vol. in-18	3.50
102	**Fisher.** Pêches à toutes lignes. 1 vol. in-18	2. »
107	**Fleury.** Peinture industrielle. 1 vol. in-18	3.50
113	— Peintre-décorateur. 1 vol. in-18	3.50
95	— Peinture en bâtiment. 1 vol. in-18	3.50
113	— Dorure sur bois. 1 vol. in-18	2. »
95	— Peinture au blanc de zinc. 1 vol. in-18	2.50
29	**Florian.** Fables illustrées. 1 vol. in-18	2.50
63	— 1 vol. in-18	3. »
25	— Fables illustrées. Édition in-8	5. »
28	— Don Quichotte de la Jeunesse. In-18	2.50
64	— 1 vol. in-18	3. »
24	— In-8	5. »
82	**Florus.** (Panckoucke). 1 vol.	6. »
25	**Foé** (De). Robinson Crusoé (Grandville). In-8	5. »
29	— 1 vol. in-18	2.50
64	— 1 vol. in-18	3. »
75	— 1 vol. in-8 raisin (Laplace)	5. »
21	— Album in-4° bradel	4.25
7	**Fonseca.** Dictionnaire portugais-français. 1 vol. in-18	6. »
54	**Fontanes et Tencin** (Mme de). Œuvres. In-8°	3.50
64	**Fontenelle.** (Éloges). par F. Bouillier. 1 vol. in-18	3. »
123	**Fouquier.** Causes célèbres. 10 vol.	66. »
64	**Fournel.** Curiosités théâtrales. 1 vol. in-18	3. »
75	**Fournier** (Ed.). École romantique. 1 vol. in-8 raisin (Laplace)	5. »
41	— Théâtre français aux XVIe et XVIIe siècles. 1 vol. in-8	18. »
64	— 2 vol. in-18 à	3. »
64	— Théâtre au XVIIIe siècle. 2 vol.	3. »
64	— — au XIXe siècle. 2 vol.	3. »
42	— Théâtre avant la Renaissance. in-8° relié	24. »
107	**Fournier.** Traité de typographie	3.50
107	**Fournier.** Traité pratique d'ébénisterie. 1 vol. in-18	3.50
105	**Fournier** (Lucien). La Télégraphie sans fil. 1 vol. in-18	3. »
94	**François.** Guide du charpentier. 1 vol. in-18	3.50
100	**Françon.** Cubage des bois. 1 vol. in-18	3.50

Pages		Prix
64	**Furetière.** Le roman bourgeois. 1 vol. in-18	3. »
	G	
11	**Galban.** Grammaire espagnole. 1 vol. in-18	2. »
45	**Galland.** Mille et une nuits. 1 vol. grand in-8 jésus	15. »
63	— 3 vol. in-18 à	3. »
29	— des familles. 2 vol. in-18 à	2.50
25	— 1 vol. in-8	5. »
29	— de la jeunesse. 1 vol. in-18	2.50
55	**Galli.** La Guerre à Madagascar. 2 vol. in-8 à	8. »
56	— Anniversaire de 1870. 1 vol. in-8	3.50
56	— La Prise de Tananarive. 1 vol. in-18	1. »
55	— La Guerre en Extrême-Orient (Russes-Japonais). 2 vol. in-8 à	12. »
129	— Brochures diverses.	
96	**Garlin.** Le Cuisinier moderne. 2 vol. in-4°	36. »
96	— Le petit cuisinier moderne. 1 vol. in-8	8. »
95	— La bonne cuisine. 1 vol. in-18	4. »
95	— La Cuisine ancienne. 1 vol. in-18	4. »
96	— Le Pâtissier moderne. 1 vol. grand in-8	20. »
95	— La Carte illustrée. 1 vol. in-4°	4. »
50	**Garnier** (A. P.). La Geste de Jehanne d'Arc	2. »
93	**Garnier** (A. E.). La Cardère. 1 vol.	2. »
129	**Garnier** (Dr P.). Hygiène de la génération. 10 vol. in-18 à	2. »
109	**Garnier** (Joseph). Traité d'Économie politique. 1 vol. in-18	8. »
109	— Premières notions d'Économie politique. 1 vol. in-18	3.50
92	**Gaudriole** (La). 1 vol. in-32	2. »
106	**Gaume.** Causeries chevalines	3.50
44	**Gavarni.** Œuvres choisies. 1 vol. grand in-8	10. »
15	**Gavel.** Lectures espagnoles	2. »
2	**Gay et Mangin.** Dictionnaire des sciences. 2 vol. in-8	40. »
29	**Genlis** (Mme de). Veillées du château. 2 vol. in-18 à	2.50
25	— 1 vol. in-8	5. »
29	— Adèle et Théodore. 2 vol. in-18 jésus, à	2.50
64	**Gentil Bernard.** L'art d'aimer. 1 vol. in-18	3. »
41	**Gérards.** Paris souterrain. 1 vol. in-8	12. »
52	**Geruzez.** Littérature. 2 vol. in-18 à	3.50
64	**Gilbert.** Œuvres complètes. 1 vol. in-18	3. »
96	**Gill** (Berthe). La Pâtissière en chambre. 1 vol. in-18 (voir page 119)	1.50
93	**Gillet et Magne.** Nouvelle Flore française	8. »

Pages		Prix
3	**Gindre de Mancy.** Dictionnaire des Communes. 1 vol. in-32	5. »
108	**Gizaguet.** L'art de gagner au bridge. 1 vol. in-18	2.50
18	**Gœdert** (P.). Lectures spirituelles. 12 vol. in-18 à	2.50
5	**Gœlzer.** Dictionnaire français-latin. 1 vol. in-8°	10. »
5	— Lexique français-latin. 1 vol. in-8°	6. »
6	**Gœlzer et Martel.** Lexique latin-français. 1 vol. in-8°	6. »
64	**Gœthe.** Faust et le second Faust. 1 vol. in-18	3. »
64	— Werther, Hermann et Dorothée. 1 vol. in-18	3. »
92	**Goguette.** 1 vol. in-32	2. »
64	**Goldsmith** (H.). Le Vicaire de Wakefield. 1 vol. in-18	3. »
7	**Golowinsky.** Dictionnaire russe-anglais et anglais-russe. 1 vol. in-18	12. »
91	**Gomant.** Manuel du Chantre. 1 vol. in-18	2.50
13	**Goudar.** Gramatica francese-italiana. 1 vol. in-18	2. »
108	**Gouillon.** Le Teinturier-Dégraisseur	4.50
107	— Fabrication des encres et cirages. 1 vol. in-18	4.50
108	— Fabrication des vernis. 1 vol. in-18	3.50
45	**Grandville.** Fables de La Fontaine. 1 vol. in-8°	12. »
53	— 1 vol. in-18	3.50
45	— Fleurs animées. 2 vol. in-8°	25. »
52	— 2 vol. in-18 à	3.50
45	— Les Métamorphoses du jour. 1 vol. in-8°	18. »
45	— Les Petites Misères de la Vie humaine. 1 vol. in-8°	10. »
45	— Cent proverbes. 1 vol. in-8°	10. »
2	**Grégoire.** Dictionnaire d'Histoire. 1 vol. grand in-8	20. »
2	1 vol. in-18	5. »
110	**Grégoire** (M.). Guide des gardes champêtres. 1 vol. in-18	2. »
19	**Grenade** (L. de). Fêtes de la T. S. Vierge. 1 vol. in-18	2.50
55	**Grenest.** L'Armée de la Loire. 1 vol. grand in-8°	12. »
56	— 2 vol. in-8° carré à	3.50
55	— L'Armée de l'Est. 1 vol. grand in-8°	12. »
56	— 2 vol. in-8° carré à	3.50
56	— Les Armées du Nord. 1 vol. in-8° carré	3.50
64	**Gresset.** Œuvres choisies. 1 vol. in-18	3. »
36	**Grimm.** Correspondance. 16 vol. in-8°	7. »
29	— Contes. 1 vol. in-18	2.50
94	**Guédy.** La Construction moderne. 1 vol. in-18	3.50

Pages		Prix
96	**Guerre.** Patisserie. 1 vol. in-8°	4. »
89	**Guide** à Fontainebleau. 1 vol. in-32	0.60
10	**Guides** polyglottes.	
110	**Guignard.** Guide des commis et employés. 1 vol. in-18	2. »
120	**Guillaume.** Albums à	5. »
15	**Guillen de Castro.** Mocedades del Cid. 1 vol. in-18	1.50
	H	
64	**Hamilton.** Mémoires de Gramont. 1 vol. in-18	3. »
110	**Hégelbacher.** La locomotive	3.50
107	**Hendoux** (Léon). Meunerie et Boulangerie	5. »
64	**Heptaméron** (L'). Contes de la Reine de Navarre. 1 vol. in-18	3. »
29	**Héricault** (Ch. d') et L. Moland. La France guerrière. 4 vol. in-18 à	2.50
80	**Hérodote** (Histoire d'). 2 vol. in-18 à	3. »
82	**Histoire Auguste.** 3 vol. in-8° (Panckoucke) à	5. »
64	**Hoffmann.** Contes, récits et nouvelles 1 vol. in-18	3. »
65	— Contes fantastiques. 1 vol. in-18	3. »
80	**Homère.** Iliade. 1 vol. in-18	3. »
80	— Odyssée. 1 vol. in-18	3. »
77	**Horace.** Œuvres complètes. 1 vol. in-18	3. »
82	— 2 vol. in-8° (Panckoucke) à	6. »
95	**Husson.** Manuel du serrurier. 1 vol. in-18	3.50
	I	
106	**Iches.** L'abeille domestique. 1 vol. in-18	3. »
	J	
12	**Jaclard.** Méthode russe. 1 vol. in-8° toile	7.50
65	**Jacob** (P.-L.). Recueil de farces. 1 vol. in-18	3. »
65	— Paris ridicule. 1 vol. in-18	3. »
65	— Curiosités des sciences occultes. 1 vol. in-18	3. »
65	— Curiosités infernales. 1 vol. in-18	3. »
65	— Curiosités théologiques. 1 vol. in-18	3. »
17	**Jacquet** (Abbé). L'année chrétienne. 2 vol. in-18 à (v. page 30)	2.50
19	— La Vie des Saints. 1 vol. in-8° toile (v. page 25)	7.50
7	**Janssen.** Dictionnaire français-hollandais. 1 vol. in-18	5. »
65	**Jasmin.** Las Papilhotos. 2 vol. in-18 à	3. »
121	**Jho Pale.** A coups de gaule. 1 vol.	7.50
121	— Croquis Parisiens. 1 vol.	5. »
109	**Joly.** Le droit à la portée de tous. 1 v.	2.50
20	**Jordic.** Albums (8) à	1. »
77	**Jornandés.** 1 vol. in-18	3. »
82	— 1 vol. in-8° (Panckoucke)	5. »
129	**Jozan** (Dr). 3 vol. in-18 à	5. »
15	**Juanito.** Lectures morales (Mérimée) 1 vol. in-18	2. »
115	**Jussieu.** Botanique. 1 vol. in-18	6. »
77	**Justin.** Œunres complètes. 1 vol. in-18	3. »
82	— 2 vol. in-8° (Panckoucke) à	6. »
77	**Juvénal et Perse.** Œuvres complètes. 1 vol. in-18	3. »
82	— 2 vol. in-8° (Panckoucke) à	6. »
	K	
7	**Kessler.** Dictionnaire anglais-hollandais et hollandais-français. 1 vol. in-18	6. »
95	**Krebs.** Le Conservateur	3.50
	L	
65	**La Bruyère.** Les Caractères. 1 vol. in-18	3. »
75	— 1 vol. in-8° raisin (Laplace)	5. »
65	— 1 vol. in-18 (Laplace)	3. »
32	— Œuvres complètes. 2 vol. in-8° à	7.50
65	**Laclos** (de). Liaisons dangereuses	3. »
7	**Lacombe et Rouède.** Dictionnaire français-italien et italien-français. 1 vol. in-18	6. »
18	**Lacordaire** Ste Marie-Madeleine. 1 v. in-18 (v. page 65)	3. »
18	— Vie de saint Dominique. 1 vol. in-18 (v. page 65)	3. »
18	— Conférences de N.-D. de Paris. 5 vol. (v. page 65)	3. »
18	— Panégyriques. 1 vol. (v. page 65)	3. »
49	**Lacroix.** Les Maréchaux de Napoléon. 1 vol. in-18	3.50
47	— 1 vol. in-8°	6. »
49	— Bonaparte en Egypte. 1 vol. in-18	3.50
49	— Roi de Rome. 1 vol. in-18	3.50
49	— Histoire de Napoléon. 1 vol. in-18	3.50
47	— 1 vol. in-8°	6. »
48	— Mémoires du Général Doppet. 1 vol. in-18	3.50
49	— Guerre des Vendéens. 1 vol. in-18	3.50
49	— Mémoires de Napoléon. 5 vol. in-18 à	3.50
49	— Lettres de Napoléon à Joséphine. 1 vol. in-18	3.50
47	— 1 vol. in-8°	6. »
65	**La Fayette** (Mme de). Romans et nouvelles. 1 vol. in-18	3. »
65	**La Fontaine.** Contes et nouvelles. 1 vol. in-18	3. »
43	— 1 vol. grand in-8°	12. »
65	— Fables et Comédies. In-18 (Laplace)	3. »
30	— Fables. 1 vol. in-18	2.50
65	— 1 vol. in-18	3. »

Pages		Prix
53	**La Fontaine.** Fables, par Grandville, 1 vol. in-18	3.50
45	— 1 vol. grand in-8°	12. »
21	— Choix de fables. Album in-4°	4.25
32	— Œuvres complètes. 7 vol. in-8° à	7.50
39	— 1 vol. grand in-8° jésus	12.50
53	**La Jonquière** (De) et le Canada. 1 vol. in-18	3.50
51	**Lamartine.** Histoire de la Révolution. 2 vol. in-8°	6. »
51	— Raphaël. 1 vol. in-8°	5. »
30	**Lambert** (Mme Delphine). Lectures de l'enfance. 1 vol. in-18	2.50
18	**Lamennais.** Imitation de Jésus-Christ. 1 vol. grand in-8° jésus	15. »
18	— 1 vol. in-8° cavalier (v. page 32)	7.50
18	— 1 vol. in-18 (v. page 53)	3.50
66	— Essais sur l'indifférence. 4 vol. in-18 à	3. »
18	— 4 vol. in-8°	20. »
66	— Paroles d'un croyant. 1 vol. in-18	3. »
66	— Affaires de Rome. 1 vol. in-18	3. »
66	— Les Evangiles. 1 vol. in-18	3. »
66	— De l'art et du beau. 1 vol. in-18	3. »
13	— Correspondance. 2 vol. in-8°	10. »
94	**Langlois** (Hip.). Le nouveau jardinier-fleuriste. 1 vol. in-18	3.50
106	**Larbalétrier.** Médecine Vétérinaire. 1 vol. in-18	3.50
105	— Achat et vente du bétail. 1 vol. in-18	2.50
106	— Vaches laitières. 1 vol. in-18	3.50
107	— Traité de la Laiterie. 1 vol. in-18	2. »
105	— Animaux de Basse-Cour. 1 vol. in-18	3.50
102	— Savons et Parfums. 1 vol. in-18	2.50
106	— Amateurs de chiens. 1 vol. in-18	2. »
102	— Pêche en mer. 1 vol. in-18	3.50
93	— Chimie agricole. 1 vol.	2. »
43	**Larcher.** La femme jugée. 1 vol. grand in-8°	12. »
66	**La Rochefoucauld.** In-18	3. »
33	2 vol. in-8° à	7.50
55	**Las Cases** (Comte de). Mémorial de Sainte-Hélène. 2 vol. in-8° jésus à	12. »
49	— 4 vol. in-18 à	3.50
117	**La Tour** (Charlotte de). Langage des fleurs	2. »
14	**Laughlin.** Nouveau correspondant commercial anglais-français	3.50
14	— Nouveau manuel épistolaire anglais-français	3.50
7	— Dictionnaire français-anglais et anglais-français. In-18	6. »
11	— Petite méthode d'anglais. 1 vol.	1.25
3	— Dictionnaire des termes commerciaux Français-Anglais. 1 vol. in-18. Toile	3.50
91	**Laurent de Rillé.** 10 chœurs à	0.50
66	**Lavater et Gall.** Physiognomonie. 1 vol. in-18	3. »
111	**Leblanc.** Les Mécanismes. 1 vol. in-18	5. »
115	**Lebrun-Renaud.** Manuel pratique d'équitation	2. »
49	**Le Faure** (Am.). Histoire de la guerre franco-allemande. 4 vol. in-18 à	3.50
8	**Legrand.** Dictionnaire français-grec moderne. 2 vol. in-32 à	6. »
8	**Legras.** Dictionnaire de Slang. 1 v. in-32	3. »
104	**Lejeune.** Traité de sténographie. 1 vol. in-18 toile	2.50
104	— Corrigé des exercices. 1 vol. in-18	3. »
103	— Commerce et comptabilité. 1 vol. in-8°	5. »
19	**Lemaistre de Sacy.** Les Saints Évangiles. 1 vol. in-8°	12. »
17	— La Sainte Bible. 1 vol. grand in-8°	25. »
17	— 2 vol. in-18 à (v. page 54)	3.50
30	**Leprince de Beaumont** (Mme). Magasin des Enfants. 2 vol. in-18 à	2.50
25	— 1 vol. in-8°	5. »
30	— Conte des fées. 1 vol. in-18	2.50
39	**Le Sage.** Œuvres. 1 vol. grand in-8° (Compactes Garnier)	12.50
54	— Gil Blas de Santillane. 2 vol. in-8° (Biblioth. amusante) à	3.50
66	— 1 vol. in-18	3. »
39	— 1 vol. grand in-8° (Laplace)	12. »
54	— Diable boiteux. 1 vol. in-8° caval.	3.50
66	— 1 vol. in-18	3. »
54	— Guzman d'Alfarache. 1 vol. in-8° cavalier	3.50
66	— 1 vol. in-18	3. »
66	— Théâtre. 1 vol. in-18	3. »
66	**Lespinasse** (Mlle de). Lettres. 1 vol. in-18	3. »
92	**Lettres d'amour.** 1 vol. in-32	2. »
25	**Levaillant.** Voyages en Afrique. 1 vol. in-8°	5. »
13	**Levsky.** Grammaire française à l'usage des Russes. 1 vol. in-18	3.50
13	— Grammaire espagnole à l'usage des Russes. 1 vol. in-18	3.50
8	— Dictionnaire espagnol-russe. 1 vol. in-32	12. »
88	**Liais.** L'espace céleste. 1 vol. gr. in-8°	12. »
114	— Astronomie. 1 vol. in-8°	7.50
21	**Lix.** Je saurai lire. Album in-4°	4.25
21	— Je sais lire. Album in-4°	4.25
110	**Loi Municipale.** Avril 1884. 1 v. in-18	1.25
30	**Loiseau du Bizot.** Cent petits contes. 1 vol. in-18	2.50
55	**Lonlay** (Dick de). Français et Allemands. 4 vol. grand in-8° à	12. »
56	— 6 vol. in-8° carré à	3.50
55	— Notre armée. 1 vol. grand in-8°	12. »
21	— Les Héros du siècle. Album in-4° bradel	4.25
56	— Les Combats du général de Négrier au Tonkin. 1 vol. in-18	1. »

Pages		Prix
56	**Lonlay** (Dick de). Le Siège de Tuyen-Quan. 1 vol. in-18..........	1. »
56	— La Marine française en Chine. 1 vol. in-18................	1. »
56	— La Cavalerie française à la bataille de Rezonville. 1 vol. in-18....	1. »
56	— La défense de Saint-Privat. 1 vol. in-18......................	1. »
56	— Les Zouaves de l'Armée du Rhin. 1 vol. in-18................	1. »
56	— Souvenirs de Frédéric III. 1 vol. in-18......................	1. »
21	— Je serai soldat. Album in-4°....	4.25
15	**Lope de Vega.** El nuevo mundo. 1 vol. in-18.......................	1.50
5	**Lopez et Bensley.** Dictionnario Inglez-Español et Español-Inglez. 1 vol. grand in-8° relié.................	20. »
51	**Louvet de Couvray.** Amours de — Faublas. 2 vol. in-8° à........	6. »
66	— 2 vol. in-18 à..................	3. »
77	**Lucain.** La Pharsale. 1 vol. in-18.....	3. »
82	— 2 vol. in-8° (Panckoucke) à......	7. »
80	**Lucien.** 2 vol. in-18 à..............	3. »
121	**Lucius** (Cléa). Inferna. 1 vol. in-18....	3.50
77	**Lucrèce.** Œuvres complètes. 1 v. in-18	3. »
82	— 2 vol. in-8° (Panckoucke) à.....	6. »
7	**Lurje.** Dictionnaire allemand-russe et russe-allemand. 1 vol. in-18.......	12. »
115	**Lyell** (Ch.). Abrégé des éléments de géologie. 1 fort vol. in-18...........	10 »

M

Pages		Prix
66	**Machiavel.** Le Prince. 1 vol. in-18...	3. »
106	**Magne.** Races chevalines. 1 vol. in-18.	8. »
94	**Magné.** Traité de couverture. 1 v. in-18	3.50
117	**Magus.** L'Art de tirer les cartes. 1 vol..	2. »
66	**Mahomet.** Le Koran. 1 vol. in-18....	3. »
114	**Maigne.** Abrégé de la science des armoiries. 1 vol..................	10. »
97	**Maillart.** Athéna. 2 vol. à...........	5. »
30	**Maistre** (X. de). Œuvres complètes. — In-18......................	2.50
66	— 1 vol. in-18.................	3. »
66	**Maistre** (Comte J. de). Les Soirées de Saint-Pétersbourg. 2 vol. in-18 à	3. »
66	— Du Pape. 1 vol. in-18..........	3. »
66	**Malebranche.** Recherches sur la vérité. 2 vol. in-18 à................	3. »
67	**Malherbe.** Œuvres. 1 vol. in-18......	3. »
67	**Manava-Dharma-Sastra.** Loi de Manou. 1 vol. in-18..................	3. »
19	**Manuel ecclésiastique.** 1 vol. in-4°.	6. »
45	**Manzoni.** Les Fiancés. 1 vol. grand in-8°	10. »
30	— 1 vol. in-18 illustré............	2.50
67	— 1 vol. in-18..................	3. »
45	**Maquet.** Paris sous Louis XIV. 1 vol. grand in-4°......................	15. »

Pages		Prix
81	**Marc-Aurèle.** Pensées. 1 vol. in-18..	3. »
55	**Marco de Saint-Hilaire.** Souvenirs du Consulat et de l'Empire. 1 vol. in-8°	12. »
39	**Marivaux.** Théâtre (Laplace). 1 vol. in-8° jésus..................	18. »
67	— 1 vol. in-18 (Laplace), gravures coloriées................	3. »
67	— 2 vol. in-18 à..............	3. »
67	— Vie de Marianne. 1 vol.........	3. »
67	— Le Paysan parvenu. 1 vol. in-18.	3. »
33	**Marot** (Clément). Œuvres. 1 vol. in-8°.	7.50
53	— Œuvres choisies. 1 vol. in-18 (Voizard)................	3.50
67	— Œuvres complètes. 2 vol. in-18 à.	3. »
67	**Martel.** Recueil de proverbes français. 1 vol. in-18......................	3. »
77	**Martial.** Œuvres complètes. 2 vol. in-18 à	3. »
82	— 4 vol. in-8° (Panckoucke) à.....	7. »
119	**Martin.** Langage des Fleurs. 1 vol. in-18	1.50
67	— Education des mères de familles. 1 vol. in-18...............	3. »
2	**Martin et Vanier.** Petit dictionnaire français. 1 vol. in-32..............	1.20
67	**Martinez-Sierra.** Jardin ensoleillé. 1 vol. in-18......................	3. »
102	**Massas** (De). Le Pêcheur à la mouche.	2. »
67	**Massillon.** Petit Carême, Sermons, etc. 1 vol. in-18............	3. »
33	— Œuvres choisies. 2 vol. in-8° à...	7.50
19	— Carême. 1 vol. in-18..........	2.50
67	**Massillon. Fléchier. Mascaron.** 1 vol. in-18.....................	3. »
107	**Maurou et Broquelet.** L'Art lithographique. 1 vol. in-18............	5. »
3	**Méliot.** Dictionnaire des Monnaies. 1 vol. in-8°................	10. »
	— (Voyez *Dante*).	
15	**Melzi** (B.). Il vero Segretario italiano. 1 vol. grand in 18 jésus.......	2. »
15	— Il nuovissimo Segretario italiano. 1 vol. in-18 jésus...........	1.50
8	— Nuovo Vocabolario universale. 1 vol. in-18................	6. »
103	**Mendoza.** En attendant le médecin.	2. »
67	**Mennechet** (E.). Histoire de France. 2 vol. in-18 à.............	3. »
67	— Matinées littéraires. 4 vol. in-18 à	3. »
14	**Mench.** Le Secrétaire français-allemand. 1 vol. in-18................	3.50
67	**Merlin Coccaie.** (Histoire macaronique de). 1 vol. in-18............	3. »
117	**Merlin** (Albertus). Le Grand Livre des Oracles. 1 vol. in-18..........	2. »
119	— Le Livre des Oracles. 1 vol. in-18.	1.50
112	**Mermet.** Traité de la construction des formes. 1 vol. in-18............	3.50
67	**Meslier.** Le bon sens du Curé Meslier. 1 vol. in-18.....................	3. »

Pages		Prix
68	**Mille et un jours.** 1 vol. in-18	3. »
68	**Millevoye.** Œuvres. 1 vol. in-18	3. »
92	**Million de rimes gauloises.** 1 vol. in-32	2. »
116	**Million de faits** (Un). 1 vol. in-18	3. »
68	**Mirabeau.** Lettres d'Amour. 1 vol. in-18	3. »
68	**Moland.** Vie de Molière. 1 vol. in-18	3. »
21	— Histoire de Jeanne d'Arc. Album in-4° bradel	4.25
40	**Molière.** Œuvres complètes. 1 vol. grand in-8°	12.50
33	— 12 vol. in-8° à	7.50
68	— 3 vol. in-18 à	3. »
75	— 2 vol. in-18 (Laplace) à	3.50
40	— 1 vol. grand in-8° (Laplace)	18. »
68	— Fêtes et naissances. 1 vol. in-32	3. »
34	**Montaigne.** Essais. 4 v. in-8° cavalier à	7.50
68	— 2 vol. in-18 à	3. »
34	**Montesquieu.** Œuvres complètes. 7 vol. in-8° à	7.50
68	— Esprit des Lois. 1 vol. in-18	3. »
68	— Lettres persanes. 1 vol. in-18	3. »
68	— Grandeur et décadence des Romains. 1 vol. in-18	3. »
40	**Moralistes français.** 1 v. grand in-8°	12.50
	Morand (Dr). Le magnétisme animal. 1 vol. in-18 (*Voir catalogue spécial*)	2. »
15	**Moratin.** El sí de las niñas. 1 vol. in-18	1.50
68	**Moreau** (Hégésippe). Œuvres. 1 vol. in-18	3. »
109	**Mourlon.** Code civil. 3 vol. in-8° à	12.50
103	**Muller.** La Politesse française. 1 vol. in-18 (v. page 117)	2. »
103	— Petit Traité de Politesse. 1 vol. in-18 (v. page 119)	1.50
68	**Murger.** Vie de bohème. 1 vol. in-18	3. »
68	— Le pays latin. 1 vol.	3. »
68	— Bonhomme Jadis. 1 vol.	3. »
51	**Musset** (Alfred de). Œuvres complètes. 8 vol. in-8° à	6. »
68	— 9 vol. in-18 à	3. »
53	— 9 vol. in-18 illustrés à	3.50
40	— 1 vol. gr. in-8° illust. (Compactes)	15. »

N

Pages		Prix
53	**Necker de Saussure** (Mme). De l'Education progressive. 2 vol. in-18 à	3.50
20	**Nettement.** La plus belle des histoires. Album in-4°	4. »
111	**Niewenglowsky.** Traité élémentaire de photographie. 1 vol. in-18	3. »
111	— Traité complémentaire de photo pratique. 1 vol. in-18	3. »
111	— Les applications de la photographie. 1 vol. in-18	3. »
111	— La photographie des couleurs. 1 vol. in-18	3. »
112	— Les projections lumineuses. 1 vol. in-18	3. »
112	**Niewenglowski.** Les projections lumineuses spéciales. 1 vol. in-18	3. »
69	**Ninon de Lenclos.** Lettres. 1 vol. in-18	3. »
25	**Nodier.** Génie-Bonhomme, etc. 1 vol. in-8°	7.50
30	— Neuvaine de la Chandeleur. 1 vol. in-18	2.50

O

Pages		Prix
21	**O'Galop.** Le Dirigeable « Cage à mouches n° 1 ». Album in-4°	4.25
21	— L'Auto K-6-6-20. Album in-4°	4.25
21	— Le Capitaine des Cranequiniers. Album in-4°	4.25
21	— Aventures d'une Poupée. Album in-4° bradel	4.25
129	**Ollivier** (E.). Neuf volumes divers.	
19	— Nouveau Manuel de droit ecclésiastique. 2 vol. in-18 à	3.50
47	— Empire libéral. 16 vol. in-8° à	6. »
49	— 16 vol. in-18 à	3.50
53	— Marie-Magdeleine. 1 vol. in-18	3.50
53	— Michel-Ange. 1 vol. in-18	3.50
53	— La Révolution. 1 vol. in-18	3.50
53	— Principes et conduite. 1 vol. in-18	3.50
53	— L'Eglise et l'Etat. 2 vol. in-18	3.50
30	**Ollivier** (Mme E.). Petites histoires. 1 vol. in-18	2.50
48	**O'Meara.** Napoléon en exil. 2 vol. in-18 à	3.50
53	**Orban.** Littérature Brésilienne. 1 vol. in-18	3.50
77	**Ovide.** Métamorphoses, *latin-français*. 1 vol. in-18	4.50
77	— Les Amours, l'Art d'aimer, *latin-français*. 1 vol. in-18	3. »
77	— Les Fastes, les Tristes, *latin-français*. 1 vol. in-18	3. »
77	— Les Héroïdes, *latin-français*. 1 vol. in-18	3. »
69	— Les Amours, texte *français*. 1 vol. in-18	3. »
82	— Œuvres complètes. 10 vol. (Panckoucke) à	7. »

P

Pages		Prix
104	**Page** (Henri). Correspondance commerciale. 1 vol. in-8°	6. »
104	— Le Secrétaire commercial. 1 vol. in-18	2. »
14	— Correspondencia commercial (Espagnol). 1 vol. in-18	2.70
14	— Correspondencia commercial (Portugais). 1 vol. in-18	5. »
49	**Pailhès.** Du Nouveau sur Joubert. 1 vol. in-18	3.50
32	**Palladius.** Economie rurale. 1 vol. in-8° (collection Panckoucke)	5. »
69	**Parny.** Œuvres. 1 vol. in-18	3. »

Pages		Prix
45	**Rabelais.** 2 vol. in-folio, vélin......	200 »
45	— 2 vol. in-folio, hollande.......	300 »
20	**Rabier** (Benj.). Ecoutez-moi. 1 album in-4°..................	4. »
20	— Alphabet. Album in-4°........	4. »
20	— Le fond du sac. 1 album in-4°....	4. »
22	— Ménagerie. 1 album in-4° oblong .	7.50
22	— Petites misères de la vie des animaux. 1 album in-4° oblong...	7.50
22	— Scènes de la vie privée des animaux. Album in-4° oblong....	7.50
22	— Les Animaux en liberté. Album in-4° oblong................	7.50
22	— Les Animaux s'amusent. Album in-4° oblong..............	7.50
22	— Scènes comiques dans la forêt....	7.50
22	— Buffon. 1 vol. in-4°............	15. »
34	**Racine** (J.). Œuvres complètes. 8 vol. in-8° à..................	7.50
41	— 1 vol. grand in-8° (Laplace)...	18. »
41	— 1 vol. grand in-8° (Compactes Garnier)..................	12.50
75	— Théâtre complet. 1 vol. in-18 (Laplace).................	3.50
69	— 1 vol. in-18 (Garnier).........	3. »
16	**Ramón Mesonero.** Escenas matritenses. 1 vol. in-18..................	1.50
47	**Rapp.** Mémoires. 1 vol. in-8°........	6. »
49	— 1 vol. in-18.................	3.50
70	**Regnard.** Œuvres. 1 vol. in-18.......	3. »
41	— 1 vol. grand in-8° jésus (Laplace).	18. »
70	— 2 vol. in-18 (Laplace) à.........	3. »
70	**Regnier** (Mathurin). Œuvres complètes. 1 vol. in-18..............	3. »
106	**Renaudet.** Les Pigeons. 1 vol......	2.50
99	**Richard.** Traité élém. des opérations de Banque. 1 vol. in-18...........	7.50
102	**Richer.** Le Dentiste du foyer. 1 vol. in-18..........................	2. »
115	**Robert.** Science des armes. In-8°....	8. »
108	**Robert** (Gaston). Les tours de cartes. 1 vol. (v. page 119)........	1.50
108	— Les Tours de physique (v. p. 119)	1.50
108	— Les Tours d'escamotage (v. p. 119)	1.50
119	— Secrétaire des Amants. 1 vol. in-18....................	1.50
118	— Nouveau secrétaire des Amants. 1 vol. in-18................	2. »
119	— L'Art de connaître les défauts et les qualités des gens. 1 vol. in-18....................	1.50
106	**Robert.** Le chien d'appartement. 1 vol. in-18.................	2. »
72	**Rochel** (Clément). Théâtre espagnol 2 vol. à....................	3. »
121	**Rodet.** Les papillons noirs..........	3.50
103	**Roger.** Guide du commerçant. 1 vol. in-18........................	3. »
16	**Romances** escogidos (Mérimée). 1 vol. in-18........................	1.50

Pages		Prix
81	**Romans grecs.** 1 vol. in-18.......	3. »
121	**Romans.** Simonis Empis.	
30	**Roncey.** Histoire de Charlemagne. 1 vol. in-18..................	2.50
70	**Ronsard** (P. de). Œuvres (Sainte-Beuve). 1 vol. in-18..........	3. »
53	— Œuvres choisies (Voizard). 1 vol. in-18......................	3.50
34	— 1 vol. in-8°..................	7.50
70	**Rotrou.** Théâtre. 1 vol. in-18 (Laplace).......................	3. »
7	**Rotteck et Kister.** Dictionnaire français-allemand et allemand-français. 1 vol. in-18 jésus...........	6. »
8	**Rotteck.** Dictionnaire français-allemand. 1 vol. in-32................	5. »
34	**Rousseau** (J.-B.). Œuvres. 1 vol. in-8°..........................	7.50
46	**Rousseau** (J.-J.). Les Confessions. 1 fort vol. grand in-8° jésus.	15. »
70	— 1 vol. in-18.................	3. »
46	— Julie ou la Nouvelle Héloïse. 1 vol. grand in-8° illustré.....	15. »
70	— 1 vol. in-18..............	3. »
70	— Rêveries d'un promeneur solitaire. 1 vol. in-18...........	3. »
70	— Lettres à d'Alembert. 1 vol. in-18.	3. »
70	— Contrat social. 1 vol. in-18......	3. »
70	— Emile. 1 vol. in-18............	3. »
50	**Rovigo.** Mémoires. 5 vol. à..........	3.50
8	**Rozzol.** Novo Diccionario portug.-italiano. 1 vol. in-32..........	6. »
12	— Méthode allemande à l'usage des espagnols avec clef. 2 vol. in-18....................	2.60
109	**Ruben de Couder.** Dictionnaire de droit commercial. 6 vol. in-8°..	60. »
109	— Supplément. 2 vol. in-8° à......	10. »
30	**Runeberg** (J.-L.). Le roi Fialar. 1 vol. in-18...........................	2.50

S

Pages		Prix
17	**Sachet.** Bible des enfants. 1 vol. in-18.	1. »
30	**Sachot.** Inventeurs et Inventions. 1 vol. in-18..................	2.50
19	**Saint Alphonse de Liguori.** Sur les fins dernières. 1 vol. in-18.......	2.50
78	**Saint Augustin.** Confessions. 1 vol. in-18...................	3. »
78	— Cité de Dieu. 3 vol. in-18 à.....	3. »
18	— Noël de l'Epiphanie. 1 vol. in-18.	2.50
53	**Sainte-Beuve.** Causeries du lundi. 16 vol. à..................	3.50
54	— Extraits des Causeries du lundi (Lanson). 1 vol. in-18........	3.50
54	— (Pichon). 1 vol. in-18.........	3.50
53	— Portraits littéraires. 3 vol. in-18 à	3.50
53	— Portraits de femmes. 1 vol. in-18.	3.50
43	— Galerie de portraits littéraires. 1 vol. grand in-8°...........	12. »

Pages		Prix
43	**Sainte-Beuve** Galerie de portraits historiques. 1 vol. grand in-8°.	12. »
43	— Galerie des grands écrivains. 1 vol. grand in-8°	12. »
43	— Nouvelle galerie des grands écrivains. 1 vol. grand in-8°	12. »
43	— Galerie des femmes célèbres. 1 vol. grand in-8°	12. »
43	— Nouvelle galerie des femmes célèbres. 1 vol. grand in-8°	12. »
19	**Saint Bernard.** Sur la Vie chrétienne. 1 vol. in-18	2.50
15	**Saint Chrysostome.** Les Vertus chrétiennes. 1 vol. in-18	2.50
70	**Saint-Evremond.** Œuvres choisies. 1 vol. in-18	3. »
19	**Saint François de Salles.** Sur la Piété. 1 vol. in-18	2.50
70	— Lettres. 1 vol. in-18	3. »
78	**Saint Jérôme.** Lettres. 1 vol. in-18 (latin-français)	4.50
19	**Saint Louis de Grenade.** Fête de la Très Sainte Vierge. 1 vol. in-18	2.50
19	**Saint Thomas d'Aquin.** Sacrements d'autels. 1 vol. in-18	2.50
78	**Salluste.** Œuvres complètes. 1 vol. in-18	3. »
5	**Salva.** Dictionnaire espagnol-français et français-espagnol. 1 vol. grand in-8°	16. »
8	— Dictionnaire français-espagnol. 1 vol. in-32	5. »
7	— Dictionnaire français-espagnol et espagnol-français. 1 vol. in-18	6. »
16	**Samaniego.** Fabulas. 1 vol. in-18	1.50
106	**Santini.** Le Cheval, in-18	3.50
20	**Santos** (Gonzalez). La Grotte enchantée. 1 album in-4° bradel	2.50
21	— Grégoire et son âne, album	4.25
121	**Sari Flégier.** Humaine détresse. 1 vol. in-18	3.50
70	**Satire Ménippée.** 1 vol. in-18	3. »
113	**Sauzat.** L'art de bien chausser	3.50
70	**Scarron.** Le roman comique. 1 vol. in-18	3. »
70	— Le Virgile travesti. 1 vol. in-18	3. »
71	— Théâtre complet, in-18 (Laplace)	3. »
71	**Schiller.** Œuvres. 3 vol. in-18 à	3. »
51	— 3 vol. in-8° à	6. »
25	**Schmid** (Chanoine). Contes. 2 vol. in-8° illustrés à	5. »
31	— 4 vol. in-18 illustrés à	2.50
20	— Collection d'ouvrages divers. 7 vol. in-32 à	0.50
57	**Scott** (Walter). Œuvres. 30 vol. in-8° cavalier à	5. »
57	— 30 vol. in-8° carré à	3.50
14	**Secretario Brasileiro.** 1 vol. in-18	4. »
71	**Sedaine.** Théâtre. 1 vol. in-18	3. »
78	**Sénèque.** Le Philosophe. 4 vol. in-18 à	3. »
78	**Sénèque.** Tragédies. 1 vol. in-18	3. »
78	— Controverses et Suasoires. 2 vol. in-18 à	3. »
83	**Sensorinus.** 1 vol. in-8° (Panckoucke)	5. »
98	**Sérignan.** La Peinture à l'eau. 1 vol. in-18	3.50
50	**Séruzier.** Mémoires militaires. 1 vol. in-18	3.50
13	**Sévène.** Grammaire française. 2 vol. in-18	4. »
44	**Sévigné** (Mme de). Lettres choisies. 1 fort vol. grand in-8°	12. »
31	— 1 vol. in-18	2.50
71	— 1 vol. in-18	3. »
83	**Sextus Aurelius.** 1 vol. in-8 (Panckouke)	5. »
71	**Shakspeare.** Œuvres. 8 vol. in-18 à	3. »
51	— 8 vol. in-8° cavalier à	6. »
100	**Sicre.** Guide des acheteurs et vendeurs. 1 vol. in-16 toile	2. »
101	— Intérêts simples et composés. 1 vol. in-16 toile	2. »
101	— Des racines carrées, cubiques et des logarithmes. 1 vol. in-16 toile (v. page 114)	2. »
100	— Barème d'intérêts. 1 vol. in-8° toile	7.50
109	— La Gérance pour tous. 1 vol	4. »
54	**Sienkiewicz.** Quo Vadis. In-18	3.50
51	— 1 vol. in-8°	6. »
12	**Simone.** Méthode française	2. »
12	— Clé	0.70
11	**Sobrino.** Grammaire espagnole. 1 vol. in-8°	4. »
12	**Sokoloff.** Grammaire russe. 1 vol. in-18	3.50
8	— Nouveau dictionnaire français-russe. 2 vol. in-32 à	5. »
16	**Solis.** Conquista de Mejico. 1 vol. in-18	2. »
81	**Sophocle.** Traduction par Humbert. 1 vol.	3. »
71	**Sorel.** Histoire comique de Francion. 1 vol. in-18	3. »
87	— 1 vol. in-16 (Delahays)	5. »
105	**Soulier.** Traité pratique de l'Electricité	2. »
105	— Les grandes applications de l'électricité. 1 vol. in-18	2. »
104	— Manuel de l'Electricien. 1 vol. in-18	2. »
105	— Galvanoplastie. 1 vol. in-18	2. »
105	— Installations électriques. 1 vol. in-18	2. »
105	— Les moteurs électriques. In-18	2. »
105	— Téléphonie privée. 1 vol. in-18	2. »
54	**Souza** (Mme de). Œuvres. 1 vol. in-8° cavalier	3.50
8	**Souza-Pinto.** Dictionnaire portugais-français et français-portugais. 1 vol. in-32	5. »
12	— Grammaire portugaise. 1 vol. in-18	6. »
12	— Abrégé de grammaire portugaise. 1 vol. in-18	3. »

Pages		Prix
71	**Spinoza.** Œuvres. 3 vol. in-18 *(Tome 3 en préparation)*	3. »
78	— Ethique. 1 vol. in-18. Latin-français	4.50
83	**Stace, Silves.** 4 vol. in-8° (Panckoucke) à	3.50
71	**Staël.** Corinne. 1 vol. in-18	3. »
71	— De l'Allemagne. 1 vol. in-18	3. »
71	— Delphine. 1 vol. in-18	3. »
71	— Dix ans d'exil. 1 vol. in-18	3. »
101	**Steiner.** Fabrication des eaux-de-vie..	3.50
71	**Stendhal.** L'Amour. 1 vol. in-18	3. »
71	— Le Rouge et le Noir. 1 vol. in-18.	3. »
71	— La Chartreuse de Parme. 1 vol. in-18	3. »
71	— L'abbesse de Castro. 1 vol	3. »
72	**Sterne.** Tristram Shandy. Voyage sentimental. 2 vol. in-18 à	3. »
8	**Suckau.** Dictionnaire latin-français. 1 vol. in-32	5. »
78	**Suétone.** Œuvres. 1 vol. in-18	3. »
83	— 3 vol. in-8° (Panckoucke) à	6. »
26	**Swift.** Voyage de Gulliver. 1 vol. in-8°.	5. »
31	— 1 vol. in-18	2.50
72	— 1 vol. in-18	3. »
75	— 1 vol. in-8° raisin (Laplace)	5. »
22	— Album in-4° bradel	4.25
118	**Sybille Moderne** (La). 1 vol. in-18	2. »
	T	
72	**Tabarin.** Œuvres. 1 vol. in-18	3. »
78	**Tacite.** Œuvres (Loiseau). 2 vol. in-18 à	3. »
78	— (Burnouf). 2 vol. in-18 à	3. »
78	— Annales (Charpentier). 1 vol. in-18	3. »
83	— 7 vol. in-8° (Panckoucke) à	3.50
83	— La Germanie. 1 vol	3.50
50	**Tallemant des Réaux.** Historiettes. 5 vol. in-18 à (v. page 72)	3. »
72	**Tasse** (Le). Jérusalem délivrée. In-18.	3. »
104	**Tenue de livres.** 1 vol. in-18	2. »
78	**Térence.** Comédies. 1 vol. in-18	4.50
83	— 3 vol. in-8° (Panckoucke) à	6. »
81	**Théocrite.** Idylles. 1 vol. in-18	3. »
72	**Thierry** (Augustin). Conquête d'Angleterre. 4 vol. in-18 à	3. »
72	— Temps mérovingiens. 2 vol. in-18 à	3. »
72	— Lettres sur l'histoire de France. 1 vol. in-18	3. »
72	— Dix ans d'études. 1 vol. in-18	3. »
72	— Essais sur le Tiers-Etat. 1 vol. in-18	3. »
81	**Thucydide.** Histoire trad. 1 vol. in-18	3. »
13	**Timoteo Cemborain.** Grammaire espagnole-anglaise. 1 vol	4. »
12	— Clé	1. »
16	**Tirso de Molina.** El Burlador de Sevilla	2. »

Pages		Prix
79	**Tite-Live.** Œuvres complètes. 6 vol. in-18 à	3. »
83	— 17 vol. in-8° (Panckoucke) à	6. »
46	**Töpffer.** Premiers voyages en zigzag. 1 vol. in-8°	10. »
31	— 2 vol. in-18 à	2.50
72	— 2 vol. in-18 à	3. »
46	— Nouveaux voyages en zigzag. 1 vol. in-8°	10. »
31	— 2 vol. in-18	2.50
72	— 2 vol. in-18 à	3. »
46	— Nouvelles genevoises. 1 vol. in-8°	10. »
31	— 1 vol. in-18	2.50
72	— 1 vol. in-18	3. »
72	— Le Presbytère. 1 vol. in-18	3. »
72	— Rosa et Gertrude. 1 vol. in-18	3. »
22	— Albums divers. 7 v. in-8° oblong à.	5. »
11	**Toro y Gomez.** Grammaire synthétique de la langue espagnole. 1 vol. in-18	2. »
50	**Touchard-Lafosse.** Chroniques de l'Œil-de-Bœuf. 5 vol. in-18 à (v. p. 73).	3. »
102	**Tramar** (Comtesse de). Le Bréviaire de la femme. 1 vol. in-18	3.50
103	— L'Etiquette mondaine. 1 vol. in-18	3.50
103	— La Jeune femme chez elle. 1 vol. in-18	3.50
103	— La Mode et l'Elégance. 1 vol. in-18	3.50
121	**Trilby.** Petites oies blanches. 1 vol. in-18	3.50
101	**Tritschler.** Cidre. 1 vol. in-18	3.50
101	**Truelle.** Fruits de pressoir. 1 vol. in-18	3.50
	U	
75	**Ulbach** (L.). Ile des rêves. 1 vol. in-8° raisin	5. »
122	**Ugarte.** Contes de la Pampa. 1 vol. in-18	0.95
	V	
73	**Vadé.** Œuvres. 1 vol. in-18	3. »
108	**Valaincourt** (L. de). Jeux de société.	3.50
5	**Valdez.** Dictionnaire francez-portuguez et portuguez-francez. 2 vol. in-8°	19. »
5	— Dictionnaire inglez-portuguez et portuguez-inglez. 2 vol. in-16 toile	12. »
79	**Valère Maxime.** Œuvres complètes. 2 vol. in-18 à	3. »
83	— 3 vol. in-8° (Panckoucke) à	3.50
83	**Valerius Flaccus.** 1 vol. in-8° (Panckoucke)	3.50
73	**Vallet** (de Viriville). Chronique de la Pucelle. 1 vol. in-18	3. »
87	— 16 Delahays	5. »
106	**Valessert.** Elevage du porc. 1 vol. in-18	3.50

Pages		Prix
108	**Van Ténac.** Académie des Jeux. 1 vol. in-32	2. »
88	**Vast.** L'Algérie et les colonies françaises. 1 vol. in-8°	10. »
88	— La plus grande France. 1 vol. in-8°	6. »
88	— Atlas Universel. 1 vol. in-4°	35. »
4	— Extraits des chroniqueurs. 1 vol. in-18	2. »
31	**Vaulabelle.** 1875, Ligny, Waterloo. 1 vol. in-18	2.50
56	— Guerre Turco-Grecque. in-18	1. »
73	**Vauquelin de la Fresnaye.** 1 vol. in-18	3. »
79	**Velleius Paterculus.** Œuvres. 1 vol. in-18	3. »
83	— 1 vol. in-8° (Panckoucke)	3.50
	Venette. (Catalogue spécial.)	
19	**Ventura.** Passion de N.-S. Jésus-Christ. 1 vol. in-18	2.50
12	**Vergani.** Grammaire italienne	2. »
7	**Veys-Chabot.** Dictionnaire russe. 1 vol. in-18	12. »
73	**Vidocq.** Mémoires. 2 vol. in-18 à	3. »
19	**Vie des Saints.** 4 vol. in-8°	25. »
94	**Vignole.** Traité d'architecture. 72 planches in-4°	10. »
73	**Villon** (François). Poésies complètes. 1 vol. in-18	3. »
79	**Virgile.** Œuvres complètes. 2 v. in-18 à	3. »
33	**Vitruve.** Architecture. 2 vol. in-8° (Panckoucke) à	6. »
9	**Vocabulaires Garnier.**	
73	**Voisenon.** Contes et poésies. 1 vol. in-18	3. »
73	**Volney.** Les Ruines. 1 vol. in-18	3. »
36	**Voltaire.** Œuvres complètes. 52 vol. in-8° à	7. »
44	— Lettres choisies. 1 vol. grand in-8°	12. »
73	— Théâtre. 1 vol. in-18	3. »
74	— Siècle de Louis XIV. 1 vol. in-18	3. »
73	— Siècle de Louis XV. 1 vol. in-18	3. »
73	— Histoire de Charles XII. 1 vol. in-18	3. »
73	— La Henriade. 1 vol. in-18	3. »
73	— Epîtres, Contes, etc. 1 vol. in-18	3. »
73	— Lettres choisies. 2 vol. in-18 à	3. »
73	— Pucelle d'Orléans. 1 vol. in-18	3. »
73	— Romans et Contes. 1 vol. in-18	3. »
74	— Le Sottisier. 1 vol. in-18	3. »
37	— Suite de 109 gravures, d'après Moreau	30. »
37	— Suite de 90 gravures modernes, par Staal	30. »
73	— Théâtre. 1 vol. in-18 (Laplace)	3. »
42	— Théâtre complet. 1 vol. grand in-8° (Laplace)	18. »
19	**Voragine** (J. de). La Légende dorée. 2 vol. in-18 à	3. »

W

Pages		Prix
88	**Wahl.** Nouvelle géographie générale. 2 vol. in-8° à	15. »
88	— La France. 1 vol. in-8°	20. »
2	— Dictionnaire d'histoire et de géographie. 1 vol. in-8°	20. »
74	**Warée.** Curiosités judiciaires. 1 vol. in-18	3. »
116	**Weber** (E.). Sports athlétiques. 1 vol. in-18	3.50
116	— Sports et jeux de l'école. 1 vol. in-18	3.50
20	— A quoi jouons-nous. Album	4. »
74	**Weckerlin.** Musiciana. Anecdotes, etc. 1 vol. in-18	3. »
74	— Nouveau musiciana. 1 vol. in-18	3. »
74	— Dernier musiciana. 1 vol. in-18	3. »
90	— Ancienne chanson populaire en France. 1 vol. in-18	3.50
22	— Chansons et rondes enfantines. 3 vol. reliés à	8. »
8	**Wildick.** Dictionnaire portugais-espagnol. 2 vol. in-32	6. »
91	**Wilhem.** Manuel musical. 2 vol. in-8° à	4.50
121	**Willy.** Chaussettes pour dames. 1 vol. in-18	3.50
31	**Wiseman** (Le Cardinal). Fabiola. 1 vol. in-18	2.50
26	— 1 vol. in-8° illustré	5. »
26	**Wiss.** Robinson suisse illustré. 1 vol. in-8°	5. »
31	— 2 vol. in-18 à	2.50
46	**Wright** (Th.). Histoire de la Caricature, etc. 1 vol. in-8°	3.50

X

Pages		Prix
22	**Xaudaro.** Péripéties de l'aviation. Album in-4°	4.25
81	**Xénophon.** Cyropédie. 1 vol. in-18	3. »

Y

Pages		Prix
103	**Ysabeau.** Le Médecin du foyer. 1 vol. in-18	2. »
93	— Traité pratique du jardinage. 1 vol. in-18	2. »

Z

Pages		Prix
99	**Zerolo** (M.). Manuel pratique d'automobilisme. 1 vol. in-18	5. »
99	— Comment on construit une automobile. 3 vol. in-18 à	5. »
99	— Motocyclettes et tricars. 1 vol. in-18	3. »
99	— Guide du chauffeur d'automobiles 1 vol. in-18	3. »
14	**Zerolo** (E.). Secretario americano. 1 vol. in-18	1.50
16	**Zorilla.** Garcia del Castanar	2. »

IMP. E. DESFOSSÉS

PARIS. — IMPRIMERIE E. DESFOSSÉS, 13, QUAI VOLTAIRE. — 61973

www.ingramcontent.com/pod-product-compliance
Lightning Source LLC
LaVergne TN
LVHW012000220826
846092LV00001B/214

* 9 7 8 2 3 2 9 7 9 4 7 8 5 *